ALFABETIZAÇÃO NO SÉCULO XXI

A385　　Alfabetização no século XXI : como se aprende a ler e a
　　　　　escrever / Organizadoras, Maria Regina Maluf, Cláudia
　　　　　Cardoso-Martins. – Porto Alegre : Penso, 2013.
　　　　　183 p. : il. ; 23 cm.

　　　　　ISBN 978-85-65848-70-1

　　　　　1. Linguística. I. Maluf, Maria Regina. II. Cardoso-
　　　　Martins, Cláudia.

　　　　　　　　　　　　　　　　　　　　　　　　　CDU 81'22

Catalogação na publicação: Ana Paula M. Magnus – CRB 10/2052

Maria Regina Maluf
Cláudia Cardoso-Martins
Organizadoras

ALFABETIZAÇÃO NO SÉCULO XXI
COMO SE APRENDE A LER E A ESCREVER

2013

© Penso Editora Ltda., 2013

Gerente editorial: *Letícia Bispo de Lima*

Colaboraram nesta edição

Editora: *Lívia Allgayer Freitag*

Capa: *Márcio Monticelli*

Ilustração de capa: ©*iStockphoto.com/Elena Kalistratova, 2011: Happy baby*

Preparação de originais: *Adriana Sthamer Gieseler*

Leitura final: *Mônica Ballejo Canto*

Editoração eletrônica: *Formato Artes Gráficas*

Reservados todos os direitos de publicação à
PENSO EDITORA LTDA., uma empresa do GRUPO A EDUCAÇÃO S.A.
Av. Jerônimo de Ornelas, 670 – Santana
90040-340 Porto Alegre RS
Fone (51) 3027-7000   Fax (51) 3027-7070

É proibida a duplicação ou reprodução deste volume, no todo ou em parte, sob quaisquer formas ou por quaisquer meios (eletrônico, mecânico, gravação, fotocópia, distribuição na Web e outros), sem permissão expressa da Editora.

SÃO PAULO
Av. Embaixador Macedo Soares, 10.735 – Pavilhão 5 – Cond. Espace Center
Vila Anastácio – 05095-035 – São Paulo SP
Fone (11) 3665-1100   Fax (11) 3667-1333

SAC 0800 703-3444 – www.grupoa.com.br
IMPRESSO NO BRASIL
PRINTED IN BRAZIL

Autores

Maria Regina Maluf (Org.) – Psicóloga. Doutora em Psicologia pela Université Catholique de Louvain (UCL), Bélgica. Professora Titular da Pontifícia Universidade Católica de São Paulo (PUC-SP). Membro da Academia Paulista de Psicologia.

Cláudia Cardoso-Martins (Org.) – Ph.D. em Psicologia pela University of Illinois at Urbana-Champaign, Illinois, Estados Unidos. Professora Titular de Psicologia da Universidade Federal de Minas Gerais (UFMG).

Alina Galvão Spinillo – Psicóloga. Doutora em Psicologia do Desenvolvimento pela University of Oxford, Inglaterra, e Mestre em Psicologia Cognitiva pela Universidade Federal de Pernambuco (UFPE). Professora Titular da UFPE.

Elena L. Grigorenko – Psicóloga. Ph.D. em Psicologia do Desenvolvimento e Genética pela Yale University, Estados Unidos, e em Psicologia Geral e Educacional pela Moscow State University, Rússia. Professora "Emily Fraser Beede" da Yale University.

Isabel Leite – Doutora em Psicologia pela Universidade de Évora, Portugal, e Mestre em Psicologia: Psicologia Cognitiva pela Universidade de Lisboa. Professora Auxiliar no Departamento de Psicologia da Universidade de Évora.

Jean Emile Gombert – Doutor em Psicologia Genética pela École des Hautes Études en Sciences Sociales, França. Professor de Psicologia do Desenvolvimento Cognitivo e Reitor da Université de Rennes II Haute Bretagne, França.

José Morais – Doutor em Ciências Psicológicas pela Université Libre de Bruxelles (ULB) e Doutor *honoris causa* pela Universidade de Lisboa. Professor Emérito da ULB nas áreas de Psicologia Cognitiva, Psicolinguística e Neuropsicologia.

Linnea C. Ehri – Ph.D. em Psicologia Educacional pela University of California, Berkeley, Estados Unidos. Distinguished Professor de Psicologia Educacional do Graduate Center of the City University of New York (CUNY), Estados Unidos.

Régine Kolinsky – Doutora em Psicologia pela ULB, Bélgica. Diretora da Unidade de Pesquisa em Neurociências Cognitivas da ULB. Diretora da Fundação para a Pesquisa Científica da Bélgica.

S. Helene Deacon – Ph.D. em Psicologia Experimental pela University of Oxford, Inglaterra. Professora Associada do Departamento de Psicologia da Dalhousie University, Canadá.

William E. Tunmer – Ph.D. em Psicologia Experimental pela University of Texas at Austin, Estados Unidos. Distinguished Professor de Psicologia da Educação na Massey University, Nova Zelândia.

Xiuli Tong – Psicóloga do Desenvolvimento. Professora Assistente da Divisão de Fonoaudiologia da Faculdade de Educação da University of Hong Kong, Hong Kong.

Agradecimentos

Agradecemos à Fundação de Amparo à Pesquisa do Estado de São Paulo (FAPESP) pelo apoio concedido (Processo n. 10/20136-6) para a realização do Seminário Internacional de Alfabetização na Perspectiva da Psicologia Cognitiva da Leitura, que aconteceu na Pontifícia Universidade Católica de São Paulo (PUC-SP), de 23 a 25 de maio de 2011. O auxílio financeiro que nos foi concedido viabilizou a visita de seis convidados estrangeiros, dando continuidade a intercâmbios já existentes e criando novas formas de comunicação com o grupo de pesquisadores brasileiros que os acolheram em São Paulo.

Registramos também nossos agradecimentos ao apoio do Conselho Nacional de Desenvolvimento Científico e Tecnológico (CNPq), que possibilitou a tradução simultânea das grandes conferências e horas de conversação com nossos visitantes estrangeiros.

Nossos agradecimentos dirigem-se igualmente à PUC-SP, em cujas dependências foi realizado o evento, com o apoio do Programa de Estudos Pós-graduados em Educação, Psicologia da Educação (PED), então sob a coordenação de Vera Maria N. S. Placco.

O Seminário dificilmente teria sido realizado sem as essenciais contribuições de pesquisadores brasileiros que integram o Grupo de Trabalho Desenvolvimento Sociocognitivo e da Linguagem (GT35), junto à Associação Nacional de Pós-graduação e Pesquisa em Psicologia (ANPEPP). A eles nossa homenagem e gratidão pelo trabalho competente, pela cordialidade e pelo apoio constante. De modo especial, agradecemos à Tania Mara Sperb pela preciosa ajuda junto às agências brasileiras de pesquisa.

A organização de um evento com participação de cerca de 500 pessoas exigiu enorme dedicação para atender a todos os detalhes, incluindo a acolhida cordial aos nossos visitantes estrangeiros, o que foi feito com a imensa generosidade de alunos e ex-alunos do curso de pós-graduação da PUC-SP que compuseram a comissão organizadora: Adriana S. F. de Souza, Eliana C. Gallo-Penna, Fraulein V. de Paula, Ioana C. P. Yacalos, Juliana Devecchi P. Souza, Katerina Lukasova, Luciene A. F. Siccherino, Marcella M. Ardito, Maria José dos Santos, Maura Spada Zanella, Renan A. Sargiani, Rosana Tósi da Costa, Rosana Valinas, Sandra Puliezi, Sara Del Prete Panciera, Simone F. S. Domingues, Simone Priscila Paludeto e Sylvia Domingos Barrera.

Finalmente agradecemos a todos e todas – secretarias de educação, diretores de escolas, professoras alfabetizadoras, alunos e familiares – que, das mais diferentes maneiras, tornaram possível a realização do Seminário. O êxito do evento se materializou na presença ativa e entusiasmada dos que vieram participar, como expositores e como assistentes ativos, trazendo seus questionamentos, suas reflexões, seus argumentos e ideias em busca das melhores respostas para o desafio de garantir a todos os brasileiros o acesso e a competência no uso da linguagem escrita.

Sumário

Prefácio 11
Maria Regina Maluf e Cláudia Cardoso-Martins

1 Entre a pré-leitura e a leitura hábil: condições
e patamares da aprendizagem 17
José Morais, Isabel Leite e Régine Kolinsky

2 Aquisição da habilidade de leitura de palavras e sua influência
na pronúncia e na aprendizagem do vocabulário............... 49
Linnea C. Ehri

3 Existe um estágio silábico no desenvolvimento
da escrita em português? Evidência de três estudos longitudinais 82
Cláudia Cardoso-Martins

4 Epi/meta *versus* implícito/explícito: nível de controle
cognitivo sobre a leitura e sua aprendizagem 109
Jean Emile Gombert

5 Como a ciência cognitiva forneceu as bases teóricas
para resolução do "grande debate" sobre métodos
de leitura em ortografias alfabéticas 124
William E. Tunmer

6 Alfabetização e consciência metalinguística: da leitura
da palavra à leitura do texto 138
Alina Galvão Spinillo

7 Crianças com dificuldades inesperadas de
compreensão de leitura 155
S. Helene Deacon e *Xiuli Tong*

8 O que sabemos (ou não sabemos) sobre a genética da leitura 171
Elena L. Grigorenko

Prefácio

Este livro teve sua origem no Seminário Internacional de Alfabetização na Perspectiva da Psicologia Cognitiva da Leitura, que foi realizado na Pontifícia Universidade Católica de São Paulo (PUC-SP), com o apoio do Programa de Estudos Pós-graduados em Educação (Psicologia da Educação), de 23 a 25 de maio de 2011. Inserido na sequência de eventos anteriores – Seminários I e II, realizados na PUC-SP, e Ciclo de Debates do Laboratório de Estudos e Pesquisas sobre Alfabetização, do Instituto de Psicologia da USP –, responde a uma das principais necessidades da educação brasileira, a de ensinar com êxito a leitura e a escrita, base de todas as demais aprendizagens escolares.

A Ciência da Leitura se define por um conjunto de evidências de diferentes áreas que estudam a leitura, incluindo a Psicologia e as Neurociências. O estudo científico da leitura avançou enormemente nos últimos 30 anos e se destaca no contexto internacional pelas contribuições que traz para a compreensão da aprendizagem e do desenvolvimento da linguagem escrita. A literatura estrangeira é abundante nessa área, e pesquisas brasileiras se somam a esses estudos buscando as especificidades do ensino do sistema alfabético de escrita em português.

O Seminário Internacional de Alfabetização na Perspectiva da Psicologia Cognitiva da Leitura resultou do esforço de um grupo de pesquisadores e estudantes preocupados com a questão da alfabetização, que se uniram para organizá-lo. Seus objetivos podem resumir-se em três: 1) fazer avançar o conhecimento sobre a aprendizagem e o ensino bem-sucedido da linguagem escrita; 2) favorecer o acesso dos professores alfabetizadores ao conhecimento baseado em evidências sobre como ensinar a ler com melhores resultados; e 3) incentivar o diálogo entre pesquisadores, estudantes, alfabetizadores e formadores de professores sobre a aprendizagem e o ensino eficiente da linguagem escrita.

Nas sociedades modernas, as exigências crescentes de domínio da linguagem escrita, unidas à observação de que muitas crianças não alcançam os níveis de competência em leitura requeridos para o exercício pleno da cidadania, têm atraído a atenção dos responsáveis pela educação, políticos e pesquisadores, para os novos conhecimentos gerados pela Psicologia Cognitiva da Leitura. Este livro foi organizado com capítulos produzidos nessa perspectiva teórica e trata de como aprendemos a ler e a escrever, ou seja, trata da alfabetização: ensino do código alfabético e suas regras de funcionamento, questão básica em todos os sistemas educacionais. Destina-se a todos os interessados em pesquisar e em ensinar essas habilidades.

Vivemos várias décadas de debates acerca do modo mais eficiente de ensinar a ler, em geral centrados na questão do método de alfabetização e sem suficiente compreensão dos processos de aprendizagem implicados. De modo geral, este livro busca responder à questão: qual o melhor modo de ensinar a ler?

Nos últimos 20 anos, em parte como consequência dos conhecimentos gerados pelas Neurociências a respeito do funcionamento do cérebro humano em situação de leitura, a ênfase deslocou-se para os processos de aprendizagem. Como é que nosso cérebro aprende a ler? E, em decorrência, qual o método mais eficiente para ensinar a ler? Evidências produzidas pela Ciência da Leitura estão revelando a complexidade das operações mentais que o aprendiz deve executar para aprender a ler e mostram que algumas estratégias de aprendizagem são mais bem adaptadas do que outras à sua organização cerebral e às suas condições culturais de crescimento e desenvolvimento. Assim, por exemplo, destaca-se o papel da linguagem oral na aquisição da linguagem escrita, uma vez que se escreve o que se fala, e, para que isso ocorra, impõe-se a reflexão sobre a linguagem, que nos permitirá representá-la por meio de sinais, que são as letras. Um número crescente de estudos trata de aprofundar e utilizar os conhecimentos a respeito das relações entre o desenvolvimento das habilidades metalinguísticas e a alfabetização. Essas relações explicitam as conexões entre leitura e cognição.

Algumas das questões mais relevantes nesse importante campo de conhecimento e aplicação que é a aprendizagem da linguagem escrita são abordadas nos capítulos seguintes. Neles os leitores encontrarão resultados de pesquisas que testam hipóteses novas e antigas, trazendo conhecimentos que poderão, sem dúvida, iluminar questões ainda obscuras e fortalecer outras, em busca das melhores respostas nessa área fundamental da educação, que se resume em transmitir o sistema de escrita do modo mais eficaz, facilitando a aprendizagem do aluno e garantindo o êxito do ensino.

No primeiro capítulo, José Morais, Isabel Leite e Régine Kolinsky fazem uma exposição cuidadosa e completa do caminho a ser percorrido no processo de aprender a ler, tratando a leitura como uma forma específica de processamento de informação, que permitirá que as representações gráficas da linguagem sejam processadas pelo nosso cérebro para transformar-se em representações de sua forma sonora e de seu significado. Argumentam também a favor do caminho percorrido pelo aprendiz para chegar à desejada fluência na leitura oral e dos efeitos da aprendizagem da leitura no cérebro, reciclando algumas regiões para instalar essa nova habilidade, que é a percepção de letras e palavras escritas. A influência das variáveis socioculturais é tratada juntamente com sugestões sobre suas implicações no ensino e sobre metodologias mais propícias para superar seus efeitos adversos de modo a beneficiar todas as crianças.

No Capítulo 2, Linnea C. Ehri leva o leitor a percorrer as fases de aprendizagem da leitura de palavras que conduzirão à tão desejada habilidade de ler e de compreender textos com facilidade e rapidez. Expõe evidências de pesquisas que sustentam a tese de que, quando lemos um texto, nossos olhos recaem em praticamente todas as palavras, e que as palavras são a unidade básica que os leitores processam para construir significados e chegar à compreensão de textos. Daí a afirmação de que leitores iniciantes devem aprender a reconhecer palavras escritas e fazer isso com precisão. Mostra como o leitor progride em direção ao reconhecimento automatizado de palavras, em que a visão da palavra aprendida ativa sua pronúncia e seu significado na memória. Numerosos resultados de pesquisa são relatados e sustentam a hipótese de que a leitura fluente em sistemas alfabéticos passa pela aprendizagem das formas e sons das letras, dos fonemas que compõem as palavras, enfim, pelas correspondências grafema-fonema e seu uso para formar conexões entre a grafia e a pronúncia das palavras e, dessa forma, armazená-las no léxico mental.

No capítulo seguinte, de autoria de Cláudia Cardoso-Martins, são relatados três estudos longitudinais realizados com crianças brasileiras. O objetivo desses estudos foi discutir, mediante testes empíricos, a hipótese de Emilia Ferreiro sobre a existência de um estágio silábico na aprendizagem inicial da escrita em português. Esses estudos de Cardoso-Martins se revestem de grande interesse teórico e aplicado, uma vez que, após quase 30 anos da publicação no Brasil de *Psicogênese da língua escrita* (FERREIRO; TEBEROSKY, 1986), as ideias de Ferreiro continuam a exercer profunda influência nas escolas brasileiras, sendo muitas vezes consideradas essenciais aos professores alfabetizadores. Os resultados dos estudos de Cardoso-Martins, que dão sustentação ao modelo de Ehri, sugerem que o desenvolvimento da escrita é mais adequadamente descrito em termos de mudanças graduais na habilidade da criança de conectar unidades fonológicas na pronúncia das palavras a unidades ortográficas pertinentes.

Jean Emile Gombert, no Capítulo 4, faz uma discussão de caráter metateórico, baseada em seu profundo conhecimento da área, para elucidar o papel de diferentes tipos de conhecimento – que expressam níveis diversos de controle cognitivo – presentes na leitura e na sua aprendizagem. Começando pelo conceito de metalinguagem, Gombert argumenta que são as tarefas inerentes à aprendizagem da leitura que, na maioria das vezes, conduzem à aquisição e ao desenvolvimento de competências metalinguísticas (como, por exemplo, a consciência fonológica, morfológica e sintática). Expõe a importância e a necessidade da aprendizagem implícita na aquisição da linguagem escrita e explica a influência precoce da sensibilidade fonológica sobre os primeiros desempenhos de reconhecimento de palavras. Mostra, também, que, na aquisição bem-sucedida da linguagem escrita, as aprendizagens implícitas e as aprendizagens conscientes (explícitas) devem ser diferenciadas e articuladas. E finaliza com as consequências pedagógicas desse processo.

O quinto capítulo é uma análise de pesquisas, com o objetivo de apresentar e discutir evidências em busca do melhor modo de ensinar a ler e a escrever em ortografias alfabéticas. William E. Tunmer utiliza um título sugestivo para significar que dispomos hoje de novas bases teóricas, produzidas pela Psicologia Cognitiva da Leitura, para avançar nas discussões acerca dos melhores métodos para ensinar a ler. Mostra como as discussões oscilam entre argumentos favoráveis ao método da linguagem total e aqueles que enfatizam as habilidades de codificação alfabética ou fonológica. Discute evidências e limites das duas orientações metodológicas, o significado prático das vantagens que têm as crianças que chegam à escola com capital cultural letrado, e a instrução diferenciada e adaptada às habilidades de cada um como uma variável importante para garantir o êxito para todas elas.

Os dois capítulos seguintes abordam questões bem específicas, atuais e relevantes no contexto da aprendizagem inicial da leitura e da escrita:

como o aprendiz progride da palavra ao texto e como podem ser enfrentadas as dificuldades inesperadas de compreensão. Alina Galvão Spinillo trata a leitura como constituída por duas instâncias complementares e indissociáveis: a decodificação e a compreensão. Relata um estudo de intervenção para ajudar crianças com dificuldades na compreensão dos texto, cujos resultados mostram a importância das inferências para a compreensão dos mesmos e como elas podem ser ensinadas no contexto escolar. S. Helene Deacon e Xiuli Tong ocupam-se das questões que podem ser formuladas para explicar o comportamento de crianças que embora demonstrem domínio da leitura de palavras não compreendem o sentido geral do que leem, dificilmente fazem inferências e não parecem monitorar suficientemente sua compreensão. Pesquisas recentes sugerem que essas crianças frequentemente apresentam pobreza de vocabulário e dificuldades de comunicação oral. As autoras mostram a importância da identificação precoce e do desenvolvimento de programas de intervenção para enfrentar com sucesso essas dificuldades.

Finalmente o oitavo capítulo, escrito por Elena L. Grigorenko, trata da importância de se considerar os fatores genéticos na busca de compreensão das diferenças individuais, tanto na aquisição da leitura quanto na realização do ato de ler, acreditando que genes de efeito pequeno a moderado estão por detrás dessas diferenças. A autora traz evidências de que a leitura (típica ou atípica) está relacionada a variações no genoma, o que tem gerado grande interesse por descobertas que parecem estar por vir.

A leitura dos capítulos que constituem este livro coloca o leitor diante de respostas consolidadas no que diz respeito à aprendizagem da linguagem escrita. Ao mesmo tempo, levanta questões novas e estimulantes, que abrem um amplo campo de pesquisas a serem realizadas com falantes do português. Psicólogos e educadores, responsáveis pelas políticas públicas voltadas para garantir a todos o acesso à linguagem escrita, assim como professores e pais, poderão encontrar nesses diferentes capítulos novas respostas e novas ideias que contribuirão para o sucesso de seus esforços dirigidos a ensinar a ler e a escrever.

Maria Regina Maluf
Cláudia Cardoso-Martins
Pela Comissão Organizadora do Seminário Internacional de
Alfabetização na Perspectiva da Psicologia Cognitiva da Leitura

Entre a pré-leitura e a leitura hábil: condições e patamares da aprendizagem[1]

José Morais, Isabel Leite e Régine Kolinsky

A leitura é uma forma específica de processamento de informação, e a aprendizagem da leitura é, portanto, a aprendizagem desses processos. Em uma definição mais aprofundada, *ler* é transformar representações gráficas da linguagem em representações mentais da sua forma sonora e do seu significado. Quando se trata de um texto, o objetivo da leitura é poder apreender o seu sentido.

OS DOIS COMPONENTES DO PROCESSAMENTO NA LEITURA

A leitura requer uma habilidade específica e um conjunto de capacidades mais ou menos gerais. A habilidade específica é a habilidade de identificação das palavras escritas. Ela é específica porque, embora de grande impacto cognitivo, por exemplo na aquisição de conhecimento, não serve para nenhuma outra função, e os circuitos cerebrais que a sustentam são criados durante a aprendizagem da leitura.

O conjunto de capacidades mais ou menos gerais que intervém na leitura é muito variado: inclui atenção, memória de trabalho, conhecimento lexical e da gramática da língua, conhecimento semântico e enciclopédico, raciocínio, capacidades de análise e de síntese, tudo o que também é mobilizado no processamento da informação veiculada pela fala. Diz-se que essas capacidades são gerais justamente no sentido de serem partilhadas com outras funções, em particular com o processamento da linguagem oral. Elas intervêm quer quando se lê este capítulo, quer quando se ouve uma leitura em voz alta dele.

Assim, a origem ou as origens da dificuldade de compreensão na leitura de um texto só pode(m) estar em um déficit da habilidade de identificação da pronúncia e do significado das palavras escritas e/ou das capacidades linguísticas e cognitivas necessárias para compreender a linguagem oral. Déficits sensoriais e perturbações emocionais e afetivas também podem contribuir para as dificuldades de leitura, mas, qualquer que seja a natureza desses déficits, o seu impacto exerce-se necessariamente sobre um e/ou outro daqueles componentes do processamento envolvido na leitura.

Ao longo da aprendizagem, as diferenças de nível de leitura entre os indivíduos dependem dos componentes específico e geral da leitura, numa proporção que vai mudando. De início, o nível de leitura é determinado essencialmente pelo nível da habilidade de identificação das palavras escritas. Quem ainda não sabe identificar as palavras escritas, isto é, quem ainda não lê, não pode entender o texto. Portanto, de início, é o nível da habilidade de identificação das palavras que, sobretudo, diferencia os bons, os médios e os maus leitores. Progressivamente, à medida que o leitor se torna capaz de identificar correta e rapidamente a grande maioria das palavras, o determinante mais importante das diferenças individuais na leitura passa a ser a qualidade e a eficiência das capacidades gerais. Finalmente, quando a identificação das palavras escritas se faz de maneira automática, extremamente rápida, em cerca de um quinto ou um quarto de segundo, por exemplo, em uma população de leitores hábeis, como em geral são os universitários, a habilidade de identificação das palavras escritas explica muito pouco das diferenças no grau de compreensão de um mesmo texto.

TIPOS DE LEITORES

O que diferencia os leitores que atingiram o estágio final da habilidade específica da leitura são, portanto, as suas capacidades cognitivas, os conhecimentos e as estratégias de processamento de informação que utilizam na leitura. Isto não implica que a habilidade de identificação das palavras escritas deixe de ser importante na leitura. Ela é sempre necessária, só que já não distingue os bons leitores entre eles. O nível desta habilidade pode distinguir, isso sim, e de maneira muito clara, os maus dos bons leitores, quer durante a aprendizagem, quer no leitor adulto.

Visto que a leitura implica uma habilidade específica e capacidades gerais, os maus leitores podem ser de três tipos. Em um deles, o indivíduo tem dificuldades para identificar as palavras escritas, mas dispõe de capacidades gerais normais – é o caso dos disléxicos. Por definição, a dislexia é, ou resulta, de um déficit específico na identificação das palavras escritas. O caso oposto é muito mais raro: o leitor adquire a habilidade de identificação das palavras escritas, mas as suas capacidades cognitivas são insuficientes ou mesmo muito fracas – é o caso da criança hiperléxica, que tem uma compulsão para ler, mas não entende quase nada do que foi lido. O caso destas crianças hiperléxicas fornece uma excelente demonstração da ideia de que a habilidade de identificação das palavras escritas é uma técnica, um automatismo perceptivo que não requer inteligência, mas que, embora necessário, é, no entanto, insuficiente se não existirem as competências "inteligentes". Finalmente, há a situação a que podemos chamar de "dificuldade geral de leitura". Na maioria dos maus leitores, a habilidade de identificação das palavras escritas não foi automatizada, pelo menos não para as palavras com menor frequência de uso, o que, portanto, dificulta a leitura. Ao mesmo tempo, esses leitores têm atrasos importantes na aquisição do vocabulário e dos conhecimentos, assim como das estratégias conscientes de processamento da informação. Na maioria dos casos, são maus leitores por razões socioculturais.

Muitos dados mostram, por exemplo, que o vocabulário de uma criança de meio sociocultural desfavorecido é muito inferior ao de uma criança de meio favorecido, mesmo antes de iniciar a leitura. É sabido que, depois, a leitura é um poderoso instrumento de enriquecimento do vocabulário. Como a criança de meio sociocultural favorecido adquire mais rapidamente do que a outra as competências necessárias para aprender a identificar as palavras escritas, ela vai ler melhor, vai praticar mais a leitura, e, por conseguinte, a lacuna entre as duas vai ser cada vez maior. A seguir neste capítulo, analisaremos as relações entre o meio socioeconômico e sociocultural, por um lado, e os componentes e o nível de leitura, por outro.

A RELAÇÃO INTERATIVA ENTRE LEITURA E COGNIÇÃO

Entre a aquisição da habilidade de identificação das palavras escritas e o desenvolvimento tanto do conhecimento da língua quanto das outras capacidades cognitivas envolvidas na leitura, existe uma relação interativa. Essa relação interativa faz com que o mau leitor dificilmente possa desenvolver completamente as suas capacidades cognitivas.

Em um estudo recente, Ferrer et al. (2010) avaliaram crianças longitudinalmente, do 1º ao 12º ano, em leitura e em QI (na base do WISC--Revised). Os maus leitores de cada ano tinham um desempenho em leitura de pelo menos um e meio desvio padrão abaixo do desempenho predito pelo seu QI. Eles foram divididos em dois grupos, os que correspondiam a este critério nos primeiros anos, mas não mais no 9º, e que, portanto, tinham recuperado, e os que se mantiveram persistentemente maus leitores. Utilizando um modelo matemático para calcular as inter--relações dinâmicas entre a cognição e a leitura ao longo do tempo nos três grupos (maus leitores recuperados, maus leitores persistentes e leitores normais), observou-se que as influências da leitura no QI foram maiores do que as do QI na leitura, e que estas influências foram muito maiores nos leitores normais do que nos maus leitores. Assim, nos leitores normais, as diferenças interindividuais resultam de influências bidirecionais entre a leitura e a cognição. Nos maus leitores, parece que está faltando, ou é pouco operante, este mecanismo que liga o desenvolvimento da leitura ao da cognição. É provável que, nos maus leitores que são disléxicos, o desenvolvimento cognitivo dependa muito mais de outras fontes de estimulação do que da leitura.

De qualquer modo, uma recomendação importante que pode ser ressaltada a partir desses resultados é que é essencial estabelecer uma conexão entre a leitura e a cognição. Os programas de reeducação da leitura deveriam assegurar que a leitura seja praticada para adquirir conhecimento.

COMO EVOLUI A APRENDIZAGEM DA LEITURA: DEFINIÇÃO DE CONDIÇÕES E PATAMARES

As teorias da aprendizagem da leitura de 30 anos atrás propunham que o desenvolvimento da habilidade de leitura, em termos de processamento, se faz por etapas. Foi proposto, por exemplo, que há inicialmente uma etapa *logográfica*, típica da criança pré-leitora, em que ela não lê, mas reconhece palavras como se essas fossem objetos; depois uma etapa *alfabética*, em que a criança aplica intencionalmente na leitura as regras grafofonológicas da escrita da sua língua; e, enfim, uma etapa *ortográfica*, em que a criança acessa automaticamente a representação da palavra em um léxico mental ortográfico.

Desse esquema, várias ideias continuam a ser consideradas corretas, mas hoje, em todo o mundo, utiliza-se menos o conceito de "etapa", porque a descontinuidade que este conceito sugere não é muito aparente na evolução da leitura. O que acontece é que a aprendizagem da leitura faz-se lendo, e, portanto, não depende só da aprendizagem de processos, mas também do que se lê e de quanto se lê.

A ideia de que a etapa da decodificação (conceito que preferimos hoje, ao de etapa alfabética) é superada de uma vez pela instalação de um processo de acesso lexical automático não considera a importância da familiarização com as palavras escritas no quadro da prática da leitura e, em particular, na passagem da decodificação à leitura automática. Os processos da leitura automática começam a ser utilizados relativamente cedo, para palavras encontradas com frequência, mas o léxico é vasto e as palavras distinguem-se muito entre elas pelo seu uso. A leitura automática de uma dada palavra, pela natureza mesma deste mecanismo, implica que se forme na mente e se memorize a representação ortográfica dessa palavra, e a constituição desta representação depende do número de vezes em que ela foi encontrada. Por isso, a noção de "etapa" só poderia referir-se à dominância de um certo tipo de leitura, mas comporta o risco de nos fazer pensar que existe uma descontinuidade temporal muito marcada. Na realidade, mesmo nós, leitores automáticos, devemos ainda decodificar palavras que nunca encontramos ou que encontramos raramente.

Com base nesta reflexão, pode-se propor que, em vez de etapas de aprendizagem, falemos antes de condições de aprendizagem. Estas, sim, são sequenciais, como veremos a seguir. E, no plano das implicações práticas, reconheçamos que esta concepção da aprendizagem da leitura atribui um papel fundamental ao exercício constante da leitura e à riqueza lexical dos textos lidos.

Primeira condição: descobrir o princípio alfabético

Nós aprendemos a ler uma forma particular de escrita, a escrita alfabética, e essa característica do material da leitura condiciona, logo de início, o processo de aprendizagem de uma maneira decisiva. Repare-se que desenvolvemos o hábito de dizer "aprender a ler", como se ler fosse um verbo intransitivo. Omitimos o objeto da leitura, o que não fazemos com outras habilidades. Não teria muito sentido dizer apenas "aprender a jogar"; temos de ser mais específicos e dizemos aprender a jogar algum jogo, jogar tênis, jogar vôlei, etc.

Aprendemos a ler em algum sistema de escrita. No Brasil, aprendemos a ler em um sistema particular de representação da linguagem, aquele em que a linguagem é representada ao nível da sua estrutura fonêmica e é chamado alfabético. O alfabeto representa fonemas, que não são sons, mas entidades abstratas de que a criança não está consciente e de que ela tem de tomar consciência quando aprende a ler em uma escrita alfabética.

Assim, a primeira condição da aprendizagem da leitura neste sistema é descobrir o *princípio alfabético*, ou princípio de correspondência entre fonemas e grafemas, isto é, que os fonemas são representados graficamente por letras ou grupos de letras. Esta descoberta exige uma espécie de análise introspetiva da fala combinada à identificação de letras. A tomada de consciência dessas unidades da fala não é espontânea e não depende da inteligência, ela exige ajuda sob a forma de atividades de análise e de comparação de sílabas faladas e escritas e deveria estar assegurada nas primeiras semanas de ensino da leitura.

Esta é a primeira de três condições sequenciais, o que quer dizer que cada uma depende da anterior. Cada uma deve estar suficientemente cumprida, mas não ter necessariamente atingido a maturidade plena, para que a seguinte possa começar a instalar-se. Dito metaforicamente, trata-se de um processo em cascata.

Segunda condição: adquirir progressivamente o conhecimento do código ortográfico da língua e o domínio do procedimento de decodificação

O código ortográfico de uma língua é o conjunto das regras, simples e complexas, de correspondência grafofonológica ou fonográfica, historicamente constituído para a língua em questão.

As regras complexas resultam do fato de que, dependendo da posição e do contexto, a mesma letra pode corresponder a diferentes fonemas, e diferentes letras, ao mesmo fonema. Também pode haver regras morfossintáticas. A proporção das regras complexas e morfossintáticas varia muito para as diferentes línguas, assim como a proporção das exceções às regras que tornam a correspondência arbitrária. O código ortográfico do português é relativamente simples, e muito mais simples para a leitura do que para a escrita.

A decodificação grafofonológica, mecanismo de leitura baseado no conhecimento das regras do código ortográfico, é intencional, controlada e progride ao longo da palavra, primeiro utilizando as unidades linguísticas menores, os grafemas e fonemas correspondentes, e depois unidades maiores, os encontros consonantais complexos, as rimas, as sílabas. Em português, no fim do 1º ano, a decodificação deveria permitir ler quase todas as palavras, e, no fim do 2º ano, ela deveria ser suficientemente eficiente para permitir uma leitura com certa fluência sem, no caso dos textos, afetar a sua compreensão.

Terceira condição: constituir o léxico mental ortográfico

O léxico mental ortográfico é o conjunto das representações mentais estruturadas da ortografia das palavras que conhecemos da língua e que armazenamos, de maneira organizada, no nosso cérebro. Estas representações, que fazem parte de uma forma específica de memória de longo prazo, são acessadas automaticamente e sem consciência das operações que levam à identificação das palavras. É a maneira como nós, leitores hábeis, geralmente lemos.

Após alguns meses de ensino e de prática da leitura, algumas palavras curtas e frequentes já são lidas deste modo, e progressivamente isto vai acontecendo para muitas outras, mas é geralmente no decurso do 3º ano que o léxico ortográfico se torna o mecanismo dominante da leitura.

Esta concepção de uma sequencialidade de condições que têm de ser satisfeitas implica que a tomada de consciência dos fonemas é crucial para desenvolver o mecanismo de decodificação, e que este é crucial para desenvolver a leitura automática. Todos os dados da psicolinguística experimental da aprendizagem da leitura são coerentes com esta ideia. É necessário, primeiro, conduzir a criança a descobrir o princípio alfabético, o que conduz inevitavelmente a ensinar-lhe o código e a maneira de se servir dele. A integração das representações fonêmicas das letras correspondentes à consoante e à vogal de uma sílaba CV, sílaba canônica do português, é já uma decodificação. Depois, é preciso completar o conhecimento do código e treinar a decodificação das palavras, porque é o exercício desta que vai conduzindo ao desenvolvimento do léxico ortográfico.

O QUE PODE SER FONTE DE DIFICULDADE NA APRENDIZAGEM DA LEITURA?

Procurando responder a esta questão, que é crucial para o ensino da leitura, distinguiremos dois componentes na primeira condição (a descoberta do princípio alfabético), assim como na segunda condição (o conhecimento progressivo do código ortográfico e o domínio progressivo do procedimento de decodificação) e na terceira condição (a constituição do léxico mental ortográfico).

A tomada de consciência dos fonemas e a qualidade da sua representação mental

Hoje, não há mais dúvidas de que as dificuldades em representar os fonemas conscientemente são uma causa importante dos distúrbios da aprendizagem da leitura (ver, por exemplo, SHANKWEILER; LIBERMAN, 1978) e que o treino das habilidades de consciência fonêmica no contexto da aprendizagem das correspondências com os grafemas ajuda a desenvolver a habilidade de leitura (EHRI, et al., 2001). A capacidade de representar isoladamente os fonemas de maneira precisa e estável é um requisito para que o mecanismo de decodificação possa operar com eficiência.

As perturbações na representação consciente dos fonemas seriam, portanto, a causa mais primitiva numa cadeia de causas se não devêssemos interrogar-nos sobre as suas próprias causas. Concebendo a tomada de consciência dos fonemas, como o resultado da abstração dessas unidades no fluxo da fala, parece que podemos rejeitar a hipótese de uma fraca capacidade de abstração, visto que mesmo crianças com um QI muito baixo podem tomar consciência dos fonemas (ver, por exemplo, KOLINSKY; MORAIS; MOUSTY, 1998). Em contrapartida, há evidências fortes de que estariam na sua origem anomalias na representação perceptiva da fala, talvez no mecanismo de categorização (ver, por exemplo, SERNICLAES et al., 2004; SERNICLAES et al., 2005).

Em um estudo em que Fluss et al. (2009) entrevistaram mil crianças parisienses, uma análise realizada sobre 150 crianças, entre as quais

100 maus leitores, mostrou que a consciência fonêmica explicava cerca de 50% da variabilidade interindividual e, sobretudo, uma parte única desta variabilidade, isto é, além da parte de variabilidade que o nível socioeconômico e as capacidades de atenção das crianças permitiam explicar. Este é apenas um entre centenas de fatos convergentes descritos na literatura científica.

Sabe-se hoje que a melhor maneira de fazer a criança tomar consciência da fala como uma sequência de segmentos fonéticos, que pouco a pouco lhe vão aparecer como unidades mais abstratas – os fonemas –, consiste em associá-la às letras correspondentes em pares organizados (p. ex., "vi", "va") de maneira a chamar-lhes a atenção para a existência de uma identidade de "som" e de letra ("v") e uma diferença ("i", "a"). Um estudo de Byrne (1992) mostrou que a criança só descobre o princípio alfabético depois de ter sido treinada a analisar expressões da fala em fonemas e a associar letras e fonemas. Mas em que medida é necessária esta associação a uma representação visual tem sido objeto de debate.

Em um estudo que realizamos (LEITE et al., em preparação), visamos a dois objetivos: (1) determinar se a consciência fonêmica pode ser desenvolvida independentemente de atividades destinadas ao conhecimento das letras e das correspondências grafema-fonema; e (2) determinar se o treino das habilidades de análise fonêmica pode conduzir, sem treino simultâneo das correspondências grafema-fonema, a algum progresso nas primeiras etapas da aprendizagem da leitura. Foram formados três grupos de crianças pré-leitoras que diferiam entre eles pelo tipo de treino que recebiam: treino de consciência fonêmica e de conhecimento letra--som (grupo CF + L/S); treino só de consciência fonêmica (grupo CF); e treino sobre relações semânticas (grupo-controle). Cada um desses grupos estava dividido em dois subgrupos, um em que todas as crianças conheciam, no pré-teste, menos de nove letras, e o outro em que todas elas conheciam, pelo menos, nove letras. O treino da consciência fonêmica tinha como alvo as habilidades de subtração de consoante e de isolamento de vogal e incluía atividades como, por exemplo, indicar, entre duas não palavras, aquela que partilhava a unidade-alvo com uma outra não palavra, e identificar as não palavras que continham a unidade-alvo. O treino das correspondências incluía identificar e desenhar letras, assim como cortar a forma delas no papel, e o experimentador pronunciava o som correspondente à letra (vogal ou consoante mais schwa) quando a criança ainda não era capaz de fazê-lo.

Os resultados mostraram que, no pré-teste, não houve diferença nas medidas de consciência fonêmica entre os grupos. Depois do treino, e como efeito deste, ambos os grupos experimentais realizaram progressos (medidos pela diferença entre o escore pós-teste e o escore pré-teste) muito mais consideráveis do que o grupo-controle. Temos aqui, portanto, a resposta a nossa primeira pergunta: sim, a consciência fonêmica pode ser suscitada independentemente de atividades destinadas ao conhecimento das letras e das correspondências grafema-fonema! Mais: o progresso e o nível atingido nas tarefas de análise explícita em fonemas não foram menores com um treino exclusivamente fonêmico do que com um treino conjunto da análise fonêmica e das letras e das suas correspondências com sons. Esta ideia foi confirmada por outro aspecto dos resultados. Analisando as respostas nas tarefas de análise fonêmica, verificamos que, no pós-teste e em ambos os grupos em que houve treino da consciência fonêmica, as crianças com menor conhecimento de letras puderam analisar fonemas para os quais não conheciam as letras correspondentes. Isto não aconteceu no grupo-controle.

Para sabermos se o treino das habilidades de análise fonêmica pode conduzir, sem treino simultâneo das correspondências, a algum progresso nas primeiras etapas da aprendizagem da leitura, examinamos o progresso através de um teste de transferência da aprendizagem de associação entre letra e fonema para sílabas cujas letras e fonemas já tinham sido treinadas, mas não naquela precisa combinação (este fora o teste utilizado por Byrne et al., 1992). Calculamos quantas foram as crianças que, não tendo atingido um determinado critério de sucesso no pré-teste, o obtiveram depois do treino. Constatamos que, nas crianças com menor conhecimento de letras, o grupo CF+L/S somou 10 casos, e os grupos CF e de controle, apenas dois. Porém, nas crianças que já tinham um conhecimento de pelo menos nove letras, obtivemos um padrão de resultados diferente: houve o mesmo número de casos de progresso (mais de uma dezena) nos grupos CF+L/S e CF, e muito poucos no grupo-controle. Assim, o treino fonêmico produz tanto efeito quanto a sua combinação com o treino das correspondências na condição de que o conhecimento prévio das letras seja elevado. Ele tem um efeito que é condicionado pelo conhecimento das letras, quer este tenha sido obtido anteriormente ou no momento. Que o conhecimento das letras seja indispensável para a leitura é trivial; o que não é trivial é o fato de o treino fonêmico produzir efeitos na leitura mesmo quando ele não se combina no momento com atividades orientadas para as letras e as suas correspondências.

Colocamo-nos uma questão adicional, a de saber se a consciência fonêmica adquirida para alguns fonemas pode generalizar-se a outros fonemas, não treinados, e permitir a leitura de itens escritos que contêm fonemas não treinados. No teste de subtração da consoante, por exemplo, havia oito itens relativos a fonemas treinados e oito itens relativos a fonemas não treinados. O aumento de desempenho do pré-teste ao pós--teste foi praticamente o mesmo para os fonemas treinados e os não treinados, e observou-se tanto no grupo CF quanto no grupo CF+L/S. Não havendo diferença entre os fonemas treinados e os não treinados, pode concluir-se que o treino da análise fonêmica produz efeitos que não se limitam aos exemplares encontrados e conduz, portanto, à aquisição de uma habilidade generalizada a analisar a fala em fonemas.

O conhecimento das letras

Conhecer as letras é uma expressão pouco informativa se não especificarmos de que tipo de conhecimento se trata, ou, mais precisamente, o que é que conhecemos na letra. Assim, para uma letra, podemos conhecer o seu *nome*, o seu *valor fonológico* (em termos menos técnicos, o "som" que lhe corresponde), o *fonema* ou os fonemas que a representam, e enfim a sua *identidade abstrata*, isto é, independente da forma física que toma.

Em muitos países e nos meios socioculturais de classe média ou alta, a tendência dominante, sobretudo nos países anglo-saxônicos, é de os pais ensinarem aos filhos o nome das letras, bem antes de estes entrarem na escola. Na escola, pelo contrário, as letras são ensinadas em correspondência com os seus valores fonológicos. Embora os nomes das letras contenham índices para derivar os seus valores fonológicos, o ensino destes facilita mais do que o ensino dos nomes o passo seguinte, crucial, que é o de apreender o fonema subjacente. Depois da consciência fonêmica, o conhecimento das letras (estimado em geral através do conhecimento do nome ou do valor fonológico – foi o caso também no estudo de Leite et al., descrito acima) é uma das variáveis que melhor predizem as diferenças interindividuais em leitura (ver, por exemplo, Leppänen et al., 2008), e as dificuldades em adquiri-lo constituem um sinal de alerta de futuras anomalias na aprendizagem (ver, por exemplo, Gallagher; Frith; Snowling, 2000).

Quanto à identidade abstrata das letras, ela só é alcançada plenamente quando a criança categoriza as formas maiúscula e minúscula (os pais tendem a ensinar a maiúscula enquanto na escola se utiliza mais a minúscula), sua tipografia em diferentes fontes e também a cursiva – a qual coloca um problema de segmentação – como correspondendo todas a uma mesma entidade representacional, a letra como categoria. De fato, para aprenderem a ler qualquer que seja a aparência visual do texto, as crianças devem adquirir o conhecimento das letras como um conjunto específico de categorias visuais abstratas, que não dependem nem do seu tamanho nem da sua forma exata, em que uma minúscula tem o mesmo valor que a maiúscula correspondente e em que as variações de fonte são irrelevantes. A aquisição da identidade abstrata das letras é um processo relativamente longo, de muitos meses e até de mais do que um ano (THOMPSON, 2009). Os resultados de vários estudos sugerem que as crianças adquirem a identidade abstrata das letras que são muito diferentes na sua versão maiúscula e minúscula, como A e a, quando leem palavras em que elas se apresentam num contexto semelhante (C e c, ou P e p), é o caso de "CAPA" e "capa" (POLK; FARAH, 1997). Segundo Thompson e Johnston (2007), as crianças que aprendem a ler segundo o método fônico passam mais depressa à representação abstrata das letras porque este método tende a apresentar as letras tanto em maiúsculas como em minúsculas, enquanto o método global as apresenta numa só versão, geralmente minúscula.

Nos disléxicos, essa aquisição pode ser mais demorada, de fato eles são mais lentos do que os leitores normais para emparelhar as versões maiúscula e minúscula de uma mesma letra (De LUCA et al., 2009), mas pode tratar-se de uma maior lentidão geral para processar estímulos escritos. Não há, portanto, forte evidência que aponte para uma dificuldade particular de categorização visual nos disléxicos. No entanto, outros estudos sugerem que as estratégias perceptivas utilizadas pelos disléxicos e pelos leitores normais no reconhecimento das letras podem não ser as mesmas. Foi o que observaram, por exemplo, Lachmann e van Leewen (2008), que utilizaram uma tarefa de comparação mesmo diferente de duas letras ou de duas não letras, apresentadas uma depois da outra. Uma forma rodeava o estímulo apresentado em segundo lugar, e ela era congruente ou incongruente com o estímulo. Nos leitores adultos, a congruência facilitou a *performance* para as não letras, mas não para as letras, o que quer dizer que os leitores competentes processam as letras de uma maneira específica, focalizando a sua atenção nelas. As crianças que eram leitoras normais mostraram o efeito de congruência para as não letras, mas também para as letras, o que significa que elas tendem a processar o conjunto do estímulo. Os disléxicos tiveram resultados diferentes segundo as suas características. Os que apresentavam dificuldades no processamento ortográfico evidenciaram os mesmos efeitos que as crianças leitoras normais, mas maiores, talvez devido ao fato de que demoravam mais a responder. Pelo contrário, os disléxicos com dificuldades na decodificação, isto é, os que tinham tendência a ler letra por letra ou grafema por grafema, foram afetados não positivamente, mas negativamente pela congruência. Para eles, uma letra rodeada por uma forma congruente é menos aparente do que uma rodeada por uma forma incongruente, o que sugere uma dificuldade em separar os dois contornos, o da letra e o do seu envelope, comprometendo, assim, o processamento dos traços internos característicos da letra.

Uma outra habilidade associada ao conhecimento das letras que tem sido objeto de estudo é a habilidade para nomeá-las rapidamente. Na realidade, este é apenas um caso de uma habilidade mais geral, a de nomear um símbolo ou um objeto, portanto, de recuperar a sua representação fonológica na memória de longo prazo. Acontece justamente que a nomeação rápida de estímulos não alfabéticos como imagens de objetos, medida antes do começo da aprendizagem da leitura, está correlacionada com os progressos posteriores em leitura (LANDERL; WIMMER, 2008) e que a nomeação rápida medida com letras ou números já depois do começo da aprendizagem está correlacionada com as diferenças interindividuais na fluência de leitura de texto (LERVAG; HULME, 2009). Como, além disso, esta medida prediz melhor a fluência do que a precisão na leitura, a variável crítica parece ser a velocidade de recuperação da informação fonológica. Quanto aos disléxicos, nos estudos já realizados, não há evidência de que neles a nomeação de letras represente um fator adicional de dificuldade para além do seu déficit de processamento fonológico (VAESSEN; GERRETSEN; BLOMERT, 2009).

A identificação dos grafemas complexos (sequências de letras como "ch", "nh", "lh", e letras com diacríticos como "ê", "ã", "à", que correspondem a um só fonema), assim como a sua associação aos fonemas correspondentes, são cruciais na aprendizagem da leitura. Uma hipótese interessante (BLAU et al., 2009) é que a habilidade de mapeamento grafema-fonema ou de um emparelhamento mais primitivo entre letra e som poderia ajudar a estabilizar as representações de fonemas. Porém, esta hipótese ainda carece de evidências fortes. De qualquer modo, a identificação dos grafemas na sequência de letras da palavra e o seu emparelhamento com os fonemas correspondentes são operações que intervêm necessariamente no processo inicial de decodificação.

Para além da identificação dos grafemas e do seu emparelhamento com os fonemas correspondentes, a decodificação requer a integração dos fonemas sucessivos em unidades maiores. Esta habilidade de fusão, que é adquirida nos primeiros meses de instrução, uma vez que a criança se tornou capaz de dissociar mentalmente os fonemas de uma mesma sílaba (p. ex., de uma sílaba CV), não parece dar lugar a uma dificuldade específica.

O domínio progressivo da decodificação e, em particular, a constituição de unidades de representação maiores do que o grafema

As crianças têm de aprender o código ortográfico da língua, as regras de correspondência simples e de correspondência complexa. Muitas destas últimas regras podem ser aprendidas sem instrução explícita, através da prática da leitura e, por vezes, mesmo sem que o aprendiz de leitor tome consciência delas. De fato, a aprendizagem implícita de sequências que obedecem a regras estatísticas é um fenômeno bem conhecido. Isto não quer dizer que o professor não deva ensinar as regras mais necessárias e urgentes; em todo o caso, ele pode e deve verificar se a criança mostra sinais de aprendizagem implícita das sequências mais frequentes, através de testes de consciência ortográfica. Mas importa ter em conta que esta aprendizagem implícita das sequências típicas é um instrumento poderoso de aquisição das representações mentais de unidades grafofonológicas que são maiores do que o grafema-fonema. As crianças precisam destas representações a fim de aumentar a velocidade de decodificação. Elas se constituem através da prática constante da decodificação no quadro da leitura de textos. Essa é uma das características inerentes à aprendizagem implícita: a importância da prática, da repetição de confrontações com exemplares que respeitam a regularidade em questão sem que, em outros momentos, esta regularidade seja violada.

Temos ainda pouca evidência experimental sobre a constituição de unidades grafofonológicas maiores do que o grafema-fonema na leitura do português, embora, na leitura em voz alta, a decodificação sílaba por sílaba seja uma observação corrente. Há dados sobre o francês muito interessantes a este respeito, como veremos imediatamente, e é provável que o mesmo aconteça em português. Em um estudo de Chetail e Mathey (2008), as cores em que eram apresentadas as letras de uma palavra mudavam de maneira a indicar, ou não, a presença de uma fronteira silábica, por exemplo, em CARTON, CAR em uma cor e TON em outra, ou então CA em uma e RTON em outra. Entre as crianças do 2º ano, a indicação congruente da mudança de cor com a fronteira silábica atrasou a identificação da palavra nos bons leitores e, ao contrário, acelerou-a nos maus leitores. Isto sugere que os maus leitores se beneficiam do índice de sílaba, certamente porque ainda têm dificuldade em determinar onde acaba uma sílaba e começa outra, portanto, em organizar a sequência de letras em sílabas. Em contrapartida, os bons leitores, que aparentemente já fazem isto de forma espontânea e não precisam mais deste suporte, podem ser perturbados pela mudança de cor e, sobretudo, pelo fato de que o agrupamento das letras por cor faz aparecer uma palavra diferente (Car e Ton são palavras em francês).

Outro estudo sobre a mesma questão examinou em maus leitores os efeitos de um treino das unidades silábicas em computador, que consistia também em torná-las aparentes, mas isolando-as (ECALLE; MAGNAN; CALMUS, 2009). Os testes realizados incluíram a identificação de palavras escritas, a leitura oral de palavras regulares e irregulares, e a escrita de palavras. Comparadas às más leitoras que não receberam este treino, as crianças que o receberam realizaram progressos consideráveis em todos esses testes, progressos que se mantiveram e que tinham mesmo tendência a aumentar ao fim de quatro e mesmo nove meses. Parece, portanto, ser possível elaborar programas que aumentem a eficiência da decodificação nos maus leitores, mas isso deve ser feito na base do conhecimento das unidades perceptivas utilizadas na língua, no nosso caso no português, e tendo em conta o nível de desenvolvimento da criança na constituição das unidades maiores do que grafema-fonema.

As capacidades inerentes ao processamento das sequências ortográficas

A constituição de unidades grafofonológicas maiores do que a letra implica uma capacidade visual específica, que é a de processar várias letras em paralelo, simultaneamente. Os autores do grupo de Grenoble, na França, liderados por S. Valdois, chamaram de "janela de processamento" o número de letras que podem receber atenção numa única captura visual. Segundo Bosse e Valdois (2009), o desenvolvimento das unidades ortográficas ao longo da aprendizagem da leitura dependeria da amplitude da janela de processamento. Estas unidades estariam, portanto, condicionadas por uma limitação visual.

Porém, pode-se pensar exatamente o oposto: que não se trate de uma limitação visual, mas sim perceptiva, e que seja pelo fato de a prática da leitura conduzir à constituição de unidades perceptivas maiores que se observam as janelas mais amplas de processamento que elas exigem. Antes de avaliarmos as teorias, consideremos os fatos.

A metodologia experimental dos trabalhos de Bosse e Valdois consiste em apresentar uma fila exclusivamente constituída por consoantes, e a criança tem de identificá-las todas. Com crianças dos 1º, 3º e 5º anos, a percentagem de filas corretamente identificadas aumentou significativamente de ano para ano: 7,3%, 33,5% e 46,7%, respectivamente. Em um estudo anterior, Bosse, Tainturier e Valdois (2007) examinaram 68 crianças disléxicas com 11 anos e meio de idade, em média, e um nível de leitura de uma criança de apenas 8 anos. Os leitores normais da mesma idade cronológica obtiveram 60% de identificações corretas, e os disléxicos, apenas 26%.

Até aqui, tanto a interpretação do grupo de Grenoble quanto a interpretação alternativa que avançamos são coerentes com os fatos. Porém, em outro estudo (PERNET et al., 2006), em que a tarefa era de identificar uma letra-alvo que tinha outros caracteres à sua esquerda e à sua direita, verificou-se uma deterioração da identificação quando estes outros caracteres eram letras do nosso alfabeto, o que não ocorreu quando eram letras do alfabeto coreano, desconhecidas dos participantes. Isto quer dizer que, se existe uma limitação visual, pelo menos o que parece ser crítico para a *performance* é o processamento perceptivo, numa fase já tardia, visto que o fato de conhecer ou não as outras letras determina inteiramente a obtenção ou não de uma interferência.

Outro estudo (PRADO; DUBOIS; VALDOIS, 2007) também é esclarecedor a este respeito. A leitura de texto apresentado normalmente foi muito mais lenta em crianças disléxicas do que em leitores normais da mesma idade. Coerentemente, os disléxicos mostraram um padrão anormal de fixações oculares: mais fixações e mais regressões. Porém, numa situação em que as crianças deviam assinalar as ocorrências de uma letra, R, num texto tornado ilegível pelo fato de que todas as vogais tinham sido substituídas por consoantes, as crianças disléxicas não foram inferiores aos leitores normais. Isto mostra que a limitação na janela de processamento não resulta de uma limitação visual geral, mas está dependente da tarefa que a criança realiza. A leitura, mas não a procura de uma letra-alvo, faz intervir um mecanismo de segmentação do texto baseado em índices ortográficos conhecidos, e é este mecanismo que é deficiente nos disléxicos, provavelmente porque eles ainda não abstraíram estes índices. Esses dados apoiam a interpretação de que o tamanho da janela de processamento reflete o nível de desenvolvimento da organização de grupos de letras em função das características da língua e, *in fine*, a memorização da representação ortográfica das palavras.

Quando lemos, utilizamos um analisador visual, mas este analisador não é geral, ele é específico das estruturas ortográficas. Um fenômeno correntemente atribuído aos disléxicos é a troca entre as identidades e as posições de duas letras numa palavra. Em muitos disléxicos, naqueles que fazem este tipo de erros, a ocorrência dessas migrações é várias vezes mais frequente nas palavras do que nos números de vários dígitos. E o padrão espacial das migrações é completamente diferente: enquanto, nas palavras, as migrações ocorrem entre as letras do meio, nos números, elas ocorrem entre os dígitos finais (FRIEDMANN; DOTAN; RAHAMIM, 2009). Claramente, a dislexia não implica um déficit em um analisador perceptivo geral, até porque a leitura normal *não* faz intervir um analisador geral.

A natureza das limitações sobre a janela de processamento, fisiológicas ou cognitivas, constitui uma questão importante. Sabemos que a acuidade visual diminui do centro para a periferia do campo visual. Porém, mesmo sendo isto verdade, não é esta a razão pela qual só podemos processar as letras e extrair a sua identidade abstrata numa região que vai de 6 a 8 letras. Na realidade, a razão é cognitiva, e isto foi demonstrado por um estudo com leitores adultos, em que a informação na parafóvea era aumentada visualmente para libertar o leitor do gradiente negativo da acuidade visual (MIELLET; O'DONNELL; SERENO, 2009). Se o processamento na região parafoveal é limitado, sobretudo, pela acuidade visual, então o aumento das letras deveria facilitar o processamento nesta região da retina, e o leitor deveria poder identificar várias palavras numa única fixação. Mas, se a janela de processamento resulta de uma limitação cognitiva, então o padrão de fixações não deveria ser modificado pelo aumento do tamanho das letras. Os resultados apoiaram claramente a segunda hipótese. Não houve diferença no tempo total de leitura entre as duas condições. Portanto, mais uma vez, a janela de processamento depende de capacidades cognitivas.

A passagem ao léxico mental ortográfico

Para as crianças virem a se tornar leitoras hábeis, isto é, capazes de identificar automaticamente as palavras escritas, elas devem construir – esta, insistimos, é uma construção inconsciente – uma representação mental precisa da estrutura ortográfica de cada palavra conhecida. Hoje, há muitos estudos que apoiam a proposta teórica de Share (1995) de que é a prática da decodificação, combinada com o aumento do conhecimento do vocabulário, que conduz à constituição do léxico mental ortográfico. Esta teoria é, por isso, chamada de "teoria de autoensino".

Vejamos um exemplo de evidência experimental baseado na manipulação do número de letras das palavras apresentadas. A decodificação caracteriza-se por um efeito considerável do número de letras da palavra. Se a repetição de uma decodificação com êxito de uma palavra conduz ao abandono da decodificação na leitura desta palavra a favor de um acesso automático, então o efeito de comprimento da palavra deveria diminuir e, finalmente, desaparecer. Isto foi observado por Maloney, Risko e O'Malley (2009). Depois de três repetições da mesma palavra, o efeito de comprimento foi reduzido em mais de 50% e, depois de quatro, ele desapareceu completamente. Por quê? Porque passou a haver uma representação ortográfica desta palavra num léxico mental específico, que pode ser acessado sem passar mais pela decodificação.

A representação ortográfica lexical que é ativada automaticamente para conduzir ao reconhecimento não deve ser confundida com o conhecimento consciente – o "saber" – que temos da ortografia das palavras. Não é a mesma representação que aquela a que recorremos quando nos perguntam como se escreve uma palavra, por exemplo, "casa", e respondemos que se escreve com "s" ("conhecimento específico da palavra"), nem aquela que nos serve para afirmar que "tabo" poderia ser uma palavra em português, mas "atob" não poderia ("conhecimento geral da ortografia"). Embora todas estas representações sejam distintas por servirem funções diferentes, elas poderiam eventualmente interagir. Assim, as "habilidades ortográficas" (expressão utilizada para designar em conjunto o componente geral e o componente específico do conhecimento ortográfico consciente) poderiam influenciar o sistema de identificação automática das palavras (seria um efeito *top-down*) e torná-lo mais eficiente.

Esta questão foi recentemente examinada de maneira longitudinal, sendo as crianças testadas pouco depois da metade do ano escolar nos 1º, 2º e 3º anos (DEACON; BENERE; CASTLES, 2012). Consideraram-se os dois tipos de habilidade ortográfica indicados acima: a habilidade específica, que concerne diretamente ao conhecimento da ortografia lexical (escolher, entre duas ortografias possíveis, a que corresponde realmente a uma palavra), e a habilidade geral, que muitos autores chamam de "consciência ortográfica" e que concerne ao conhecimento da ortografia sublexical (escolher, entre padrões de letras dos quais só um respeita os princípios ortográficos, aquele que seria a melhor escrita de uma pseudopalavra). Os resultados mostraram que nem o conhecimento ortográfico lexical nem o sublexical contribuíram para o desempenho posterior em leitura de palavras, depois de controladas a influência das variáveis idade, vocabulário, raciocínio não verbal, consciência fonêmica e leitura de palavras, medidas no ano anterior. O que se observou foi, pelo contrário, que a leitura de palavras em um dado ano prediz ambas as habilidades ortográficas medidas no ano seguinte, depois de controlada a influência das outras variáveis, incluindo as habilidades ortográficas no ano anterior. Com base nestes dados, poderia, portanto, concluir-se que a relação de causalidade entre leitura e habilidade ortográfica opera em sentido único, com prioridade temporal da habilidade de leitura. Parece que é a passagem a um tipo de leitura que, implicitamente, incorpora representações da ortografia que conduz ao conhecimento consciente desta. Este último conhecimento seria o que Share (2008) chamou "conhecimento ortográfico cristalizado". A ortografia explícita seria o resultado e não a causa do desenvolvimento da habilidade de leitura, o que – no plano pedagógico – reforçaria ainda mais a ideia, de qualquer modo correta, da importância da prática intensa da leitura para além das explicitações fornecidas pelo professor.

No entanto, outro resultado tão recente como aquele (ambos aparentemente publicados sem que os autores de cada estudo tivessem tido conhecimento do outro) não corrobora a ideia de uma causalidade única. Neste estudo (CONNERS et al., 2011), foram consideradas as relações entre o desempenho em leitura de palavras, nas duas habilidades ortográficas referidas e também em decodificação ou processamento fonológico (leitura de pseudopalavras). Para esta questão, ter em conta o processamento fonológico justifica-se, já que para a teoria do autoensino as representações ortográficas lexicais que servem à identificação são adquiridas por meio da decodificação: ao decodificar, a criança ensina a si mesma aquelas representações.

Conners et al. (2011) consideraram três modelos: (1) a leitura de palavras resulta da decodificação, mas é mediada inteiramente pelas habilidades ortográficas (hipótese de mediação total); (2) tanto a decodificação como as habilidades ortográficas determinam independentemente a leitura de palavras (hipótese de não mediação); (3) a decodificação influencia a leitura de palavras por meio das habilidades ortográficas, mas também diretamente (hipótese de mediação parcial). Os autores testaram crianças do 2º e do 3º anos e observaram que tanto a variável "decodificação" como a variável "habilidades ortográficas" contribuíram para a variância na leitura de palavras depois de controlada a outra, além do QI. No entanto, as duas variáveis também contribuíram em comum para 17% da variância, questionando, portanto, a hipótese de não mediação. A contribuição da decodificação que, depois de controlado o QI, era de 27%, foi reduzida em 15% quando se controlou adicionalmente a variância explicada pelas habilidades ortográficas, portanto estas medeiam a influência da decodificação. E, como os 12% restantes também eram significativos, tem de concluir-se que também existe uma influência direta da decodificação na leitura de palavras. Assim, a teoria do autoensino é confirmada, mas ela não pode pretender a exclusividade. A hipótese da mediação parcial é sustentada. Assinale-se que, de qualquer modo, a importância da decodificação, isto é, do processamento fonológico, não é de modo algum diminuída. Antes pelo contrário. O que estes dados indicam é que o processamento fonológico intervém de várias maneiras na leitura das palavras, quer diretamente, quer por via da sua influência na formação do conhecimento ortográfico.

 Este estudo revelou outros fatos interessantes no que diz respeito às habilidades ortográficas, mas deixou também interrogações. Como não houve correlação entre a habilidade ortográfica específica e a geral, é possível que a parte de variância que elas mediaram entre a decodificação e a leitura de palavras seja diferente, e de fato a hipótese de independência entre as duas habilidades ortográficas foi confirmada por uma análise estatística de mediação múltipla. A questão que fica pendente é a razão desta independência, porque, além do tipo de conhecimento ser diferente (geral ou específico, sublexical ou lexical), os testes utilizados para cada uma também variaram pelo fato de ter havido uma exigência de rapidez de resposta no teste da habilidade específica que não houve no teste da habilidade geral. Pode prever-se que esta questão seja tratada em pesquisas futuras, ou já esteja sendo no momento em que escrevemos.

 Uma breve informação a respeito dos disléxicos. Nestes, a passagem à leitura automática, por meio de acesso implícito, não controlado, a representações lexicais ortográficas, não se faz tão facilmente como no leitor normal, mesmo existindo a prática da leitura, e não chega a fazer-se para as palavras que eles encontram com pouca frequência. Em um estudo de Hawelka, Gagl e Wimmer (2010) sobre os movimentos oculares na leitura de frases, o número de fixações dos disléxicos, comparado ao dos leitores normais, foi muito mais afetado pelo comprimento das palavras, com as mais compridas exigindo muito mais fixações. Para as palavras de alta frequência de uso, o efeito de comprimento era quase normal, mas, para as de pouca frequência de uso, os disléxicos não podiam apoiar-se no léxico ortográfico.

A fluência na leitura oral, reveladora dos mecanismos utilizados na leitura de palavras

A fluência na leitura oral é muitas vezes considerada e avaliada como a rapidez com que os leitores reconhecem e enunciam oralmente as palavras apresentadas em texto ligado, com sentido. No entanto, a fluência na leitura oral de palavras apresentadas em lista, sem relação umas com as outras, e a fluência na leitura oral de lista de pseudopalavras também são reveladoras do tipo de leitura, sobretudo quando se comparam os três tipos de fluência. A fluência na leitura de palavras, comparada à fluência na leitura de pseudopalavras, põe em evidência a contribuição do acesso automático a representações lexicais ortográficas e, a um nível de aquisição mais precoce, a ajuda corretiva que o conhecimento do vocabulário traz à decodificação. Quanto à fluência na leitura oral de palavras em texto (ou simplesmente leitura oral de texto), se comparada à leitura oral de palavras em lista, ela põe em evidência a contribuição do processamento das propriedades sintáticas das frases, das propriedades semânticas do contexto e do sentido mais geral do texto à redução de expectativas lexicais e à continuidade de acesso às palavras e de produção oral.

A fluência de leitura oral é medida pelo número de palavras lidas corretamente dividido pelo tempo total de leitura, o que permite calcular o número de palavras corretas por minuto (pc/m, em inglês wc/m). O pc/m inclui, portanto, uma estimativa da precisão e da rapidez. Nas fases mais avançadas da aprendizagem da leitura, é sobretudo a rapidez que contribui para esta medida, visto que, a partir do 2º ano, os erros, para a grande maioria das palavras, não ultrapassam 10%. Assim, a correlação entre a velocidade de leitura e o pc/m, calculada para os 4º e 5º anos, é muito elevada: -,95 e -,90, respectivamente (WILLIAMS et al., 2011).

Se não é atingido um determinado nível de velocidade de leitura e de *pc/m*, a compreensão do texto torna-se muito difícil. Burns et al., (2002b) manipularam a proporção de palavras de textos apresentados a alunos do 3º e do 4º anos em que as letras foram misturadas, o que tornava impossível o reconhecimento delas. Sem tais palavras, em média, o *pc/m* foi de 95,5, e a compreensão atingiu 82,4%; porém, quando as palavras manipuladas representavam 30% do texto, o *pc/m* e a compreensão desceram dramaticamente para 32,3 e 48,3%. Com crianças do 2º ano (Burns et al., 2011), o texto normal e o texto com apenas 10% de palavras manipuladas conduziram, respectivamente, a 86,4 e 57,7 de *pc/m* e a 67% e 48,9% de compreensão. Dos estudos realizados, parece de modo geral poder inferir-se que, para que haja compreensão, seja necessário não só identificar 90% das palavras, mas também lê-las com um *pc/m* mínimo de 50. No estudo de Burns et al. (2002a) com crianças do 2º ano, o *pc/m* limite de 63 permitiu categorizar corretamente acima dele 80% dos sujeitos que compreenderam os textos e abaixo dele os que não os compreenderam.

A fluência na leitura oral de texto tem a particularidade de refletir tanto a identificação das palavras (decodificação e identificação, segundo o patamar em que se encontra o leitor) como a compreensão, portanto os dois principais componentes da atividade de leitura. A fluência não pode ser identificada a um ou ao outro componente, porque não é só um nem é só o outro. A característica mais interessante da fluência de leitura é o que ela nos revela da automaticidade presente em ambos os componentes. No que concerne tanto à decodificação, processo sequencial, como ao acesso à ortografia lexical, processamento realizado em paralelo, o leitor não é geralmente consciente do recurso a fonogramas (grupos de letras que constituem um padrão recorrente em muitas palavras, por exemplo "in-", "dês-", "-ava", "-ia"). A fluência na leitura de fonogramas apresenta um coeficiente elevado (cerca de ,90, segundo Hudson, 2006) como preditor da automaticidade da identificação das palavras. No que concerne à compreensão, há que se distinguir entre esta enquanto objetivo declarado da tarefa, em cujo caso o leitor se empenha num esforço intencional e controlado de extração do sentido, e a compreensão realizada automaticamente, sem esforço, pelo simples fato de que a identificação das palavras e a sua organização na frase conduzem inevitavelmente à ativação de significados. É necessário distinguir entre a ativação semântica e a procura deliberada na memória semântica. A fluência na leitura oral de texto seria limitada se a ativação semântica não fosse automática (HUDSON et al., 2009). Em particular, a leitura oral de texto com entonação adequada requer uma ativação semântica automática que é suficiente para garantir uma compreensão superficial e passageira, mas não inclui a integração e a consolidação necessárias para responder posteriormente a questões de compreensão com a eficácia que permite a leitura silenciosa realizada com esse objetivo. No entanto, embora devam ser distinguidas uma da outra, a ativação semântica automática e a concentração da atenção no sentido são cúmplices. Este fato é confirmado, pois as crianças que dispõem de mais vocabulário e de uma base de conhecimentos mais ampla, aprofundada e detalhada são as que mais se beneficiam do contexto na tarefa de fluência em leitura oral de texto e, já que precisam de menos tempo para processar o sentido do texto, são também as que apresentam melhores resultados nas tarefas de compreensão (JENKINS et al., 2003).

AS BASES NEURAIS DA HABILIDADE DE IDENTIFICAÇÃO DAS PALAVRAS ESCRITAS

A aprendizagem da leitura requer que certas estruturas cerebrais sejam recicladas, isto é, que elas passem a assegurar a função que está sendo adquirida. No caso da habilidade de identificação das palavras escritas, trata-se de uma região do córtex occipitotemporal no hemisfério esquerdo (COHEN et al., 2000; COHEN, et al., 2002). Não é por acaso que se trata desta região. Ela está conectada às áreas de projeção da informação visual no cérebro e a outras regiões que se ocupam de diferentes aspectos da linguagem: processamento fonológico semântico e sintático, que intervêm na compreensão e na produção da linguagem oral.

A área em que está concentrada a habilidade de identificação das palavras escritas foi chamada VWFA (*Visual Word Form Area*, ou Área da Forma das Palavras Visuais). O processamento que ela realiza inicia-se com a extração das características físicas das letras, compreende a sua identificação e a ativação das unidades linguísticas sublexicais, tanto ortográficas quanto fonológicas, e conduz à representação das propriedades formais abstratas da palavra – a representação ortográfica lexical. No contexto da atividade de leitura, só tomamos consciência do resultado deste processamento, que é, de fato, o reconhecimento da pronúncia e do significado da palavra.

Encontrou-se evidência de especialização dessa área do córtex visual ventral, no sentido póstero-anterior, para uma hierarquia de operações de crescente complexidade, largura de campo e abstração, que correspondem à passagem do processamento físico das letras à representação da forma abstrata das palavras curtas (Dehaene et al., 2004). Quando as palavras são apresentadas com alguma degradação, mas reconhecíveis, e quando são necessárias deslocações da atenção (é o caso das palavras longas, que requerem mais do que uma fixação), é ativada também uma região occipito parietal bilateral na via dorsal, relacionada com o processamento de informação espacial (Cohen et al., 2008). Esta região também é ativada nas primeiras etapas da aprendizagem da leitura, em que um esforço de atenção, em particular de atenção sequencial, é necessário (Shawitz et al., 2002; Temple et al., 2001). Assim, dependendo do nível da habilidade e das características do material, é variável o grau de participação das vias cerebrais ventral e dorsal, isto é, dos componentes de identidade e de localização (o *what* e o *where*) destes objetos visuais que são as palavras escritas.

A ativação da VWFA é encontrada para palavras e para pseudopalavras. No entanto, as ativações provocadas por estes dois tipos de item podem divergir, em particular em função da tarefa pedida ao participante. Em uma tarefa de decisão lexical fonológica (decidir se a sequência de letras apresentada se pronuncia ou não como uma palavra), para as palavras só se observou efeito do seu comprimento na parte posterior da VWFA, não na parte mais anterior, enquanto, para as pseudopalavras, este efeito manifestou-se em toda a VWFA e também na região parietal (Schurz et al., 2010). Como a parte posterior da VWFA se ocupa das características visuais, o comprimento dos itens é uma variável relevante, sejam eles palavras ou pseudopalavras. Só o processamento das palavras inclui uma etapa mais avançada, de ativação de representações ortográficas lexicais, que, para os itens que não exigem mais de uma fixação, se faz de maneira abrangente, isto é, para todas as letras ou outras unidades da palavra em paralelo. Esta é a razão pela qual, para as palavras, o efeito de comprimento não apareceu na parte mais anterior da VWFA.

O processamento diferente das palavras e das pseudopalavras na parte anterior da VWFA foi documentado de maneira mais impressionante numa situação de *priming* em que o *prime* e o alvo difeririam numa só letra ou em todas as letras (Glezer; Jiang; Riesenhuber, 2009). Segundo a hipótese de que as palavras produzem respostas neurais específicas, os neurônios sensíveis, por exemplo, à palavra *farm* deveriam responder tão fortemente ao alvo *form* como a uma outra palavra diferente de *farm* em todas as suas letras; ao passo que, para as pseudopalavras, deveria haver um gradiente, isto é, a força da resposta neural deveria variar em função do número de letras partilhadas. Este padrão de resultados foi de fato observado na parte anterior da VWFA, o que é coerente com a ideia de que as palavras são representadas nesta parte da VWFA enquanto palavras existentes e não apenas como formas consistentes com o código ortográfico da língua. Mas elas são realmente representadas enquanto palavras ou suscitam respostas específicas porque são estímulos conhecidos, com os quais nos familiarizamos?

Ao longo da aprendizagem da leitura, as crianças vão se familiarizando com as formas ortográficas que encontram, e o mesmo pode acontecer com os leitores adultos. Esta familiarização reflete-se, sem dúvida, em respostas neurais específicas. Foi o que documentaram Song et al. (2010) com chineses adultos que estudaram inglês durante pelo menos 10 anos e que os experimentadores treinaram a associar figuras sem significado com letras ou sequências de letras do alfabeto latino. Depois de três dias de treino, a resposta da VWFA foi maior para os estímulos treinados do que para os não treinados, e não se encontrou efeito semelhante em áreas adjacentes que se ocupam da percepção de caras e outros objetos. Este efeito foi observado com a mesma intensidade para sequências de letras que constituíam palavras em inglês, pseudopalavras e sequências ilegíveis de consoantes. As representações criadas nesta região da VWFA não representam todas as dimensões do estímulo, em particular não representam o seu significado eventual, mas apenas a sua forma ortográfica. As sequências de letras que se tornaram familiares também ativaram a VWFA, embora numa parte ligeiramente mais lateral, mas não mais posterior à que, no estudo anterior, evidenciou respostas específicas a palavras.

Fica, portanto, por esclarecer até que ponto há representações especificamente lexicais em alguma parte da VWFA ou se trata-se apenas de uma aparência de lexicalidade devida à associação habitual entre esta dimensão que atribuímos ao estímulo e à familiaridade. De qualquer modo, uma parte da VWFA responde diferentemente às palavras (conhecidas) e às pseudopalavras (desconhecidas). Não havendo, pelo menos por enquanto, evidência de que essa parte da VWFA represente o significado das palavras, podemos considerar que a expressão "área da forma" seja adequada à sua função.

A emergência da função de identificação da forma das palavras escritas na VWFA foi examinada de maneira correlativa, examinando a relação entre o nível de habilidade de identificação e a amplitude da resposta nesta área em grupos de adultos que iam do nível 0 (iletrados) a um nível muito elevado (letrados alfabetizados na infância com diplomas superiores), passando por níveis intermediários (ex-iletrados que foram alfabetizados em classes para adultos e letrados que foram alfabetizados na infância, mas que estudaram apenas no ensino fundamental ou médio). Um estudo de Dehaene et al., (2010) mostrou uma relação muito clara entre a fluência em leitura de palavras e pseudopalavras desses participantes e a ativação da VWFA em resposta a frases ou palavras escritas. Esta relação não apareceu para frases apresentadas auditivamente, mostrando, assim, que ela é específica da leitura.

Esta especificidade neural da leitura pode desenvolver-se na idade adulta, visto que ela também apareceu comparando os participantes iletrados e ex-iletrados, e isto mesmo quando se comparou a apresentação de sequência de letras com a situação de repouso (numa região da VWFA ligeiramente posterior e mais lateral). Em contrapartida, outras regiões foram mais ativadas nos ex-iletrados do que nos iletrados e nos letrados, em particular no córtex parietal posterior do hemisfério direito, o que confirma a ideia enunciada anteriormente de que a leitura que exige um esforço de atenção sequencial ao longo do estímulo de escrita mobiliza uma rede mais vasta.

Foi também muito forte o impacto do letramento nas respostas neurais aos estímulos da linguagem oral. Ele foi observado numa vasta rede do hemisfério esquerdo: no córtex temporal, no córtex pré-motor e no giro frontal inferior. Isto explica-se pelo fato de que a escrita, tal como a fala, mobiliza o sistema de processamento da linguagem. Um caso particular de impacto da aprendizagem da escrita neste sistema foi observado na tarefa de decisão lexical auditiva em que eram apresentadas auditivamente palavras e pseudopalavras. A VWFA foi fortemente ativada por estes estímulos nos grupos de letrados, mas não nos iletrados. Confirmando a especificidade do efeito, esta ativação está correlacionada com a ativação da mesma área por sequências escritas ($r = +,46$), mas não com a sua ativação por outras categorias de estímulos visuais. Isto implica que a VWFA é ativada de maneira descendente (*top-down*) durante a tarefa de decisão lexical auditiva nos indivíduos que são letrados. De fato, sabe-se que a fala, pelo menos num contexto de busca lexical ativa, evoca automaticamente representações ortográficas (ver, por exemplo, VENTURA et al.; PATTAMADILO et al., 2007).

Assim, a aprendizagem da leitura tem, essencialmente, dois tipos de efeitos no cérebro: (1) o de reciclar certas regiões para instalar a habilidade e a atividade de leitura, com consequências possíveis, que em grande parte ainda não conhecemos, para as atividades que elas realizavam antes desta aprendizagem e (2) o de influenciar pelo menos uma grande parte das regiões cerebrais envolvidas nas diversas funções da linguagem.

A INFLUÊNCIA DAS VARIÁVEIS SOCIOCULTURAIS

No início deste capítulo, anunciamos que examinaríamos as relações entre o meio socioeconômico e sociocultural, por um lado, e os componentes e o nível de leitura, por outro.

Convém notar que, ainda antes de serem ensinadas a ler, o estado de preparação das crianças para a aprendizagem da leitura já está fortemente influenciado pelo meio sociocultural em que cresceram e se encontram (conforme, entre vários estudos, os dados para a Escócia de DUNCAN; SEYMOUR, 2000). Em um estudo ainda não publicado, realizado no quadro do Plano Nacional de Leitura de Portugal, e do qual este primeiro autor foi responsável, observou-se claramente que as crianças que iniciam a aprendizagem da leitura em escolas de meio sociocultural favorecido estão, em média, já muito mais avançadas do que as que frequentam escolas de meio desfavorecido. Nos anos seguintes, essas diferenças mantêm-se, de tal modo que, comparadas às crianças das escolas de meio favorecido, a maioria das crianças de meio desfavorecido, mesmo com bons resultados relativos na sua escola, aparecem como sendo más leitoras.

Dissemos antes que devemos distinguir os maus leitores dos disléxicos. Muitos autores de estudos publicados em revistas científicas ou acadêmicas têm-se referido à dislexia como afetando cerca de 10% das crianças. Porém, como veremos através da descrição que faremos do estudo já citado de Fluss et al. (2010), isso não corresponde à realidade e resulta de uma tendência a considerar uma grande parte dos maus leitores como sendo disléxicos. Nesse estudo, foram testadas em 20 escolas de

Paris mais de mil crianças: um terço por nível socioeconômico (alto, médio e baixo), quase todas do 2º ano e tendo tido pelo menos 18 meses de instrução, pelo que deveriam ser capazes de ler a maior parte das palavras e compreender textos simples.

Foram 135 as crianças (12,7% da amostra total) que se revelaram más leitoras, segundo o critério de pelo menos 12 meses de atraso nos testes de leitura. Quer dizer, ao fim de 18 meses, elas liam pior do que uma criança leitora normal com apenas seis meses de instrução. Os autores compararam 100 dessas crianças a 50 das leitoras normais. Aquelas revelaram-se claramente inferiores em leitura de palavras (11,5% vs. 40,3%), de pseudopalavras (20% vs. 81,4%) e de texto (10,6% vs. 47,2%), assim como em compreensão de texto (11% vs. 53%). Elas não identificavam ainda as palavras de maneira automática. Estavam todas na etapa da decodificação, como mostra o melhor desempenho na leitura de pseudopalavras relativamente às palavras.

O que é sobretudo relevante assinalar, para a questão da incidência da dislexia e do papel desempenhado pelos fatores socioeconômicos e socioculturais no insucesso da aprendizagem, é que, estando os três níveis socioeconômicos igualmente representados na amostra inicial, os maus leitores eram apenas 3,3% das crianças de meio alto, 10,9% das crianças de meio médio e – muito mais! – 24,2% das crianças de meio baixo. Isto implica que uma criança de meio socialmente desfavorecido corre sete a oito vezes mais riscos de se tornar má leitora do que uma criança de meio favorecido. Além disso, como sabemos que a dislexia é biologicamente determinada, e como não há razão para que a biologia varie, pelo menos sensivelmente, com o meio socioeconômico, sobretudo num país em que não há muitos casos de má nutrição afetando o feto e o desenvolvimento biológico da criança, temos de concluir que há muito mais maus leitores não disléxicos que disléxicos, e que a percentagem de 3% é certamente uma melhor estimativa da proporção de disléxicos na população geral.

Vejamos, agora, alguns fatos sobre a influência do nível socioeconômico em certos componentes da habilidade de leitura. A condição socioeconômica influencia especificamente a relação entre a tomada de consciência fonológica e a habilidade de leitura. De fato, observou-se nos EUA que o nível socioeconômico explicava uma parte da variância na leitura de pseudopalavras nas crianças que estavam abaixo da média nacional em consciência fonológica, mas não naquelas que estavam acima da média (NOBLE et al., 2006). Dito de outro modo, na metade baixa da consciência fonológica a condição socioeconômica conta, enquanto na metade alta não conta ou conta pouco. Assim, o fraco acesso aos recursos aumenta os riscos cognitivos de que a criança não desenvolva a consciência fonológica clara, em especial no que diz respeito aos fonemas, o que conduz a uma decodificação ineficiente.

Obviamente, a importância do desenvolvimento da consciência fonêmica para a aprendizagem da leitura no sistema alfabético de escrita é geral. É imperativo que, independentemente da classe social, em vez de encorajarem as crianças a associar as formas de sequências de letras com palavras conhecidas, os professores façam com que elas aprendam a reconhecer as letras individuais e os grafemas como correspondendo a símbolos ortográficos dos fonemas. Porém, não podemos ignorar as diferenças que se devem à discriminação social. Os professores devem ter em conta a necessidade de dar mais assistência às crianças que, no seu meio sociocultural, não tiveram estimulação apropriada com materiais de escrita que as fizessem refletir sobre a relação desta com a linguagem oral e, em particular, com a estrutura fonológica da fala. Treinar a consciência fonológica é importante para todos, mas, em especial, para as crianças de meio desfavorecido, de maneira que estejam em condições de vir a desenvolver a decodificação.

No estudo mencionado (NOBLE et al., 2006), observou-se uma influência significativa do estatuto socioeconômico na leitura de palavras e, especialmente, na compreensão de textos. Os efeitos na compreensão de textos foram provavelmente maiores porque a memória de trabalho e outros processos de controle estão menos desenvolvidos nas crianças de meio social baixo, mesmo na pré-escola (LIPINA et al., 2009). A diferença relativamente aos efeitos na consciência fonológica é que, no caso da leitura de palavras e da compreensão de textos, o efeito da condição socioeconômica foi geral, isto é, não se limitou, como no caso da consciência fonológica, às crianças que estavam situadas na metade inferior dos desempenhos. Enquanto o vocabulário, o domínio da língua e os conhecimentos constituem variáveis de desenvolvimento contínuo, sem limite superior, a consciência dos fonemas, embora possa admitir graus, quando existe, capacita a criança para aprender a praticar o procedimento da decodificação na leitura das palavras.

Em conclusão, o conhecimento científico sobre o processo de alfabetização aponta para a adoção de uma metodologia pedagógica – os métodos fônicos. Esta, além de ser a que melhor contribui de modo geral para o sucesso da aprendizagem da leitura, é também a que, na sociedade atual caracterizada por grandes desigualdades socioeconômicas e socioculturais, pode dar um impulso forte à educação das crianças mais desfavorecidas no momento em que ingressam na escola.

NOTA

1 Adaptado do português de Portugal para o português do Brasil por Ana Luiza Navas, Ph.D., University of Connecticut, Professora na Faculdade de Ciências Médicas da Santa Casa de São Paulo.

REFERÊNCIAS

BLAU, V. et al. Reduced neural integration of letters and speech sounds links phonological and reading deficits in adult dyslexia. *Current Biology*, v. 19, p. 503-508, 2009.

BOSSE, M.-L.; TAINTURIER, M.-J.; VALDOIS, S. Developmental dyslexia: the visual attention span hypothesis. *Cognition*, v. 104, p. 198-230, 2007.

BOSSE, M. L.; VALDOIS, S. Influence of the visual attention span on child reading performance. A cross-sectional study. *Journal of Research in Reading*, v. 32, p. 230-253, 2009.

BURNS, M. K. et al. Minimum reading fluency necessary for comprehension among second-grade students. *Psychology in the Schools*, v. 48, p. 124-132, 2002a.

BURNS, M. K. et al. Minimum reading fluency rate necessary for comprehension: a potential criterion for curriculum-based assessments. *Assessment for Effective Intervention*, v. 28, p. 1-7, 2002b.

BYRNE, B. Studies in the acquisition procedure for reading: rationale, hypotheses, and data. In: GOUGH, P. B.; EHRI, L. C.; TREIMAN, R. (Ed.). *Reading Acquisition*. Hillsdale: Erlbaum, 1992.

COHEN, L. et al. Language-specific tuning of visual cortex? Functional properties of the Visual Word Form Area. *Brain*, v. 125, p. 1054-1069, 2002.

COHEN, L. et al. Reading normal and degraded words: contribution of the dorsal and ventral visual pathways. *Neuroimage*, v. 40, p. 353-366, 2008.

COHEN, L. et al. The visual word form area. Spatial and temporal characterization of an initial stage of reading in normal subjects and posterior split-brain patients. *Brain*, v. 123, p. 291-307, 2000.

CONNERS, F. A. et al. An individual differences analysis of the self-teaching hypothesis. *Journal of Experimental Child Psychology*, v. 108, p. 402-410, 2011.

DEACON, S. H.; BENERE, J.; CASTLES, A. Chicken or egg? Untangling the relationship between orthographic processing skill and reading accuracy. *Cognition*, v. 122, p. 110-117, 2012.

DEHAENE, S. et al. Letter binding and invariant recognition of masked words: behavioral and neuroimaging evidence. *Psychological Science*, v. 15, p. 307-313, 2004.

DEHAENE, S. et al. How learning to read changes the cortical networks for vision and language. *Science*, v. 330, p. 1360-1364, 2010.

De LUCA, M. et al. Letter and letter-string processing in developmental dyslexia. *Cortex*, v. 46, p. 1272-1283, 2010.

DUNCAN, L. G.; SEYMOUR, P. H. K. Socio-economic differences in foundation-level literacy. *British Journal of Psychology*, v. 91, p. 145-166, 2000.

ECALLE, J.; MAGNAN, A.; CALMUS, C. Lasting effects on literacy skills with a computer-assisted learning using syllabic units in low-progress readers. *Computers & Education*, v. 52, p. 554-561, 2009.
EHRI, L. C. et al. Phonemic awareness instruction helps children learn to read: evidence from the National Reading Panel's meta-analysis. *Reading Research Quarterly*, v. 36, p. 250-287, 2001.
FERRER, E. et al. Uncoupling of reading and IQ over time: empirical evidence for a definition of dyslexia. *Psychological Science*, v. 21, p. 93-101, 2010.
FLUSS, J. et al. Poor reading in French elementary school: the interplay of cognitive, behavioral, and socioeconomic factors. *Journal of Developmental & Behavioral Pediatrics*, v. 30, p. 206-216, 2009.
FRIEDMANN, N.; DOTAN, D.; RAHAMIM, E. Is the visual analyzer orthographic-specific? Reading words and numbers in letter position dyslexia. *Cortex*, v. 46, p. 982-1004, 2009.
GALLAGHER, A.; FRITH, U.; SNOWLING, M. J. Precursors of literacy delay among children at genetic risk of dyslexia. *Journal of Child Psychology and Psychiatry*, v. 41, p. 203-213, 2000.
GLEZER, L. S.; JIANG, X. J.; RIESENHUBER, M. Evidence for highly selective neuronal tuning to whole words in the "Visual Word Form Area". *Neuron*, v. 62, p. 199-204, 2009.
HACKMAN, D. A.; FARAH, M. J. Socioeconomic status and the developing brain. *Trends in Cognitive Sciences*, v. 13, p. 65-73, 2009.
HAWELKA, S.; GAGL, B.; WIMMER, H. A dual-route perspective on eye movements of dyslexic readers. *Cognition*, v. 115, p. 367-379, 2010.
HUDSON, R. F. *Assessment examiner manual*. Tallahassee: Florida State University, 2006.
HUDSON, R. F. et al. The complex nature of reading fluency: a multidimensional view. *Reading & Writing Quarterly*, v. 25, p. 4-32, 2009.
JENKINS, J. R. et al. Sources of individual differences in reading comprehension and reading fluency. *Journal of Educational Psychology*, v. 95, p. 719-729, 2003.
LACHMANN, T.; VAN LEEWEN, C. Different-letter processing strategies in diagnostic subgroups of developmental dyslexia. *Cognitive Neuropsychologia*, v. 25, p. 730-744, 2008.
LANDERL, K.; WIMMER, H. Development of word reading fluency and spelling in a consistent orthography: an 8-year follow-up. *Journal of Educational Psychology*, v. 100, p. 150-161, 2008.
LEITE, I. et al. *Revisiting the relation between letter knowledge and awareness of phonemes*. (No prelo).
LEPPÄNEN, U. et al. Letter knowledge predicts Grade 4 reading fluency and reading comprehension. *Learning and Instruction*, v. 18, p. 548-564, 2008.
LERVAG, A.; HULME, C. Rapid automatized naming (RAN) taps a mechanism that places constraints on the development of early reading fluency. *Psychological Science*, v. 20, p. 1040-1048, 2009.
LIPINA, S. J. et al. Performance on the A-not-B task of Argentinean infants from unsatisfied and satisfied basic needs homes. *International Journal of Psychology*, v. 39, p. 49-60, 2005.
MALONEY, E.; RISKO, E. F.; O'MALLEY, S. Tracking the transition from sublexical to lexical processing: On the creation of orthographic and phonological lexical representations. *Quarterly Journal of Experimental Psychology*, v. 62, p. 858-867, 2009.
MIELLET, S.; O'DONNELL, P. J.; SERENO, S. C. Parafoveal magnification: visual acuity does not modulate the perceptual span in reading. *Psychological Science*, v. 20, p. 721-728, 2009.
MORAIS, J.; MOUSTY, P.; KOLINSKY, R. Why and how phoneme awareness helps learning to read. In: HULME, C.; MATATESHA JOSHI, R. (Ed.). *Reading and spelling*: development and disorder. Mahawah: Lawrence Erlbaum, 1998. p. 127-152.
NOBLE, K. G. et al. Brain-behavior relationships in reading acquisition are modulated by socioeconomic factors. *Developmental Science*, v. 9, p. 642-654, 2006.
PATTAMADILOK, C. et al. The locus of the orthographic consistency effect in auditory word recognition: Further evidence from French. *Language and Cognitive Processes*, v. 22, p. 700-726, 2007.
PERNET, C. et al. Lateral masking, levels of processing and stimulus category: a comparative study between normal and dyslexic readers. *Neuropsychologia*, v. 44, p. 2374-2385, 2006.

POLK, T. A.; FARAH, M. J. A simple common contexts explanation for the development of abstract letter identities. *Neural Computation*, v. 9, p. 1277-1289, 1997.

PRADO, C.; DUBOIS, M.; VALDOIS, S. The eye movements of dyslexic children during reading and visual search: Impact of the visual attention span. *Vision Research*, v. 47, p. 2521-2530, 2007.

SCHURZ, M. et al. A dual-route perspective on brain activation in response to visual words: evidence for a length by lexicality interaction in the Visual Word Form Área (VWFA). *Neuroimage*, v. 49, p. 2649-2661, 2010.

SERNICLAES, W. et al. Allophonic mode of speech perception in dyslexia. *Journal of Experimental Child Psychology*, v. 87, p. 336-361, 2004.

SERNICLAES, W. et al. Categorical perception of speech sounds in illiterate adults. *Cognition*, v. 98, p. B35-B44, 2005.

SHANKWEILER, D.; LIBERMAN, I. Y. Reading behavior in dyslexia: is there a distinctive pattern? *Annals of Dyslexia*, v. 28, p. 114-123, 1978.

SHARE, D. L. Orthographic learning, phonological recoding, and self-teaching. In: KAIL, R. V. (Ed.). *Advances in child development and behavior*. [S.l.]: Elsevier, 2008. v. 36, p. 31-82.

SHARE, D. L. Phonological recoding and self-teaching: sine qua non of reading acquisition. *Cognition*, v. 55, p. 151-218, 1995.

SHAYWITZ, B. E. et al. Disruption of posterior brain systems for reading in children with developmental dyslexia. *Biological Psychiatry*, v. 52, p. 101-110, 2002.

SONG, Y. Short-term language experience shapes the plasticity of the visual word form area. *Brain Research*, v. 1316, p. 83-91, 2010.

TEMPLE, E. et al. Disrupted neural responses to phonological and orthographic processing in dyslexic children: an fMRI study. *NeuroReport*, v. 12, p. 299-307, 2001.

THOMPSON, G. B. The long learning route to abstract letter units. *Cognitive Neuropsychology*, v. 26, p. 50-69, 2009.

THOMPSON, G. B.; JOHNSTON, R. S. Visual and orthographic information in learning to read and the influence of phonics instruction. *Reading and Writing*, v. 20, p. 859-884, 2007.

VAESSEN, A.; GERRETSEN, P.; BLOMERT, L. Naming problems do not reflect a second independent core deficit in dyslexia: double deficits explored. *Journal of Experimental Child Psychology*, v. 103, p. 202-221, 2009.

VENTURA, P. et al. The locus of the orthographic consistency effect in auditory word recognition. *Language and Cognitive Processes*, v. 19, p. 57-95, 2004.

WILLIAMS, J. L. et al. Words correct per minute: the variance in standardized reading scores accounted for by reading speed. *Psychology in the Schools*, v. 48, p. 87-101, 2011.

Aquisição da habilidade de leitura de palavras e sua influência na pronúncia e na aprendizagem do vocabulário[1]

Linnea C. Ehri

Um dos grandes mistérios que desafia os pesquisadores é como as pessoas aprendem a ler e a compreender textos com facilidade e rapidez. Quando as pessoas leem um texto, suas mentes se enchem de ideias. A rota para estas ideias se dá através das palavras escritas individuais. Estudos sobre o movimento dos olhos durante a leitura mostram que, quando os leitores leem um texto, seus olhos recaem em praticamente todas as palavras (RAYNER; POLLATSEK, 1989). As palavras são unidades muito confiáveis para os olhos dos leitores processarem, porque são sempre escritas da mesma forma. Em contraste, as correspondências letra-som podem variar, especialmente em inglês. O mesmo som pode ser escrito de mais de uma maneira, e uma mesma letra pode simbolizar mais do que um som. E mais: palavras escritas ativam significados, enquanto letras isoladas, não. Isso indica que as palavras são a unidade básica que os olhos dos leitores captam e processam para construir significado a partir do texto. A chave para entender como a habilidade de leitura se desenvolve consiste em compreender como os leitores iniciantes aprendem a reconhecer palavras escritas automaticamente e com precisão (EHRI, 1980, 1992, 1998, 2005a; 2005b).

Neste capítulo, a autora explica como as pessoas leem palavras, dando atenção especial à leitura de palavras por reconhecimento automatizado (*sight word reading*). Ela descreve o desenvolvimento da habilidade de leitura de palavras em termos de fases que surgem durante os anos pré-escolares e início dos anos escolares. Em seguida, apresenta evidências mostrando como a grafia das palavras escritas afeta a pronúncia e fortalece a memória na aprendizagem de vocabulário. Uma vez que se compreenda como as palavras escritas são armazenadas na memória, tais fatos não serão vistos com surpresa.

Muitos educadores não se dão conta de como o tornar-se alfabetizado afeta a competência linguística dos falantes, tanto na fala como na escrita. As grafias (*spellings*) das palavras são, comumente, consideradas como periféricas, como se existissem somente na página e fora do cérebro, e não dentro do cérebro. Nossas descobertas mostram que isto não é verdade. Além disso, pesquisas recentes utilizando a tecnologia da ressonância magnética funcional (RMf) documentaram a existência de uma área no cérebro que armazena a forma visual das palavras e que está conectada à área da fala no cérebro. Essas conexões são formadas quando as crianças aprendem a ler (Frost et al., 2009).

Duas explicações preliminares são necessárias. Primeiro, é preciso esclarecer o uso da palavra *spelling** (escrita ou grafia, em inglês), porque esta palavra tem dois sentidos diferentes em inglês. Como verbo, a palavra *spelling* se refere ao ato de escrever uma palavra. Mas *spelling*** também é um substantivo que se refere ao produto que é escrito. Aqui serão utilizados ambos os sentidos da palavra. As pessoas escrevem palavras e as pessoas escrevem a grafia das palavras. Observe que as grafias não são somente escritas, mas também lidas. Acontece que a leitura e a escrita/grafia são intimamente conectadas.

Segundo, serão referidos vários estudos e as descobertas da autora. Você deve entender que estes são experimentos controlados, não estudos feitos em sala de aula. São trabalhados com estudantes individualmente, e com um *feedback* corretivo durante sua aprendizagem. O objetivo é isolar os processos de aprendizagem de palavras de forma a entender como eles funcionam e eliminar variáveis que possam confundir os resultados.

---

* N. de T.: Em português, a tradução para este sentido seria "escrever".
** N. de T.: Em português, a tradução para este sentido seria "grafia".

MANEIRAS DE LER PALAVRAS

Primeiro, serão considerados os vários processos utilizados para ler palavras (Ehri, 1998). Uma abordagem é a decodificação. Para explicar isto, preciso clarificar alguns termos. Fonemas são as menores unidades de som nas palavras faladas. STOP (pare)* tem quatro fonemas: /s/ - /t/ - /o/ - /p/. CHECK (cheque)** tem três fonemas: /tʃ/ - /e/ - /k/. Grafemas são as letras ou sequências de letras (também chamadas dígrafos) que representam fonemas na escrita: STOP (pare)*** tem quatro grafemas; CHECK (cheque)**** tem cinco letras, mas somente três grafemas. CH é um grafema simbolizando o fonema /tʃ/, CK é um grafema para o fonema /k/.

Decodificação envolve o uso do conhecimento das relações grafema-fonema para identificar o som correspondente a cada letra, aglutinando-os em pronúncias que formam palavras reconhecíveis. Decodificar também envolve o uso do conhecimento de padrões ortográficos maiores que podem representar sílabas ou morfemas, e aglutinar estas unidades para gerar pronúncias. Por exemplo, decodificando e aglutinando as sílabas em EX CEL LENT para ler a palavra como *excellent* (excelente). A leitura de pseudopalavras é considerada a medida mais pura da habilidade de decodificação. Quando você usa regras da língua (no caso, da língua inglesa) para decodificar as seguintes pseudopalavras (em maiúsculas), você percebe que elas soam como palavras reais. RUME (*room* – quarto), RANE (*rain* – chuva), TAIK (*take* – tomar, levar), GOTE (*goat* – bode), YUNG (*young* – jovem).*****

Outra forma de ler palavras é por analogia. Esta estratégia envolve o uso de partes de palavras conhecidas para ler palavras desconhecidas, quando ambas possuem o mesmo padrão ortográfico. Temos como exemplo o uso de NIGHT – noite, para ler BRIGHT – brilhante, DOG – cachorro, para ler FROG – sapo, ou BOTTLE – garrafa, para ler

---

* N. de T.: Em português, PARE tem quatro fonemas: /p/, /a/, /r/, /i/.
** N. de T.: Em português, CHEQUE tem quatro fonemas: /ʃ/ - /ɛ/ - /k/ - /i/.
*** N. de T.: Em português, PARE tem quatro grafemas: P representando o fonema /p/, A representando o fonema /a/, R representando o fonema /r/ e E representando o fonema /i/.
**** N. de T.: Em português, CHEQUE tem seis letras, mas somente quatro grafemas. CH é um grafema ou dígrafo simbolizando o fonema /ʃ/, E representando /ɛ/, QU representando /k/ e E representando /i/.
***** N. de T.: Exemplos em português incluem XUTI (chute) ou MUZGU (musgo).

THROTTLE – acelerador.* A possibilidade de ler palavras por analogia aumenta na medida em que os leitores aprendem as grafias de mais e mais palavras.

Outra abordagem é a predição, que envolve o uso de informação contextual e de uma ou mais letras para inferir a identidade das palavras. Por exemplo, "No hospital, os médicos e as e..." levaria você a prever "enfermeiras". Obviamente, para ser capaz de prever palavras, os leitores necessitam ter conhecimento sobre os contextos específicos em que elas ocorrem, além de conhecer os vocábulos a serem usados (TUNMER; NICHOLSON, 2011).

A forma final é por meio da memória, também chamada de leitura por reconhecimento automatizado (*sight word reading*). A visão da palavra ativa sua pronúncia e seu significado na memória. Leitores podem fazer isto porque a palavra já foi lida anteriormente e armazenada na memória. A leitura acontece rapidamente, sem que sejam necessários passos intermediários de decodificação, analogia ou predição. A palavra é lida imediatamente como uma unidade inteira.

Agora que já identificamos várias maneiras diferentes de ler palavras, o que determina a estratégia que será utilizada na leitura? Depende de a palavra ser ou não familiar em sua forma escrita. Palavras desconhecidas são lidas por meio do uso de uma das três estratégias identificadas anteriormente. A decodificação funciona para palavras com grafia mais regular. A leitura de palavras por analogia funciona desde que os leitores já tenham aprendido palavras com padrões ortográficos semelhantes. A predição ajuda a identificar palavras desconhecidas que são lidas em contexto. Uma vez que as palavras se tornam familiares e são armazenadas na memória, elas passam a ser lidas por reconhecimento automatizado. No passado, pessoas acreditavam que somente as palavras de alta frequência na língua e as palavras irregulares eram lidas por reconhecimento automatizado. Não é assim. Na verdade, todas as palavras são lidas de memória, por reconhecimento automatizado, uma vez que os leitores já tenham praticado lê-las. A teoria que será descrita neste capítulo explica como isto acontece.

Uma evidência bastante convincente de que as palavras familiares são lidas de memória vem do teste de Stroop (STROOP, 1935). Na tarefa original, nomes de cores são impressos com letras de uma cor discrepante, por exemplo, a palavra RED (vermelho) impressa com letras verdes. Pede-se

---

* N. de T.: Em português, poder-se-ia ler GATO por analogia a RATO ou MOLA por analogia a BOLA.

aos participantes que nomeiem a cor das letras, mas que ignorem as palavras escritas. Outra forma da mesma tarefa tem sido usada também. Desenhos de objetos são mostrados contendo em seu interior ou acima deles uma palavra que se refere a um objeto diferente do desenhado. Exemplos aparecem na Figura 2.1. Pede-se aos participantes que nomeiem os objetos, ignorem as palavras escritas, e façam isto o mais rápido possível.

Estudos mostram que os leitores não conseguem ignorar as palavras escritas. Independentemente de sua vontade, a presença de palavras discrepantes diminui a velocidade com que os participantes nomeiam as cores ou os objetos (Rosinski; Gollinkoff; Kukish, 1975). As respostas se tornam especialmente mais lentas quando o objeto e a palavra são da mesma categoria semântica, por exemplo, a figura de um cavalo contendo em seu interior a palavra VACA. Algumas vezes, as pessoas erram, e é o nome da palavra escrita que é produzido, e não o do objeto. Não há grande diminuição na velocidade de resposta quando as palavras escritas são pseudopalavras, ou quando não há uma palavra junto ao objeto mostrado. A explicação para o atraso nas respostas é que a visão de uma palavra familiar ativa sua pronúncia e seu significado rápida e automaticamente na memória, mais rapidamente do que a visão da cor ou do objeto. As palavras são ativadas primeiro e, assim, criam um gargalo, diminuindo a velocidade de acesso aos nomes das cores ou dos objetos. Estudos com crianças mostraram que o automatismo na leitura de palavras pode aparecer até mesmo no 1º ano do ensino fundamental (Guttentag; Haith, 1978).

AUTOMATIZAÇÃO – Teste de Stroop

INSTRUÇÕES:
Diga o nome das figuras e ignore as palavras

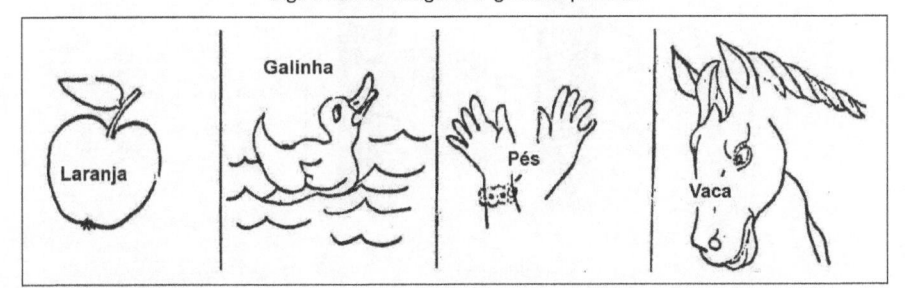

Figura 2.1 Os leitores têm dificuldade em ignorar as palavras nesta tarefa, demonstrando que as palavras são reconhecidas automaticamente.
Fonte: Ehri (1987).

Outra propriedade importante da leitura por reconhecimento automatizado (*sight word reading*) é que as palavras são lidas como unidades isoladas, sem pausas entre as letras ou partes da palavra. Isto é chamado de unitização. Encontramos evidência para isso em Ehri e Wilce (1983). Raciocinamos que, se mesmo palavras contendo várias letras são lidas como unidades, então os leitores deveriam ser capazes de lê-las com a mesma velocidade com que identificam números isolados de apenas um dígito. E esta leitura deveria ser mais rápida do que a de não palavras inventadas seguindo as regras da língua, mas que têm que ser decodificadas letra por letra. No experimento, bons leitores do 2º e 4º anos do ensino fundamental leram três tipos de material.

Palavras de objetos familiares – como *man* (homem), *car* (carro), *dog* (cachorro), *ball* (bola), *hat* (chapéu).

Dígitos de unidades – tais como 2, 6, 3, 5, 4, 9.

Pseudopalavras desconhecidas – tais como *jad, tuk, nel, fup* e *mig*.

Os alunos viam cada palavra ou número e o tempo gasto na sua identificação era cronometrado. A Figura 2.2 mostra os resultados. Os estudantes leram as palavras familiares muito mais rapidamente do que as pseudopalavras. Isto mostra a vantagem de ler palavras de memória em vez de utilizar uma estratégia de decodificação. Eles leram palavras

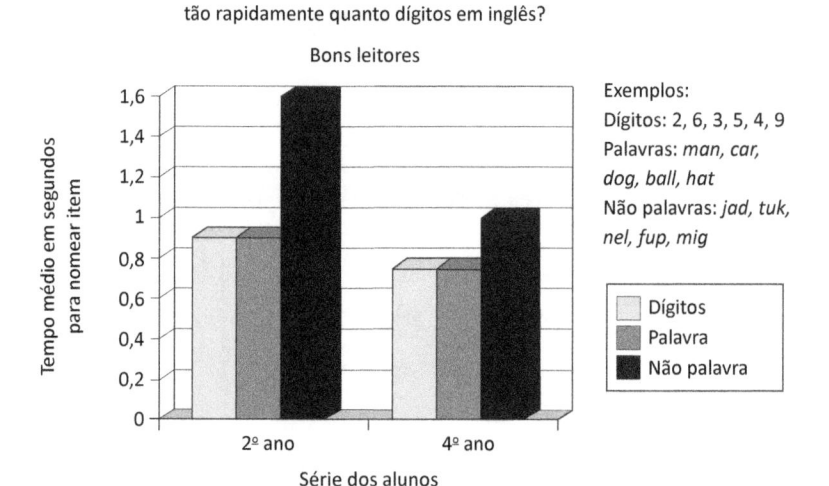

Figura 2.2 Tempo gasto por bons leitores do 2º e 4º anos do ensino fundamental nos EUA para ler dígitos, palavras e pseudopalavras em inglês.
Fonte: Ehri e Wilce (1983).

com várias letras tão rapidamente quanto identificaram números isolados. Isto indica que as palavras foram lidas como um todo unitário e não através da identificação sequencial do valor sonoro de cada letra.

Você pode estar se perguntando se em português as palavras são lidas por reconhecimento automatizado. Ao contrário do que ocorre em inglês, as palavras em português são escritas de forma tão previsível que os leitores poderiam usar uma estratégia de decodificação para lê-las com precisão. Porém, isto levaria tempo e atenção. Ler palavras por reconhecimento automatizado é muito mais rápido. Podemos encontrar evidências relevantes a partir de um estudo semelhante, conduzido por Sylvia Defior et al. (DEFIOR; CARY; MARTOS, 2002) que testaram alunos do 1º ao 4º ano em Portugal. Os autores mediram o tempo gasto pelos alunos para nomear dígitos unitários e para ler números cardinais e pseudopalavras criadas segundo os padrões fonotáticos e grafotáticos da língua. Pode-se ver na Figura 2.3 que, para todas as séries, os alunos leram as palavras familiares muito mais rapidamente do que as pseudopalavras. Isto mostra que eles estavam lendo as palavras de memória e não por meio da decodificação. Além disso, do 2º ano em diante, os alunos leram

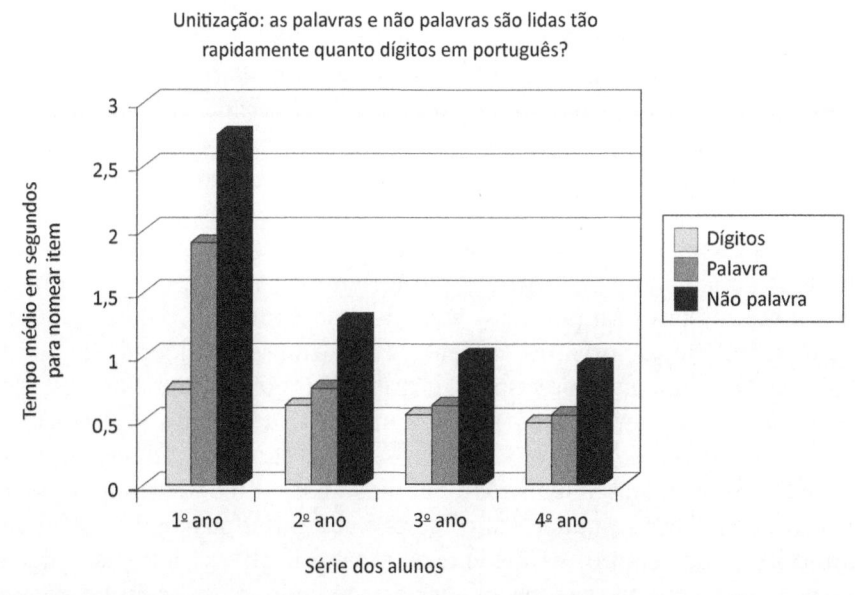

Figura 2.3 Tempo gasto para ler dígitos, palavras e pseudopalavras por alunos do 1º, 2º, 3º e 4º anos em português.
Fonte: Defior, Cary e Martos (2002).

as palavras com muitas letras tão rapidamente quanto nomearam os dígitos. Isto indica que as palavras eram lidas como unidades inteiras e não através da identificação de sons individuais, letra por letra. A partir desses dados, podemos concluir que, mesmo em sistemas de escrita transparentes em que as palavras podem ser decodificadas com facilidade e precisão, a leitura por reconhecimento automatizado aparece quando as palavras se tornam familiares e são armazenadas na memória.

Por que o reconhecimento automatizado é melhor do que as outras formas de leitura de palavras? Pense sobre o que acontece durante a leitura de um texto. Quando os leitores leem um texto, sua atenção dirige-se para a compreensão do seu significado. Se eles têm que parar e decodificar uma palavra, ou aplicar uma estratégia de predição ou de analogia, sua atenção é desviada do significado enquanto a palavra é identificada. Isto atrapalha a compreensão do que está sendo lido. Entretanto, se as palavras podem ser lidas de memória, por reconhecimento automatizado, não há interrupção. A atenção permanece focada no significado do texto. Torna-se claro que ajudar os alunos a ler palavras de forma automática, a partir da memória, é essencial para que possam ler textos com fluência e compreensão.

A próxima questão é: como as crianças aprendem a ler essas palavras escritas que ficam armazenadas na memória? Acreditávamos que os leitores utilizavam pistas visuais e memorizavam as formas das palavras. Esta era a justificativa para o método de alfabetização *look-and-say* ("olhe e diga") ou método da palavra inteira. Mas isso não poderia ser verdade por várias razões. Cada pessoa tem um número enorme de palavras armazenadas em seu dicionário mental. Na verdade, você pode reconhecer milhares de palavras, quase instantaneamente. Os formatos das palavras não são suficientemente distintos para permitir a discriminação entre todos esses milhares de palavras. Você deveria confundir palavras de formato semelhante, porém as evidências mostram que a identificação das palavras é altamente precisa. Palavras com grafias semelhantes, por exemplo, *sick* (doente), *sink* (pia ou afundar), *stick* (vara), *slick* (escorregadio), *stink* (feder), *slink* (esgueirar-se) não são confundidas com frequência. Se as pistas visuais fossem a base para a memorização e recordação das palavras, muita prática seria necessária, pois as conexões são arbitrárias. Entretanto, as evidências mostram que os leitores armazenam as palavras escritas na memória rapidamente, sem muita prática (Ehri, 1980; Ehri; Saltmarsh, 1995). Em um estudo, alunos do 1º ano do ensino fundamental necessitaram de apenas quatro exposições às palavras-alvo para aprender a identificá-las (REITSMA, 1983). Em outro estudo, alunos do 3º ano necessitaram de uma única exposição para reter a grafia das palavras-alvo na memória (SHARE, 2004). Para explicar como a aprendizagem de palavras escritas pode ocorrer tão rapidamente, necessitamos de um sistema mnemônico poderoso que funcione como uma **cola** muito forte para grudar as palavras na memória.

Que tipo de sistema mnemônico seria este? Nossas pesquisas nos levaram à seguinte teoria (EHRI, 1992). O armazenamento de palavras escritas na memória envolve um processo de formação de conexões. A grafia das palavras se torna ligada à sua pronúncia. A cola que liga a grafia à pronúncia é fornecida pelo sistema de mapeamento letra-som, isto é, pelo conhecimento das relações grafema-fonema. Esta cola gruda as letras da grafia das palavras aos sons detectados na sua pronúncia. As conexões entre grafias, pronúncias e significados são armazenadas como amálgamas representando palavras individuais na memória.

Vamos olhar as conexões formadas para as palavras com grafias regulares e ver como a cola funciona. As palavras e suas conexões grafema-fonema são mostradas na Figura 2.4. Letras maiúsculas representam a grafia das palavras. Cada grafema está separado por espaços e consiste de uma ou duas letras maiúsculas. As letras entre barras representam fonemas isolados na pronúncia das palavras. As linhas verticais representam conexões ligando grafemas aos fonemas. Você pode ver como os grafemas se ligam aos fonemas em palavras de grafias regulares. Às vezes são necessárias duas letras para formar um grafema, denominado dígrafo, para simbolizar um fonema.

Exemplos de conexões para palavras com grafias regulares

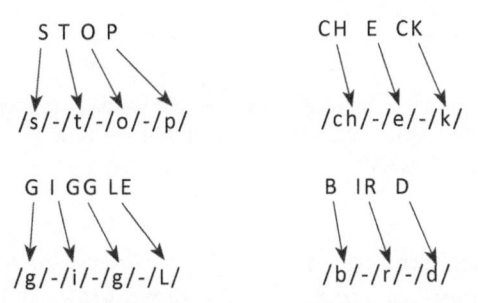

S T O P
/s/-/t/-/o/-/p/

CH E CK
/ch/-/e/-/k/

G I GG LE
/g/-/i/-/g/-/L/

B IR D
/b/-/r/-/d/

Figura 2.4 Exemplos de conexões grafema-fonema para palavras com grafias regulares. Uma ou duas letras maiúsculas formam grafemas, que simbolizam fonemas indicados por barras.
Fonte: Ehri (1998).

A Figura 2.5 mostra conexões para palavras cujas grafias são irregulares. Você pode ver que conexões podem ser formadas aqui também porque a maioria das letras nestas palavras segue o sistema de conversão grafema-fonema. Letras mudas são as exceções marcadas com um asterisco, como por exemplo o S em *island* (ilha) e o W em *sword* (espada). Acreditávamos que palavras irregulares deveriam ser aprendidas de forma diferente, através da memorização de sua forma visual. Entretanto, como é evidente na figura, a maior parte das letras é regular. De acordo com a nossa teoria, palavras com grafias irregulares são armazenadas na memória da mesma maneira que as palavras com grafias regulares. Isto é respaldado por pesquisas. Pediu-se a alunos que lessem listas de palavras com grafias regulares e irregulares (Treiman; Baron, 1983). Se os dois tipos de palavras fossem armazenados de modo diferente, não deveríamos encontrar uma relação entre a habilidade de ler palavras regulares e palavras irregulares. Porém, a correlação foi alta ($r = ,73$), indicando que a aprendizagem da leitura de palavras regulares e irregulares envolve os mesmos processos.

Exemplos de conexões para palavras com padrões gráficos irregulares

I S* L A N D
/ay/ - /l/ - /a/ - /n/ - /d/

S W* O R D
/s/ - /o/ - /r/ - /d/

L I S T* E N
/l/ - /i/ - /s/ - /e/ - /n/

S I G* N
/s/ - /ay/ - /n/

* Letras "mudas".

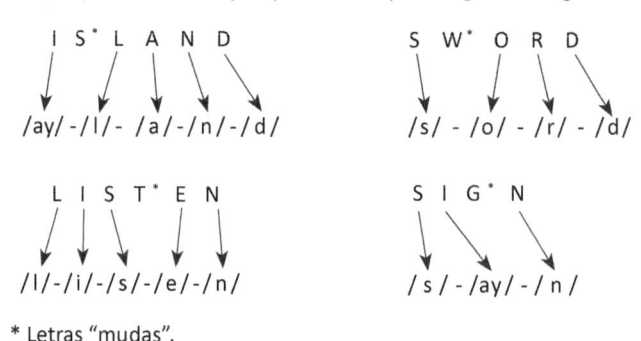

Figura 2.5 Exemplos de conexões grafema-fonema para palavras com grafias irregulares. Uma ou duas letras maiúsculas formam grafemas, que simbolizam fonemas indicados por barras. Asteriscos marcam letras "mudas".
Fonte: Ehri (1998).

Que conhecimentos e habilidades são necessários para que os alunos possam formar conexões e armazenar a grafia das palavras na memória? Eles necessitam da habilidade de segmentação de fonemas para analisar a pronúncia de palavras específicas em seus sons constituintes. Também necessitam conhecer os grafemas, uma vez que estes representam os fonemas na fala. Este conhecimento oferece a cola para o próximo passo. Eles precisam usar o seu conhecimento para conectar os grafemas aos fonemas de palavras específicas na memória, o que é conhecido como mapeamento. Além disso, o significado das palavras necessita ser ligado à sua grafia e à sua pronúncia.

Que procedimentos levam o mapeamento a acontecer? Quando os alunos decodificam uma palavra extraindo o som de cada letra e posteriormente aglutinando-os, conexões são ativadas, assegurando, assim, a permanência das grafias na memória. David Share (1995, 2005) chama isto de estratégia de autoensino para armazenar palavras na memória. Se os alunos fazem uso de analogias, isto também vai ativar conexões. Se os alunos veem a grafia da palavra, ouvem sua pronúncia e repetem a palavra, as conexões podem ser ativadas espontaneamente na memória se os estudantes tiverem conhecimento suficiente do sistema ortográfico (ROSENTHAL; EHRI, 2008).

TEORIA DAS FASES E DESENVOLVIMENTO DA LEITURA

Vamos examinar o curso do desenvolvimento para explicar como a habilidade de leitura de palavras emerge. Foram distinguidas quatro fases que identificam os avanços significativos que ocorrem quando as crianças aprendem a ler palavras por reconhecimento automatizado: as fases pré-alfabética, alfabética parcial, alfabética completa e alfabética consolidada (EHRI, 1998; 2005a, 2005b). Os nomes das fases refletem o tipo de conhecimento alfabético que predomina nas conexões letra-som formadas para armazenar palavras na memória. Durante a fase pré-alfabética, as conexões são visuais e não envolvem relações letra-som. Durante a fase alfabética parcial, algumas das letras nas palavras são conectadas a alguns sons ouvidos na pronúncia daquelas palavras. Durante a fase alfabética completa, conexões grafema-fonema mais completas são formadas. Durante a fase alfabética consolidada, padrões ortográficos maiores são usados para formar conexões. A transição de uma fase para a seguinte é gradual. A qualquer momento, a criança pode usar mais do que um tipo de conexão, embora geralmente um tipo específico predomine em cada fase. É importante observar que o desenvolvimento é governado pelo conhecimento alfabético que a criança possui, e pela utilização que ela faz dele, e não por sua idade ou escolaridade.

A fase pré-alfabética mostra o reconhecimento automatizado de palavras em seu período mais inicial. Estas crianças são pré-leitoras e não conseguem decodificar palavras. Não conseguem ler textos independentemente. Não usam as conexões letra-som para ler ou escrever, embora possam conhecer algumas letras. Escrevem palavras com letras arbitrárias, pseudoletras ou letras memorizadas. Frequentemente, conhecem as letras de seus próprios nomes, mas estas letras são memorizadas e não conectadas aos sons que aparecem em seus nomes. Fazem de conta que leem livros que já ouviram muitas e muitas vezes, mas estão apenas recitando o que já memorizaram. Para ler palavras, elas se baseiam em pistas visuais salientes. Exemplos disso são mostrados na Figura 2.6. Elas podem se lembrar de *look* (olhar) por conta dos dois "olhos" no meio da palavra, ou de *dog* (cachorro) por causa do "rabo" no final da palavra, ou ainda de *camel* (camelo) por conta das "corcovas" da letra M no meio da palavra. A escrita do meio-ambiente é lida a partir de pistas contextuais, como os arcos dourados que aparecem no logo da cadeia de restaurantes McDonald's e não em função de suas letras.

Pistas visuais usadas para ler palavras durante a fase pré-alfabética

dog
Rabo como pista visual (cachorro)

camel
Duas corcovas como pista visual (camelo)

McDonald's

XEPSI
Lido erradamente como Pepsi

LOOK
Olhos como pista visual para ler LOOK (Olhar)

Figura 2.6 Pistas visuais, consistindo em cores, logos ou características semânticas da palavra, usadas por crianças na fase pré-alfabética para ler palavras.
Fonte: Ehri (1987).

Em um estudo, foram selecionados símbolos e rótulos familiares que um grupo de crianças pequenas era capaz de reconhecer em seu ambiente (Masonheimer; Drum; Ehri, 1984). Foram alteradas as letras nos rótulos, por exemplo, colocando a letra X no lugar da letra P em *Pepsi* (ver Figura 2.6). Descobriu-se que os leitores pré-alfabéticos não notavam a troca, mesmo quando lhes era perguntado se havia algum erro na figura. Isto mostra que estavam "lendo" o ambiente, e não o que estava escrito.

Em resumo, as crianças nesta fase são essencialmente leitoras não alfabéticas. Seus atos de leitura são realizados através do uso de pistas que não envolvem o sistema de correspondências letra-som.

Para entrar na próxima fase, alfabética parcial, as crianças precisam adquirir habilidades alfabéticas. Precisam aprender a identificar as formas das letras e os seus nomes ou sons. Uma vez que os nomes das letras são conhecidos, torna-se fácil aprender os sons encontrados em seus nomes, por exemplo, o nome da letra B contém o som /b/. Além disso, as crianças precisam adquirir alguma noção de que existem sons dentro das palavras. Porém, seu conhecimento é parcial, e o uso deste conhecimento para ler e escrever palavras é incompleto. Quando inventam sua própria escrita, elas escrevem somente alguns dos sons que ouvem, tipicamente o primeiro e o último som. É muito difícil para elas se lembrarem da grafia correta das palavras porque elas não têm conhecimento completo do sistema ortográfico. Elas não aprenderam ainda a decodificar as palavras escritas transformando cada letra em seu som correspondente e a unir esses sons isolados para formar palavras orais. Elas conseguem adivinhar algumas palavras usando uma ou mais letras como pistas parciais ou utilizando-se de pistas contextuais e podem identificar algumas palavras por reconhecimento automatizado. Para fazer isto, formam conexões entre algumas das letras e sons nas palavras, de modo muito semelhante às suas escritas inventadas, utilizando geralmente a primeira e/ou última letras. Por exemplo, para lembrar como ler *spoon* (colher), as crianças podem conectar a letra S ao som inicial /s/ e a letra N ao som /n/ detectado no final da pronúncia da palavra. Observe que o mapeamento é apenas parcial. As letras processadas são aquelas que contêm os sons relevantes em seus nomes. As demais letras não são lembradas.

Uma vez que as palavras são armazenadas na memória desta forma, elas podem ser confundidas com outras palavras que possuem letras semelhantes, como *stop* (parar) e *step* (andar/passo). Se estas palavras forem confundidas em uma placa de trânsito, isto pode ser desastroso! As grafias para os sons das vogais* podem não ser conhecidas, e isto faz com que a criança tenha dificuldade em se lembrar daquelas letras desconhecidas nas palavras. Como a segmentação dos sons nas palavras é incompleta, as letras que representam encontros consonantais (p. ex., ST em *stop*) podem ser particularmente difíceis. Porque as conexões são parciais, a leitura e a escrita de palavras não são muito precisas.

---

* N. de T.: Em inglês, o sistema de correspondências grafema-fonema é consideravelmente mais inconsistente para as vogais do que para as consoantes, o que torna a aprendizagem da representação dos sons vocálicos mais difícil do que a dos sons consonantais.

Ehri e Wilce (1985) realizaram um estudo com o objetivo de mostrar a diferença entre as crianças nas fases pré-alfabética e alfabética parcial. O conhecimento das relações letra-som das crianças participantes foi avaliado para que elas pudessem ser distribuídas entre as duas fases. Crianças na fase pré-alfabética conheciam os sons de apenas algumas letras e não eram capazes de ler nenhuma palavra. Crianças na fase alfabética parcial conheciam a maioria das correspondências letra-som, podiam ler algumas palavras fáceis (palavras simples e frequentes), mas não conseguiam decodificar palavras. Propusemos a elas vários ensaios de prática de leitura de dois tipos de palavras. Alguns exemplos são mostrados na Figura 2.7. Um tipo continha somente pistas visuais. As letras nestas grafias eram visualmente distintas, mas não apresentavam nenhuma relação com os sons nas palavras. Por exemplo, a escrita WBC foi emparelhada à palavra *elephant* (elefante), e FO a *arm* (braço). O outro tipo de palavras continha pistas fonológicas. As letras nessas grafias correspondiam a alguns dos sons na pronúncia das palavras, de forma semelhante às escritas inventadas características da fase alfabética parcial. Por exemplo, a escrita LFT foi emparelhada à palavra *elephant* (elefante), e RM a *arm* (braço).

Comparação entre crianças pré-alfabéticas e alfabéticas parciais
na aprendizagem de palavras (pré-escolares)

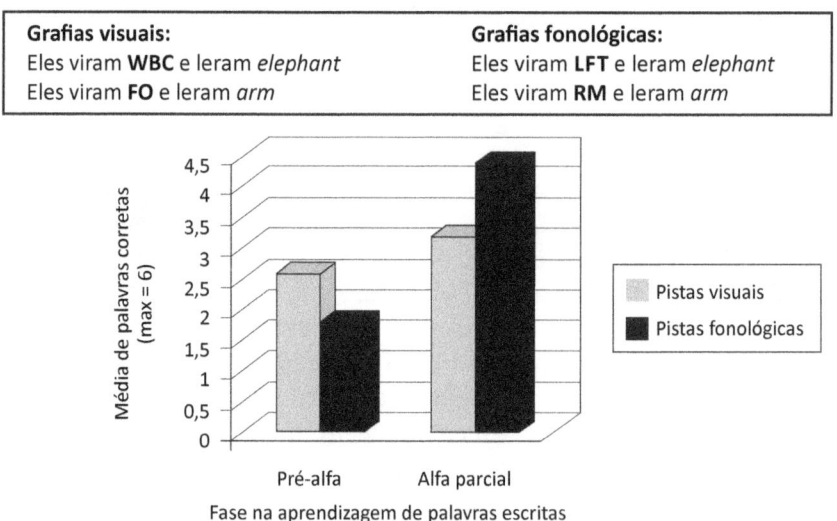

Grafias visuais:	Grafias fonológicas:
Eles viram **WBC** e leram *elephant*	Eles viram **LFT** e leram *elephant*
Eles viram **FO** e leram *arm*	Eles viram **RM** e leram *arm*

Figura 2.7 Número médio de grafias visuais e grafias fonológicas lidas corretamente por crianças nas fases pré-alfabética e alfabética parcial.
Fonte: Ehri e Wilce (1985).

Os resultados estão na Figura 2.7. As crianças na fase pré-alfabética aprenderam a identificar as grafias visuais mais facilmente do que as grafias fonológicas, enquanto o contrário ocorreu entre as crianças na fase alfabética parcial: elas aprenderam as grafias fonológicas com mais facilidade do que as grafias visuais. Vários outros pesquisadores replicaram este estudo e encontraram resultados semelhantes. Cláudia Cardoso-Martins encontrou os mesmos resultados com crianças brasileiras (de ABREU; CARDOSO-MARTINS, 1998). Estes estudos mostram que quando as crianças aprendem os nomes ou sons das letras do alfabeto, elas se tornam capazes de memorizar palavras escritas de uma maneira diferente, mais eficaz, que faz uso de um sistema mnemônico mais poderoso.

As crianças se tornam verdadeiramente leitoras na fase alfabética completa quando aprendem a ler palavras de memória, de modo automatizado, formando conexões completas entre grafemas na escrita e fonemas na pronúncia. Isto é possível porque elas aprenderam as correspondências grafofonêmicas mais importantes e conseguem segmentar a pronúncia das palavras em seus fonemas constituintes. Quando os leitores aplicam este conhecimento para ler palavras, a forma escrita das palavras se funde à sua pronúncia e ao seu significado na memória, formando conexões. Exemplos de conexões grafofonêmicas completas estão na Figura 2.4. Na fase alfabética completa, as crianças aprendem a traduzir as letras nas palavras em seus sons correspondentes e, em seguida, aglutiná-los em sequência para identificar palavras não familiares. Esta estratégia de decodificação contribui para o armazenamento da grafia das palavras na memória através da ativação de conexões relevantes. Como mencionado anteriormente, este mecanismo de autoensino gera a aprendizagem de palavras escritas na memória (SHARE, 1995).

Realizamos um experimento para mostrar as diferenças entre os leitores das fases alfabética completa e alfabética parcial na aprendizagem da leitura de palavras de memória (EHRI; WILCE, 1987). Selecionamos pré-escolares que estavam na fase alfabética parcial, os quais foram designados aleatoriamente para um grupo experimental ou um grupo-controle. O grupo experimental recebeu treinamento na leitura de palavras, com o objetivo de incitá-los a processar todas as conexões grafofonêmicas nas palavras. As crianças do grupo-controle receberam treinamento nas relações letra-som, mas sem a leitura de palavras, e assim permaneceram como leitores na fase alfabética parcial. Ao final do treinamento, ambos os grupos foram treinados a ler 15 palavras em vários ensaios. As crianças liam cada palavra e eram corrigidas quando erravam. Você pode ver as palavras que elas aprenderam na Figura 2.8. Foram escolhemos palavras ortograficamente semelhantes para tornar difícil aprendê-las pelo uso de pistas parciais. A Figura 2.8 mostra que o grupo experimental, que havia sido treinado a ler palavras de forma semelhante às crianças da fase alfabética completa, teve muito mais facilidade. As crianças aprenderam a maioria das palavras em três ensaios ou menos. Em contraste, os leitores da fase alfabética parcial não aprenderam a ler as palavras. Frequentemente confundiam as palavras ortograficamente semelhantes entre si, revelando as limitações da leitura por pistas parciais. Estas descobertas ressaltam a grande vantagem obtida por leitores capazes de formar conexões grafofonêmicas completas quando estão aprendendo a ler palavras de memória.

Aprendendo a ler 15 palavras em vários ensaios

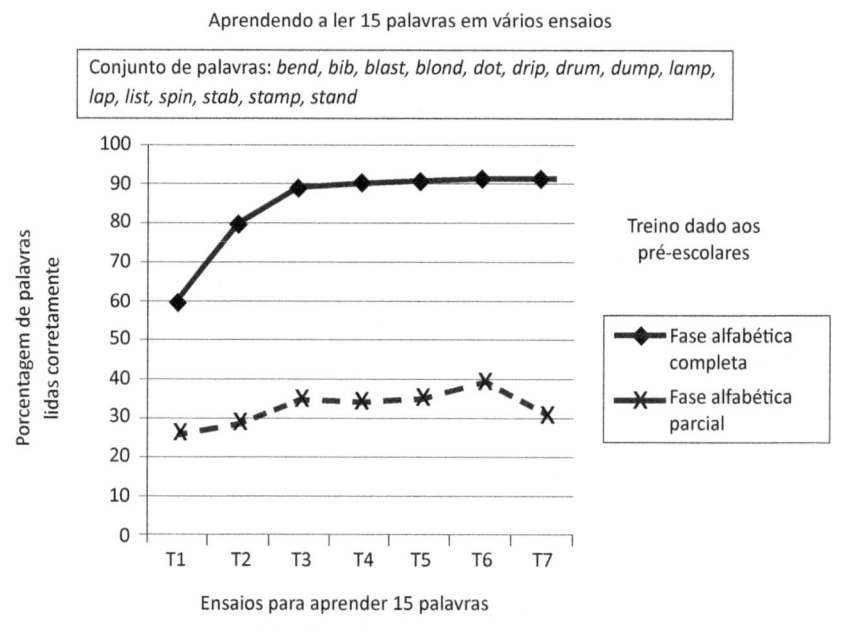

Conjunto de palavras: *bend, bib, blast, blond, dot, drip, drum, dump, lamp, lap, list, spin, stab, stamp, stand*

Figura 2.8 Porcentagem média de palavras semelhantes lidas corretamente em sete ensaios de aprendizagem por crianças treinadas para serem leitores da fase alfabética completa e crianças treinadas para serem leitores alfabéticos parciais.
Fonte: Ehri e Wilce (1987).

Várias outras habilidades caracterizam os leitores na fase alfabética completa. Sua leitura de palavras é mais precisa. Seu vocabulário de palavras escritas na memória (*sight words*) se expande rapidamente. Eles também conseguem reconhecer palavras automaticamente e com rapidez. Com o aumento do número de palavras armazenadas na memória, podem ler palavras por analogia a palavras que já conhecem. Suas escritas inventadas são mais completas. Têm mais facilidade em se lembrar da grafia correta das palavras que são consistentes com seu conhecimento do sistema ortográfico. Conseguem ler textos de forma independente, principalmente quando os textos contêm palavras que conhecem de memória ou palavras que podem ser identificadas por decodificação, analogia ou predição.

Há alguns anos, surgiu uma controvérsia sobre a generalização da teoria de fases para crianças aprendendo a ler em ortografias transparentes como o alemão e o português, e, especificamente, se a fase alfabética parcial seria relevante nessas ortografias. Wimmer e Hummer (1990) avaliaram crianças falantes de alemão que estavam aprendendo a ler e descobriram que elas podiam decodificar palavras desconhecidas e pseudopalavras, indicando que se encontravam na fase alfabética completa. O fato de não ter sido encontrado nenhum leitor na fase alfabética parcial foi interpretado como evidência contra a existência de uma fase alfabética parcial em sistemas de escrita transparentes como o alemão. Entretanto, os alunos tinham recebido instrução fônica sistemática e foram avaliados seis meses após o início do ano letivo. Pode ser que eles tenham sido observados muito tarde para que evidências de uma fase parcial anterior pudessem ter sido detectadas.

Cláudia Cardoso-Martins (2001) reexaminou esta questão com leitores iniciantes de português no Brasil. Ela estudou dois grupos de crianças, um grupo que estava aprendendo a ler com uma abordagem global e o outro grupo com uma abordagem fônica. As crianças foram avaliadas três meses após o início do ano letivo. Cardoso-Martins descobriu que os alunos expostos a uma metodologia global de aprendizagem da leitura baseavam-se em uma estratégia alfabética parcial para aprender a ler palavras. Conseguiam identificar palavras familiares, mas não conseguiam decodificar pseudopalavras. Em contraste, o grupo alfabetizado pelo método fônico podia ler palavras e pseudopalavras, estando já inserido na fase alfabética completa. A diferença era que os estudantes no grupo fônico haviam sido ensinados a decodificar palavras, enquanto as crianças do grupo com metodologia mais global, não. Estas descobertas indicam que, dependendo de quando as crianças são avaliadas em seu desenvolvimento e de haverem ou não recebido instrução fônica e de decodificação de palavras, pode-se ou não encontrar leitores na fase alfabética parcial mesmo em um sistema regular de escrita.

Na medida em que os leitores progridem durante a fase alfabética completa, eles retêm mais e mais palavras escritas na memória, e caminham em direção à consolidação de seus conhecimentos na fase alfabética consolidada. Os grupos de letras que se repetem em palavras diferentes se tornam familiares e unitizados como, por exemplo, o padrão ortográfico inglês – AMP – em *camp* (campo), *damp* (úmido), *lamp* (abajur), *champ* (campeão). Outros exemplos de unidades maiores são as combinações de vogal e consoante (VC) no final das palavras, as sílabas, os radicais de palavras, os prefixos e os sufixos. Estes agrupamentos de letras são usados para formar conexões ao aprender a ler novas palavras e para retê-las na memória. São também usados para ler palavras multissilábicas. Por exemplo, a grafia de *interesting* (interessante) é segmentada em unidades de letras representando sílabas na pronúncia em inglês daquela palavra, IN TER EST ING, e conexões entre as grafias das sílabas e suas pronúncias são formadas na memória juntamente com o significado da palavra.

Para examinar a aprendizagem da leitura de palavras durante a fase alfabética consolidada, realizamos um estudo com alunos mais velhos que tinham dificuldade de leitura e que estavam lendo em um nível equivalente ao do 3º ano do ensino fundamental (BHATTACHARYA; EHRI, 2004). O objetivo do estudo era verificar se haveria progressos na aprendizagem e na leitura de palavras se os alunos aprendessem a ler palavras multissilábicas por meio da formação de conexões silábicas. Os alunos praticaram a leitura de 100 palavras multissilábicas em inglês. Exemplos incluem *substitution* (substituição), *conference* (conferência), *democratic* (democrático). Durante cada uma de quatro sessões, os alunos leram 25 palavras várias vezes. O grupo de tratamento silábico aprendeu a dividir as palavras em sílabas oralmente e então a conectar as sílabas faladas com as sílabas escritas. Eles praticaram a releitura de cada uma das 25 palavras desta forma quatro vezes. O grupo-controle praticou a leitura das mesmas palavras, mas os alunos as leram como palavras inteiras, sem dividi-las em sílabas. Estes alunos leram cada conjunto de palavras mais vezes do que o primeiro grupo, lendo cada palavra seis vezes no total. Vários pós-testes foram então administrados para avaliar o impacto da instrução de conexões entre as grafias das sílabas e suas pronúncias na habilidade dos alunos de ler e de escrever palavras.

A Figura 2.9 ilustra os resultados. O grupo treinado a segmentar as palavras em suas sílabas obteve resultados superiores aos do grupo que leu as palavras inteiras em todos os testes. Eles se saíram melhor tanto na leitura e na escrita das palavras praticadas como na decodificação de pseudopalavras. Isto fornece evidência em favor da fase alfabética consolidada no desenvolvimento da habilidade de ler palavras, mostrando que a prática na formação de conexões entre sílabas faladas e escritas nas palavras melhora a habilidade de leitura dos alunos e a sua memória ortográfica.

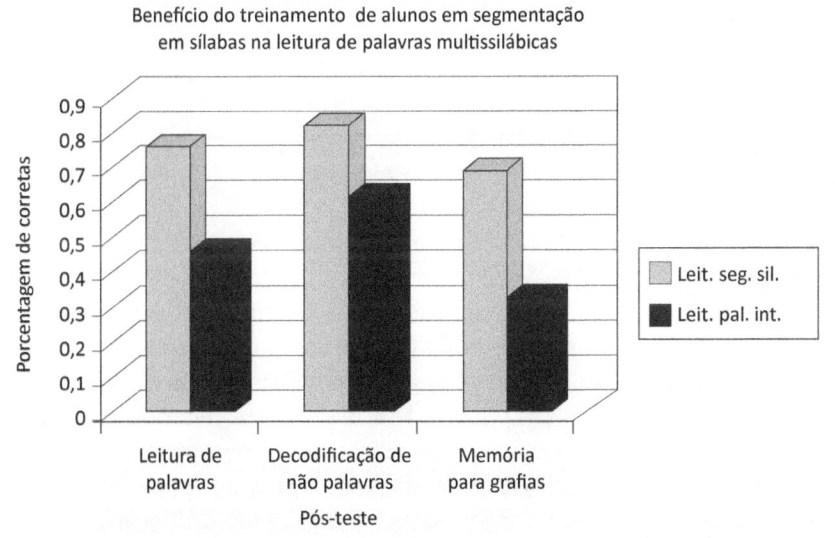

Figura 2.9 Percentual médio de palavras lidas e escritas corretamente, e de pseudopalavras decodificadas corretamente por alunos treinados a ler palavras com segmentação de sílabas e alunos treinados a ler palavras como unidades inteiras.
Fonte: Bhattacharya e Ehri (2004).

É importante reconhecer a relação íntima entre a leitura e a escrita (EHRI, 1997). Na maior parte de nossos estudos, examinamos se o treinamento na formação de conexões durante a leitura de palavras também melhora o desempenho na escrita. A evidência é positiva. Ler palavras e escrever palavras são como os dois lados de uma moeda. Os estudos mostram que a correlação entre as duas habilidades é muito alta, com coeficientes acima de ,70. Isto não deveria ser surpresa, porque ambas as habilidades são governadas por vários dos mesmos processos: conhecimento do sistema ortográfico alfabético e uso deste conhecimento para formar conexões entre a grafia e a pronúncia de palavras específicas para armazená-las na memória. Estas descobertas ressaltam a importância do ensino da leitura e da escrita para o fortalecimento de ambas as habilidades.

A ORTOGRAFIA INFLUENCIA A FALA

Há evidência de que a grafia das palavras é lembrada quando suas letras se tornam fundidas à sua pronúncia e significado. Raciocinamos que, se as letras são conectadas aos sons na pronúncia das palavras na memória dos leitores, então a ortografia deveria influenciar e talvez alterar ou clarificar os sons que as pessoas pensam existir na pronúncia das palavras. Os grafemas deveriam influenciar como os leitores contam fonemas em palavras quando há ambiguidade, isto é, quando existe mais de uma forma de conceitualizar o número de fonemas. Em um estudo, examinamos como alunos do 4º ano do ensino fundamental segmentavam palavras como *pitch* (lançar) e *rich** (rico) em fonemas (Ehri; Wilce, 1980). A segmentação dessas palavras é ambígua. A letra T em *pitch* indica a presença de um fonema /t/ que pode ser analisado separadamente dos outros fonemas, /p/ /i/ /t/ /ʧ/. Você pode perceber o /t/ na articulação quando você pronuncia a palavra e sente sua língua batendo no céu da boca. Mas não existe a letra T em *rich*, embora a pronúncia de /ich/ e /itch/ seja idêntica. Previmos que a grafia destas palavras levaria os estudantes a encontrar quatro fonemas em *pitch*, mas somente três fonemas em *rich*. Isto foi o que encontramos. Os alunos geralmente segmentavam *pitch* em quatro sons. Em contraste, nunca detectavam um som /t/ em *rich*. Outros exemplos de pares de palavras ambíguas, cuja grafia influenciou a percepção de um fonema extra pelos alunos, foram *badge* (distintivo) e *page*** (página), em que o D é mapeado em um fonema extra, e *bowl* (tigela) e *roll* (rolar),*** em que o W é mapeado em um fonema extra. Os alunos não estavam apenas contando as letras. Eles tinham que enunciar os sons que detectavam na pronúncia das palavras enquanto as segmentavam. Eles tampouco dividiam o CH de *pitch* e *rich* em dois sons. A forma escrita das palavras não estava presente quando eles segmentavam as palavras, revelando que a influência das letras veio de sua memória.

Em outro estudo, examinamos como as pessoas segmentavam palavras como *interesting* em sílabas (Ehri, 1984). Você diria que esta palavra tem três sílabas, IN TRES TING, ou quatro sílabas, IN TER EST ING? Descobrimos que as respostas variavam em função do conhecimento que os estudantes tinham da grafia da palavra. Geralmente, eles contavam

---

* N. de T.: Em inglês, a rima destas palavras tem o mesmo som, embora sua grafia difira.
** N. de T.: Estas duas palavras têm o mesmo som final, /dʒ/, embora as consoantes iniciais e as vogais sejam diferentes.
*** N. de T.: Em inglês, a rima destas palavras soa idêntica, embora sua grafia difira.

quatro sílabas quando a grafia era conhecida, mas três quando não tinham certeza de sua grafia.

A ortografia pode influenciar como você pronuncia as palavras. Por exemplo, você diz "in-tres-ting" ou "in-ter-est-ing" ao pronunciar todas as sílabas da forma gráfica da palavra? Para *often*, você diz "offen" ou "of-ten" ao enunciar o som do T presente na grafia da palavra? Para a palavra *February*, você diz "Feb-you-ary" ou "Feb-rue-ary?". Muitos americanos pronunciam estas palavras como elas são escritas.

A ortografia das palavras em inglês é difícil de ser lembrada porque o sistema de escrita é bastante variável e as grafias muitas vezes contêm letras mudas. Uma estratégia comum utilizada por algumas pessoas para melhorar sua memória ortográfica é criar pronúncias especiais para certas grafias. Por exemplo, elas podem se lembrar da palavra *excellent* como "ex-cel-lent". A pronúncia normal é "ex-sul-lunt", contendo vogais reduzidas (*schwa vowels**) na segunda e na terceira sílaba átona. Estas vogais reduzidas (*schwa*) soam como /â/** e podem ser escritas de várias formas diferentes. Criar uma pronúncia "gráfica" envolve pronunciar cada sílaba de forma tônica, pronunciando o som da vogal que está escrita de forma clara. A função deste tipo de pronúncia "gráfica" é formar conexões ligando as letras a sons distintivos na memória. Isto permite que você se lembre das letras adequadas para as vogais.

Realizamos um estudo para verificar esta afirmação (Drake; Ehri, 1984). Propusemos, a alunos do 4º ano do ensino fundamental, prática na criação de pronúncias "gráficas" especiais para palavras multissilábicas. Muitas destas palavras continham vogais reduzidas em sílabas átonas. O grupo experimental foi treinado a transformar cada sílaba em tônica, otimizar os pareamentos entre as letras e os sons e converter as vogais reduzidas nos fonemas que correspondiam à sua grafia. O grupo-controle praticou pronúncias convencionais. Por exemplo, o grupo experimental pronunciava *chocolate* como /choc/ /oh/ /late/, enquanto o grupo-controle praticava a palavra como /choc/ /lut/. Descobrimos que os alunos que praticaram as pronúncias "gráficas" se lembraram das grafias corretas das palavras significativamente melhor do que os alunos do grupo-controle. Os resultados, portanto, confirmaram a eficácia desta estratégia ortográfica.

O impacto da ortografia na fala em falantes nativos de inglês foi enfocado. É igualmente interessante examinar como falantes não nativos de

---

* N. de T.: A transformação do som vocálico das sílabas átonas em schwa /ə/ é a forma mais comum de redução do valor sonoro da vogal em inglês.
** N. de T.: Este som seria semelhante ao som do primeiro **a** átono na palavra **amora**, com a pronúncia do português de Portugal.

inglês são influenciados pela ortografia das palavras inglesas. Por exemplo, o finlandês falado distingue fonemas curtos e longos, o que envolve variação na duração do fonema. Tanto as vogais quanto as consoantes podem ser pronunciadas de forma longa ou curta. O prolongamento de um fonema sinaliza uma palavra diferente em finlandês. Nesse sistema de escrita, a diferença é indicada por uma letra única para indicar um fonema curto e por uma letra duplicada para um fonema longo. Adivinhe, então, o que acontece quando eles aprendem inglês? Eles pronunciam fonemas escritos com letras duplicadas diferentemente dos mesmos fonemas escritos com apenas uma letra, por exemplo, S *versus* SS, apesar desta distinção não existir em inglês e de falantes nativos de inglês os pronunciarem do mesmo jeito. Eis aqui dois exemplos de palavras com pronúncias idênticas em inglês, mas cuja grafia varia em relação à presença ou não de letras duplicadas: PORE *vs.* POOR e MEDAL *vs.* MEDDLE. Os finlandeses falantes de inglês como segunda língua iriam pronunciar os pares de palavras de forma diferente. Este é um exemplo de como estes falantes aplicam o sistema de escrita finlandês quando o seu inglês falado é influenciado pela grafia das palavras. É possível que exemplos semelhantes possam ser encontrados na pronúncia em inglês de falantes nativos de português que estão aprendendo inglês como uma segunda língua, talvez na sua pronúncia das vogais.*

Em resumo, descobertas de vários estudos tornam claro que as grafias das palavras não permanecem do lado de fora, na página, quando os alunos aprendem a ler e a escrever. As grafias são armazenadas na memória. Elas se tornam ligadas às pronúncias das palavras através do processo de formação de conexões grafofonêmicas, descrito anteriormente. Como resultado, influenciam o modo como os falantes conceitualizam, analisam e lembram-se das letras e dos sons nas palavras faladas. Em relação ao ensino da escrita, o processo de formação de conexões sugere a importância de otimizar o pareamento entre as letras na grafia e os sons na pronúncia. Esta estratégia promete melhorar a memória das crianças para a grafia das palavras.

---

*N. de T.: Falantes do português do Brasil que aprendem inglês como uma segunda língua tendem a pronunciar o morfema ED indicador de passado do inglês da forma como ele é escrito e pronunciado em português, nem sempre atentos ao fato de que, em inglês, a pronúncia varia dependendo da consoante que precede o ED no verbo. Em WALKED o ED deve ser pronunciado como /t/, em DEFENDED, o ED é pronunciado com uma sílaba separada /id/ e em PLAYED, o ED é pronunciado como /d/. Este é um exemplo de como o sistema ortográfico do português pode influenciar a forma como falantes do português do Brasil pronunciam palavras em inglês quando o aprendem como uma segunda língua.

A ORTOGRAFIA INFLUENCIA A APRENDIZAGEM DE VOCABULÁRIO

Atualmente, a expansão do vocabulário das crianças é considerada um objetivo importante da instrução escolar. Isto é particularmente verdadeiro para as escolas com muitas minorias populacionais e com crianças falantes de outra língua que estão aprendendo inglês na escola. Foram realizados dois estudos para examinar o impacto da ortografia na aprendizagem do vocabulário.

Em pesquisas anteriores, a aprendizagem de vocabulário enfocava o ensino de associações entre o significado de palavras novas e a sua pronúncia. Nesses estudos, embora os alunos possam ter sido expostos à grafia das palavras, quase nenhuma atenção foi gasta para investigar se isso fazia alguma diferença. Segundo a visão aparentemente mais aceita, quando uma palavra nova é aprendida através da leitura, a forma escrita é convertida em pronúncia, e é a pronúncia que é associada ao significado e armazenada na memória para aquela palavra. A palavra escrita é deixada de fora, ou seja, simplesmente continua existindo na página que está sendo lida. Se examinarmos as recomendações dos especialistas sobre como ensinar vocabulário com mais eficácia, veremos que eles sabem muito pouco a respeito do valor da ortografia. Entretanto, há boas razões para acreditarmos que a ortografia pode ajudar os alunos a aprender palavras novas. De acordo com a teoria conexionista, a grafia das palavras ajuda a manter sua pronúncia na memória, através da formação de conexões entre os grafemas e os fonemas. Assim, a exposição às grafias de palavras novas deveria ajudar os alunos a aprender a sua pronúncia. Se as pronúncias são aprendidas com mais facilidade, é possível que os significados das palavras novas também o sejam. Conduzimos um estudo para examinar este processo de formação de conexões como facilitador da aprendizagem de palavras novas (ROSENTHAL; EHRI, 2008). Trabalhamos individualmente com alunos do 2º ano do ensino fundamental com o objetivo de ensinar-lhes o significado e a pronúncia de palavras não familiares. As palavras foram ensinadas através de cartões, que eram vistos sequencialmente pelos alunos. Eles foram submetidos a vários ensaios com os cartões para que pudessem se lembrar da pronúncia e do significado de todas as palavras. Figuras, definições e sentenças clarificadoras foram usadas para ensinar os significados. Duas condições de treinamento foram comparadas. Na condição experimental, os alunos eram expostos à grafia das palavras enquanto as estudavam, mas não quando estavam sendo avaliados. Na condição de controle, o procedimento era igual, exceto pelo fato de que os alunos nunca viam a grafia das palavras. Para compensar, os alunos do grupo-controle pronunciavam as palavras mais vezes.

Avaliamos a rapidez com que os alunos aprenderam as palavras nos vários ensaios e a memória deles para as mesmas palavras no dia seguinte. Nossa previsão era que, quando os alunos vissem as grafias das palavras, as conexões grafema-fonema seriam ativadas e a memória da pronúncia das palavras seria melhor do que se as grafias não fossem vistas.

O primeiro estudo foi conduzido com alunos do 2º ano do ensino fundamental. Foram ensinadas a eles palavras reais pouco conhecidas, como *GAM* (uma família de baleias), *CUR* (um cachorro vira-lata), *SOD* (gramado úmido e molhado) e *YAG* (pedra sintética de bijuteria). Um exemplo de um dos cartões vistos pelos alunos na condição experimental (com grafia) aparece na Figura 2.10. Os alunos ouviam: "*Nib*. Um *nib* é uma caneta tinteiro para escrever". Eles repetiam a palavra e a sentença. Seis palavras e seus significados foram ensinados desta forma. Durante os ensaios, os alunos tentavam se lembrar da pronúncia e do significado da palavra e recebiam *feedback* corretivo em cada ensaio, até no máximo nove tentativas. Na condição de controle, as mesmas figuras e procedimentos foram usados, mas sem as grafias das palavras.

Um exemplo:	Condição com grafia

Nib

Figura 2.10 Exemplo de um dos cartões utilizados com alunos que viam as grafias enquanto aprendiam as palavras de vocabulário.
Fonte: Rosenthal e Ehri (2008).

Para comparar o impacto da exposição ou não à grafia das palavras na aprendizagem de vocabulário, avaliamos a velocidade com que os alunos aprenderam as palavras durante os ensaios de aprendizagem. Lembre-se que as grafias não eram mostradas quando a memória dos alunos para as pronúncias das palavras era avaliada. Sendo assim, qualquer facilitação proveniente da ortografia teria de vir da memória dos alunos. A Figura 2.11 mostra o decorrer da aprendizagem de palavras nos primeiros cinco ensaios. O número máximo possível de acertos em cada ensaio era de seis palavras corretas. As duas linhas no alto mostram quão bem os alunos aprenderam a definição das palavras. Pode-se ver que as crianças que tinham visto a grafia lembravam-se melhor das definições do que as crianças que não tinham visto as grafias. As duas linhas mais baixas mostram quão bem os alunos lembraram-se da pronúncia das palavras. Pode-se ver que as crianças que foram expostas às grafias aprenderam muito melhor as pronúncias do que as crianças que não as tinham visto.

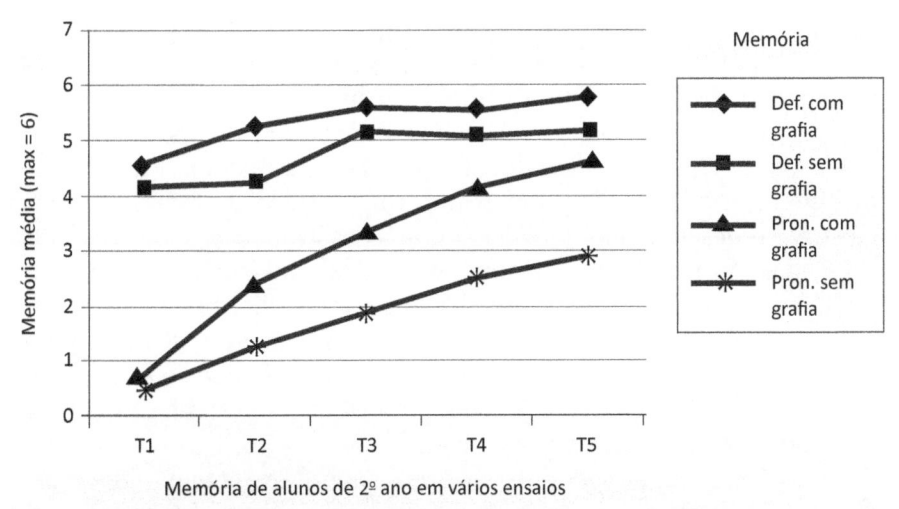

Figura 2.11 Número médio de definições e pronúncias lembradas corretamente em vários ensaios de aprendizagem por alunos do 2º ano do ensino fundamental que haviam ou não sido expostos a grafias.
Fonte: Rosenthal e Ehri (2008).

Um segundo experimento foi realizado para ver se o que havia sido descoberto para as crianças também acontecia com alunos mais velhos. Foram recrutados alunos do 5º ano, mas, desta vez, divididos em dois grupos que diferiam em relação à habilidade de ler e de escrever palavras: 14 bons leitores, que liam tão bem quanto alunos do 7º ano, e 18 alunos com habilidade mais baixa de leitura, equivalente àquela de alunos do 4º ano. As mesmas duas condições de treinamento foram avaliadas: com e sem a presença da grafia das palavras durante os ensaios de aprendizagem. Em cada condição, os alunos foram treinados com 10 palavras multissilábicas. Eles passaram por um máximo de oito ensaios para aprender a pronúncia e o significado de cada palavra. Exemplos das palavras utilizadas incluem *BARROW* (uma pequena colina), *WIMPLE* (uma touca de freiras), *TANDEM* (charrete de um ou dois cavalos atrelados um atrás do outro), *VIBRISSAE* (bigodes de gato). Esperava-se que a exposição à grafia das palavras beneficiasse a sua aprendizagem, como ocorrera no experimento anterior. Também esperava-se que os bons leitores, com melhor conhecimento do sistema grafofonêmico de escrita, se beneficiassem mais da exposição à grafia das palavras do que os alunos com menor conhecimento do sistema ortográfico. Isto porque os bons leitores seriam mais eficientes em formar conexões letra-som para reter as palavras na memória.

A Figura 2.12 mostra a aprendizagem da pronúncia das palavras durante os vários ensaios, pelos leitores de nível mais alto (bons leitores) e de nível mais baixo (leitores fracos). A maior pontuação possível em cada ensaio é de 10 palavras corretas. A memória dos bons leitores é mostrada por linhas marcadas com quadrados. A memória dos leitores fracos é mostrada por linhas marcadas com círculos. As linhas contínuas mostram o desempenho quando as grafias estavam presentes. As linhas tracejadas mostram o desempenho quando as grafias não eram vistas. É evidente que a aprendizagem da pronúncia foi melhor quando os alunos viram a grafia do que quando não a viram. A vantagem de ver a grafia foi evidente para os dois grupos de alunos. Além disso, os alunos que viram as grafias das palavras aprenderam melhor o seu significado do que os alunos que não foram expostos a elas.

Na Figura 2.12, pode-se ver o tamanho da vantagem criada pela exposição à grafia na aprendizagem da pronúncia das palavras, na medida em que os ensaios progrediram. Para os bons leitores, a vantagem se tornou cada vez maior do ensaio 1 ao 3. Pode-se ver isto comparando as duas linhas com quadrados – a contínua e a tracejada. Depois do terceiro ensaio, os escores ficaram muito próximos do máximo, o que impede a detecção de diferenças reais. Para os leitores mais fracos, a vantagem criada pela presença da grafia aparece, mas a diferença entre as duas condições não é tão grande. A diferença entre as linhas contínua e a tracejada com círculos aumentou com a progressão dos ensaios de aprendi-

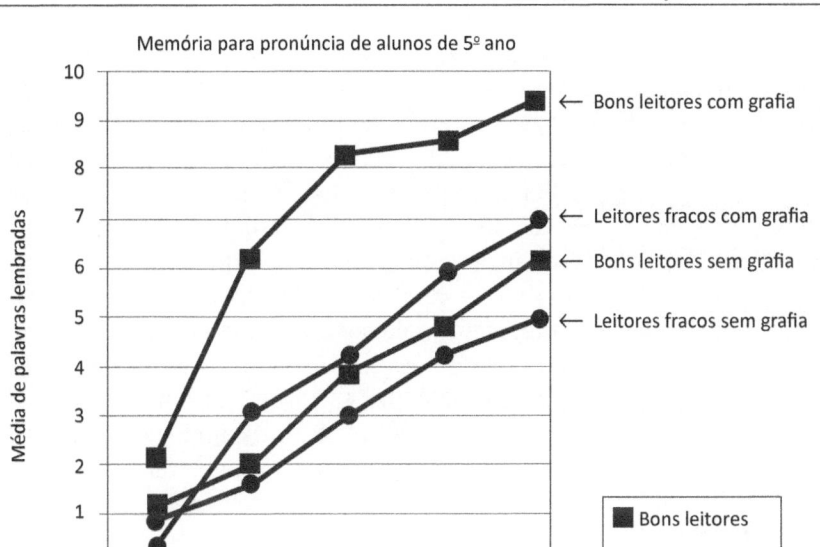

Figura 2.12 Número médio de pronúncias de palavras corretamente lembradas em vários ensaios por bons leitores e leitores fracos do 5º ano do ensino fundamental que haviam ou não sido expostos às grafias das palavras aprendidas.
Fonte: Rosenthal e Ehri (2008).

zagem, porém pouco. Isto parece ser um caso do "Efeito Mateus",* em que os ricos ficam cada vez mais ricos. Sugere que os alunos com maior conhecimento do sistema ortográfico adquirem um vocabulário cada vez maior em comparação aos alunos que têm menos conhecimento do sistema de escrita. Em outras palavras, a defasagem entre os leitores bons e os leitores fracos no conhecimento de vocabulário pode aumentar cada vez mais na medida em que os alunos avançam na escola.

N. de T.: Este termo foi cunhado na educação por Keith Stanovich, em 1986, baseado em um conceito da sociologia (MERTON, 1968). O nome do efeito vem de uma passagem do Novo Testamento, do evangelho de Mateus (25,29): "Porque ao que tem muito, será dado mais e terá mais ainda; mas ao que tem pouco, até esse pouco lhe será tirado". Stanovich usa o termo para mostrar que o sucesso inicial na leitura leva a um sucesso ainda maior posteriormente, já que as crianças que leem mais aprendem mais vocabulário, compreendem melhor o texto, e o desenvolvimento segue de forma exponencial. Já as crianças que têm dificuldade na aquisição da leitura tendem a evitar a leitura e, porque leem menos, têm menos oportunidade de desenvolver o vocabulário e a compreensão da linguagem escrita, aumentando ainda mais sua diferença em relação às crianças com boa habilidade de leitura.

As crianças da condição experimental, mas não as da condição de controle, às vezes faziam comentários sobre a grafia das palavras durante o treino, quando estavam tentando se lembrar da pronúncia das palavras na ausência de sua grafia. Algumas crianças disseram o nome das letras antes de pronunciar as palavras. Depois de pronunciar erroneamente uma palavra e então vê-la escrita, uma criança exclamou "Oh, eu escrevi errado!". Outra criança comentou "Eu sei que tem dois Es no final", quando estava tentando se lembrar de *hicatee*, um tipo de tartaruga. Estas observações fortalecem a alegação de que as grafias foram armazenadas e acessadas para facilitar a memória das pronúncias.

Pode-se tirar as seguintes conclusões sobre a aprendizagem de vocabulário: ver a grafia das palavras ajudou mais os alunos do 2º e 5º anos a se lembrarem da pronúncia e do significado de palavras novas do que não vê-la; os alunos com maior conhecimento do sistema de escrita se beneficiaram mais do que os alunos com menor conhecimento. Nossa explicação para estes resultados é que, quando os alunos foram expostos à grafia dos vocábulos, conexões grafofonêmicas foram ativadas. Isso fez com que o significado e a pronúncia das palavras ficassem armazenados de forma mais segura na memória.

É interessante notar que o efeito da ortografia sobre a memória foi incidental. Não foi pedido aos alunos que decodificassem as palavras. Na verdade, nem teriam que fazê-lo, já que ouviam as palavras pronunciadas tão logo elas eram mostradas. Tampouco foi chamado a atenção dos alunos para as grafias das palavras. Elas simplesmente apareciam nos cartões. Isto sugere que as relações de mapeamento grafofonêmico foram ativadas automaticamente enquanto os alunos praticavam repetidamente se lembrar das palavras nos vários ensaios e recebiam *feedback* corretivo. Pesquisas futuras poderiam examinar se a decodificação das ortografias contribuiria ainda mais para a aprendizagem de vocabulário.

Uma conclusão final destes estudos é que a ortografia beneficiou a ambos os grupos de alunos, de 2º e 5º anos e, assim, o efeito não está limitado, em termos de desenvolvimento, ao período inicial da leitura ou a níveis mais avançados, mas parece se estender a todos os níveis de leitura. O uso da ortografia para aprender novas palavras pode ser especialmente útil para alunos que estão aprendendo uma língua estrangeira. Muitos alunos que aprendem inglês como segunda língua relatam depender fortemente da leitura e da ortografia para aumentar seu vocabulário. Nossa teoria e nossos resultados evidenciam o valor dessas práticas.

Outro experimento sobre vocabulário foi realizado, mas este com foco na aprendizagem de vocabulário durante a leitura de textos (ROSENTHAL; EHRI, 2011). Acredita-se que os alunos construam muito do seu conhecimento sobre o vocabulário pela leitura de textos. Entretanto, quando leem textos independentemente, eles não leem em voz alta. Nossa teoria diz que, para reter novos vocábulos na memória, conexões devem ser formadas entre a grafia e a pronúncia das palavras. Mas, se os leitores estão lendo silenciosamente, será que ainda assim pronunciam para si mesmos as palavras desconhecidas? Ou será que simplesmente as pulam sem pronunciá-las? Se pulam as palavras desconhecidas, isto não irá ajudá-los a aprendê-las. Dada esta situação, pensou-se que a aprendizagem de vocabulário poderia ser favorecida pedindo-se aos estudantes que pronunciassem as palavras novas em voz alta durante a leitura silenciosa do texto. Isto poderia ajudá-los a formar conexões entre grafias, pronúncias e significados na memória. Isto levou ao experimento seguinte.

Foi planejado um estudo para ver o quanto os alunos aprendiam sobre palavras novas quando eles liam o texto silenciosamente. Oito das palavras-alvo do estudo anterior foram usadas e escritas passagens para cada uma delas. As passagens definiam, sublinhavam e repetiam as palavras três vezes, incluindo ainda um desenho ilustrando o seu significado. Elas também incluíam um sinônimo mais corriqueiro da palavra. Um exemplo mostrando uma destas passagens contendo a palavra *kerfuffle* (celeuma, confusão) é mostrado na Figura 2.13.

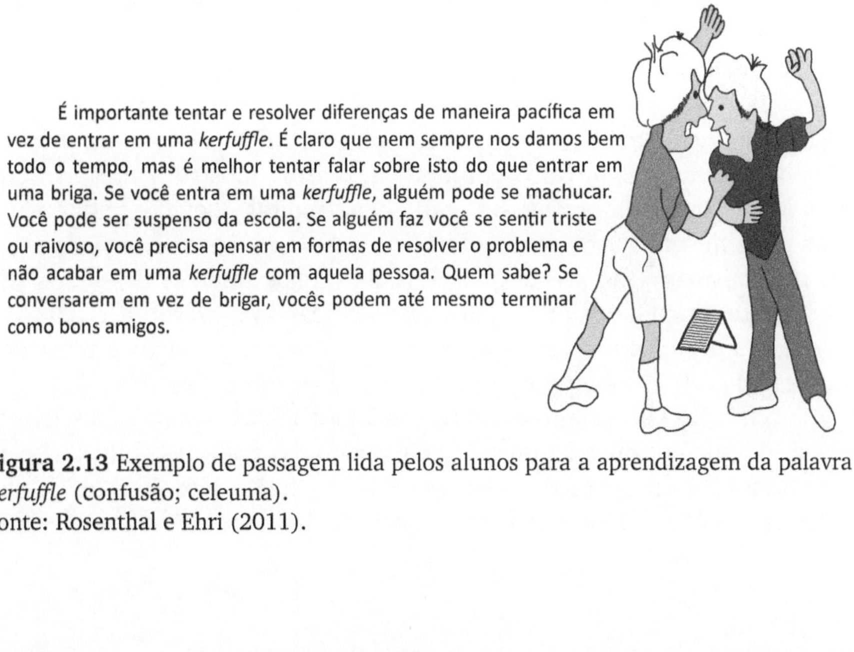

É importante tentar e resolver diferenças de maneira pacífica em vez de entrar em uma *kerfuffle*. É claro que nem sempre nos damos bem todo o tempo, mas é melhor tentar falar sobre isto do que entrar em uma briga. Se você entra em uma *kerfuffle*, alguém pode se machucar. Você pode ser suspenso da escola. Se alguém faz você se sentir triste ou raivoso, você precisa pensar em formas de resolver o problema e não acabar em uma *kerfuffle* com aquela pessoa. Quem sabe? Se conversarem em vez de brigar, vocês podem até mesmo terminar como bons amigos.

Figura 2.13 Exemplo de passagem lida pelos alunos para a aprendizagem da palavra *kerfuffle* (confusão; celeuma).
Fonte: Rosenthal e Ehri (2011).

Duas condições diferentes de treinamento foram criadas. Em ambos os grupos, os alunos leram as passagens para si mesmos e em silêncio. Porém, os alunos na condição Leitura de Palavra em Voz Alta foram orientados a pronunciar as palavras sublinhadas em voz alta quando elas aparecessem no texto. Os alunos na condição de Leitura Silenciosa de Palavra foram orientados a marcar a palavra sublinhada com um lápis se eles já a tivessem visto antes. Este procedimento assegurou que os alunos ao menos olhassem para as palavras. Após a leitura de cada passagem, os alunos eram solicitados a relatar a informação contida no texto para o examinador. Após lerem quatro das histórias, sua memória para as palavras era testada. Eles deveriam escutar as definições e lembrar a pronúncia das palavras, e pedia-se que se lembrassem da sua pronúncia. Eles também deveriam lembrar a grafia das palavras. Esperávamos que os alunos que tivessem pronunciado as palavras do vocabulário em voz alta as aprendessem melhor e com mais facilidade do que os alunos que haviam lido as palavras silenciosamente. Nossa ideia era que, ao decodificar as palavras em voz alta, o processo de formação de conexões seria fortalecido, o que levaria a um melhor armazenamento da pronúncia, ortografia e significado das palavras na memória.

A Figura 2.14 mostra o número médio de palavras lembradas pelos alunos na condição Leitura de Palavra em Voz Alta e na condição Leitura Silenciosa de Palavra. As duas primeiras barras da esquerda mostram se os alunos incluíram as palavras novas quando recontavam as histórias após sua leitura. Como se pode ver, aqueles que pronunciaram as palavras em voz alta usaram-nas muito mais frequentemente do que aqueles que não as pronunciaram. As barras do meio mostram o número médio de palavras que os alunos pronunciaram em resposta às definições. De novo, aqueles que leram as palavras em voz alta aprenderam suas pronúncias mais facilmente do que aqueles que leram as palavras silenciosamente. O terceiro conjunto de barras mostra a precisão com que os alunos se lembraram da grafia das palavras. É evidente que enunciar as palavras em voz alta melhorou a memória dos alunos para a grafia das mesmas. Observe-se que, durante o experimento, os alunos simplesmente leram as palavras. Eles não praticaram a escrita das palavras. Ainda assim, a leitura teve um impacto na ortografia. Isto é mais uma evidência do relacionamento íntimo entre a leitura e a escrita.

Também verificamos se encontraríamos efeitos maiores nos leitores fracos do que nos bons leitores. Imaginamos que os leitores mais fracos poderiam ser mais propensos a pular as palavras e a não decodificá-las quando lidas em silêncio e, assim, a aprendizagem na condição de leitura silenciosa

Alfabetização no século XXI **79**

A pronúncia de palavras desconhecidas em voz alta durante a leitura de textos ajudou alunos de 5º ano a aprendê-las

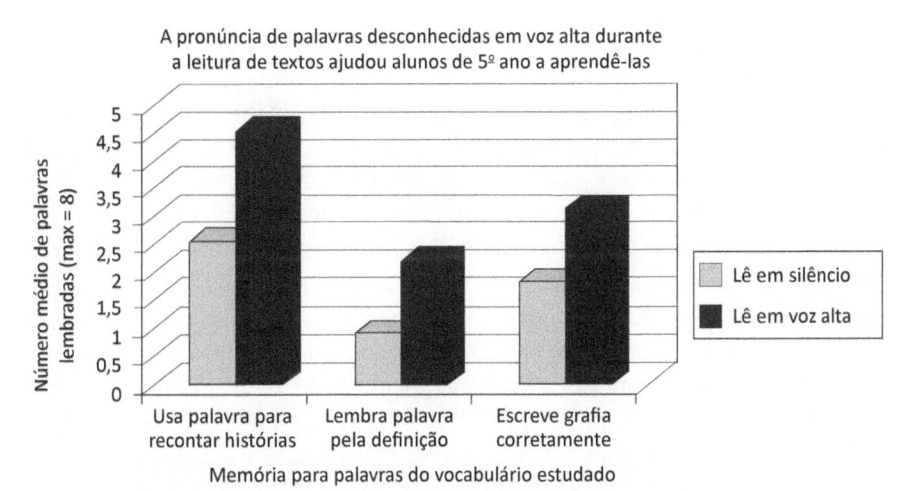

[Gráfico de barras: Número médio de palavras lembradas (max = 8), comparando "Lê em silêncio" e "Lê em voz alta" nas categorias: Usa palavra para recontar histórias, Lembra palavra pela definição, Escreve grafia corretamente. Memória para palavras do vocabulário estudado.]

Figura 2.14 Número médio de palavras produzidas, lembradas e escritas corretamente após a leitura de uma passagem durante a qual alunos do 5º ano pronunciavam ou não as palavras desconhecidas em voz alta.
Fonte: Rosenthal e Ehri (2011).

deveria ser muito reduzida. Foi exatamente isso o que encontramos. Os efeitos de magnitude favorecendo a condição de leitura em voz alta em relação à condição de leitura silenciosa foram maiores para os leitores mais fracos do que para os bons leitores, nas três medidas mostradas na Figura 2.14. Em dois casos, os efeitos de magnitude foram aproximadamente o dobro. Isso mostra que forçar os leitores mais fracos a dizer as palavras em voz alta foi especialmente benéfico. Eles conseguiam decodificar as palavras, mas pareciam menos inclinados a fazê-lo quando liam silenciosamente.

Os resultados desses estudos de aprendizagem de vocabulário permitem duas conclusões e implicações para a prática escolar. A primeira conclusão é que a exposição à grafia das palavras ajuda os estudantes a aprendê-las, comparativamente a somente ouvi-las e repeti-las. Isso sugere que os professores deveriam mostrar a grafia das palavras como parte da instrução de vocabulário, de forma a fomentar a aprendizagem dos alunos. A segunda conclusão é que a orientação dada aos alunos no sentido de pronunciar palavras novas em voz alta, de maneira a transformar letras em sons, ajuda-os a reter as pronúncias, grafias e significados das palavras na memória quando leem textos. Isto sugere que os alunos deveriam ser encorajados a pronunciar as palavras desconhecidas em voz alta, como uma estratégia de aprendizagem de vocabulário, em vez de pular palavras quando estão lendo textos silenciosamente e para si mesmos.

Em conclusão, a teoria e os resultados apresentados indicam a importância de se ensinar ao leitor iniciante o sistema de escrita alfabética e a sua utilização para ler e escrever palavras. Isso inclui a aprendizagem das formas e dos nomes das letras, a consciência dos segmentos fonêmicos que compõem as palavras, as correspondências grafema-fonema e a sua utilização para formar conexões entre grafias e pronúncias de palavras específicas. A aquisição desse conhecimento é essencial para o desenvolvimento das habilidades de leitura e escrita de palavras. As grafias das palavras não residem apenas nas páginas impressas; elas penetram na mente dos leitores para se tornarem amalgamadas às suas pronúncias e aos seus significados. Como resultado, influenciam o modo como os leitores pensam sobre os constituintes das palavras faladas, a maneira como eles pronunciam e relembram palavras e o quão facilmente aprendem palavras novas. É fundamental que as crianças recebam formas de instrução de leitura que as capacitem a adquirir estas habilidades de leitura e de escrita.

NOTA

1 Traduzido do inglês para o português por Simone R. Nunes de Carvalho, Ph.D., City University of New York.

REFERÊNCIAS

BHATTACHARYA, A.; EHRI, L. Graphosyllabic analysis helps adolescent struggling readers read and spell words. *Journal of Learning Disabilities*, v. 37, p. 331-348, 2004.
CARDOSO-MARTINS, C. The reading abilities of beginning readers of Brazilian Portuguese: implications for a theory of reading acquisition. *Scientific Studies of Reading*, v. 5, p. 289-317, 2001.
DE ABREU, M.; CARDOSO-MARTINS, C. Alphabetic access route in beginning reading acquisition in Portuguese: the role of letter-name knowledge. *Reading and Writing: an Interdisciplinary Journal*, v. 10, p. 85-104, 1998.
DEFIOR, S.; CARY, L.; MARTOS, F. Differences in reading acquisition development in two shallow orthographies: Portuguese and Spanish. *Applied Psycholinguistics*, v. 23, p. 135-148, 2002.
DRAKE, D.; EHRI, L. Spelling acquisition: effects of pronouncing words on memory for their spellings. *Cognition and Instruction*, v. 1, p. 297-320, 1984.
EHRI, L. Learning to read and spell words. *Journal of Reading Behavior*, v. 19, n. 1, p. 5-11, 1987.
EHRI, L. Development of sight word reading: phases and findings. In: SNOWLING, M.; HULME, C. (Ed.). *The science of reading, a handbook*. Malden: Blackwell, 2005a. p. 135-154.
EHRI, L. Grapheme-phoneme knowledge is essential for learning to read words in English. In: METSALA, J.; EHRI, L. (Ed.). *Word recognition in beginning literacy*. Mahwah: Erlbaum, 1998. p. 3-40.
EHRI, L. How orthography alters spoken language competencies in children learning to read and spell. In: DOWNING, J.; VALTIN, R. (Ed.). *Language Awareness and Learning to Read*. New York: Springer Verlag, 1984. p. 119-147.
EHRI, L. Learning to read and learning to spell are one and the same, almost. In: PERFETTI, C.; RIEBEN, L.; FAYOL, M. (Ed.). *Learning to spell*: research, theory and practice across languages. Mahwah: Erlbaum, 1997. p. 237-269.

EHRI, L. Learning to read words: theory, findings and issues. *Scientific Studies of Reading,* v. 9, p. 167-188, 2005b.
EHRI, L. Reconceptualizing the development of sight word reading and its relationship to recoding. In: GOUGH, P.; EHRI, L.; TREIMAN, R. (Ed.). *Reading acquisition.* Hillsdale: Erlbaum, 1992. p. 107-143.
EHRI, L. The development of orthographic images. In: FRITH, U. (Ed.). *Cognitive processes in spelling.* London: Academic Press, 1980. p. 311-338.
EHRI, L.; SALTMARSH, J. Beginning readers outperform older disabled readers in learning to read words by sight. *Reading and Writing: an Interdisciplinary Journal,* v. 7, p. 295-326, 1995.
EHRI, L.; WILCE, L. The influence of orthography on readers' conceptualization of the phonemic structure of words. *Applied Psycholinguistics,* v. 1, p. 371-385, 1980.
EHRI, L.; WILCE, L. Cipher versus cue reading: an experiment in decoding acquisition. *Journal of Educational Psychology,* v. 79, p. 3-13, 1987.
EHRI, L.; WILCE, L. Development of word identification speed in skilled and less skilled beginning readers. *Journal of Educational Psychology,* v. 75, p. 3-18, 1983.
EHRI, L.; WILCE, L. Movement into reading: is the first stage of printed word learning visual or phonetic? *Reading Research Quarterly,* v. 20, p. 163-179, 1985.
FROST, S. J. et al. Mapping the word reading circuitry in skilled and disabled readers. In: MCCARDLE, P.; PUGH, K. (Ed.). *Helping children learn to read:* current issues and new directions in the integration of cognition, neurobiology and genetics of reading and dyslexia research and practice. New York: Psychology Press, 2009. p. 3-19.
GUTTENTAGE, R.; HAITH, M. Automatic processing as a function of age and reading ability. *Child Development,* v. 49, p. 707-716, 1978.
MASONHEIMER, P.; DRUM, P.; EHRI, L. Does environmental print identification lead children into word reading? *Journal of Reading Behavior,* v. 16, p. 257-72, 1983.
MERTON, R. K. The Matthew effect in science. *Science,* v. 159, p. 56-63, 1968.
RAYNER, K.; POLLETSEK, A. *The psychology of reading.* Englewood Cliffs: Prentice Hall, 1989.
REITSMA, P. Printed word learning in beginning readers. *Journal of Experimental Child Psychology,* v. 75, p. 321-339, 1983.
ROSENTHAL, J.; EHRI, L. Pronouncing new words aloud during the silent reading of text enhances fifth graders' memory for vocabulary words and their spellings. *Reading and Writing: an Interdisciplinary Journal,* v. 24, n. 8, p. 921-950, 2011.
ROSENTHAL, J.; EHRI, L. The mnemonic value of orthography for vocabulary learning. *Journal of Educational Psychology,* v. 100, p. 175-191, 2008.
ROSINSKI, R.; GOLINKOFF, R.; KUKISH, K. Automatic semantic processing in a picture-word interference task. *Child Development,* v. 46, p. 247-253, 1975.
SHARE, D. Orthographic learning at a glance: on the time course and developmental onset of self-teaching. *Journal of Experimental Child Psychology,* v. 87, p. 267-298, 2004.
SHARE, D. Phonological recoding and self-teaching: sine qua non of reading acquisition. *Cognition,* v. 55, p. 151-218, 1995.
STANOVICH, K. Matthew effects in reading: some consequences of individual differences in the acquisition of literacy. *Reading Research Quarterly,* v. 21, n. 4, p. 360-407, 1986.
STROOP, J. Studies of interference in serial verbal reactions. *Journal of Experimental Psychology,* v. 18, p. 643-662, 1935.
TREIMAN, R.; BARON, J. Individual differences in spelling: the Phoenician-Chinese distinction. *Topics in Learning and Learning Disabilities,* v. 3, p. 33-40, 1983.
TUNMER, W.; NICHOLSON, T. The development and teaching of word recognition skill. In: KAMIL, M. et al. (Ed.). *Handbook of reading research.* New York: Routledge, 2011. v. IV, p. 405-431.
WIMMER, H.; HUMMER, P. How German-speaking first graders read and spell: doubts on the importance of the logographic stage. *Applied Psycholinguistics,* v. 11, p. 349-368, 1990.

3 Existe um estágio silábico no desenvolvimento da escrita em português? Evidência de três estudos longitudinais[1]

Cláudia Cardoso-Martins

As crianças começam a aprender sobre a língua escrita muito antes de irem para escola. Desde o início dos anos pré-escolares, elas são capazes de distinguir a escrita de outras formas de representação gráfica e usam as formas convencionais das letras, sobretudo daquelas que aparecem em seu nome, em suas escritas inventadas ou espontâneas. Elas também aprendem sobre os nomes e/ou sons das letras e, eventualmente, dão mostras de compreender que a escrita representa a fala. Uma questão da maior importância diz respeito ao desenvolvimento e às origens dessa compreensão. De acordo com um modelo teórico proeminente na América Latina – o modelo de Emilia Ferreiro (1989; 1990; 2009; FERREIRO; TEBEROSKY, 1986) –, o desenvolvimento dessa compreensão é o resultado de um longo processo de construção conceitual, podendo ser caracterizado em termos de estágios qualitativamente diferentes. Segundo um modelo alternativo, por outro lado, o desenvolvimento da escrita é mais adequadamente descrito em termos de mudanças graduais na habilidade de a criança conectar unidades fonológicas na pronúncia das palavras a unidades ortográficas pertinentes (EHRI, 1992; 1998; 2005; Capítulo 2 neste livro). No presente capítulo, será avaliada a adequação desses dois modelos para o caso do desenvolvimento da escrita em português.

As ideias de Ferreiro têm exercido profunda influência na instrução e na avaliação da leitura e da escrita na América Latina (CASTEDO; TORRES,

2011; COMISSÃO DE EDUCAÇÃO E CULTURA, 2007; OLIVEIRA; SILVA, 2011). Quase trinta anos após sua primeira edição brasileira, o livro *Psicogênese da língua escrita*, de Ferreiro e Teberosky (1986), continua sendo considerado um instrumento essencial para professores do ensino infantil e fundamental. Um argumento importante desse livro é que as crianças passam por três estágios principais ao longo do desenvolvimento da escrita. No Brasil, esses estágios são conhecidos como pré-silábico, silábico e alfabético (ver, por exemplo, GROSSI, 1990; WEISZ, 2000).

No estágio pré-silábico, a criança ainda é alheia ao fato de que a escrita representa os sons da fala. No entanto, ela já compreende a natureza simbólica da escrita e dedica um grande esforço intelectual na definição de suas características principais. São desse estágio dois dos princípios mais famosos de Ferreiro: o *princípio da quantidade mínima* e o *princípio de variações qualitativas*. De acordo com o primeiro, uma escrita deve conter um número mínimo de letras, que é, em geral, três. Mas não é suficiente que uma escrita tenha três letras para se qualificar como uma palavra. Ela deve também obedecer ao *princípio de variações internas*, ou seja, deve ser constituída por letras diferentes.

Tendo elaborado esses princípios, a criança volta sua atenção para critérios de diferenciação entre as escritas. Segundo Ferreiro (1989), a busca por esses critérios dá origem a uma verdadeira revolução conceitual – a compreensão de que a escrita representa a fala. Inicialmente, contudo, a criança acredita que as letras representam segmentos silábicos na pronúncia da palavra. Como consequência, escreve uma e uma única letra apenas para cada sílaba na palavra, escrevendo, por exemplo, *XYS* para a palavra *caballo* – cavalo – ou AIOA para *mariposa*. Essa hipótese é, aos poucos, desestabilizada e, após um período de transição caracterizado por escritas parcialmente silábicas e parcialmente alfabéticas (p. ex., CABLLO para *caballo* – cavalo – ou MRIPSA para *mariposa*), o estágio silábico cede lugar para o estágio alfabético propriamente dito, caracterizado por escritas em que todos os fonemas na pronúncia da palavra, sem exceção, são representados por letras fonologicamente apropriadas, ainda que convencionalmente incorretas.

O estágio silábico é, sem dúvida, o aspecto que mais claramente distingue o modelo de Ferreiro de outros modelos do desenvolvimento da escrita (ver, por exemplo, EHRI, 2005, FRITH, 1985). Embora nenhum outro modelo inclua um estágio ou estratégia semelhante, Ferreiro tem argumentado que o estágio silábico é um passo fundamental para o desenvolvimento da escrita. A razão para isso é que, ao centrar a atenção da criança nas diferenças e semelhanças fonológicas entre as palavras, a hipótese silábica cria as condições necessárias para a descoberta do princípio alfabético (Ferreiro, 1989; 2009; Molinari; Ferreiro, 2007). Conforme observado a seguir, no entanto, não é claro que as escritas silábicas resultem da crença infantil de que as letras representam sílabas inteiras na pronúncia das palavras, nem, tampouco, que constituam a primeira manifestação da compreensão de que a escrita representa a fala.

Com efeito, Cardoso-Martins e Batista (2005) apresentaram uma explicação diametralmente oposta à de Ferreiro para essas escritas. Especificamente, essas pesquisadoras argumentaram que, em vez do ponto de partida para a descoberta do princípio alfabético, a escrita silábica é, ela própria, o resultado da compreensão da criança de que as letras representam pequenos segmentos sonoros e da sua tentativa de representar os sons que ela é capaz de detectar na pronúncia das palavras. De acordo com essa explicação, a criança que escreveu AIOA para *mariposa* (Ferreiro, 1989) estava provavelmente tentando representar os fonemas contidos na palavra, mas só foi capaz de detectar e representar /a/, /i/, /o/, /a/.

Essas pesquisadoras basearam o seu argumento em um estudo que avaliou a frequência de escritas silábicas em dois grupos de crianças em idade pré-escolar: um grupo de crianças cujas escritas eram constituídas por letras aparentemente arbitrárias, isto é, letras que não guardavam qualquer relação com os sons na pronúncia das palavras (p. ex., IJPQ para *gaveta*) e um grupo de crianças cujas escritas mostravam o início da compreensão de que as letras representam sons na pronúncia das palavras (p. ex., Z ou ZA para *zebra*). Conforme seria esperado, com base na hipótese de que as escritas silábicas resultam da tentativa da criança de representar os sons que ela é capaz de detectar na pronúncia da palavra, o número de escritas silábicas foi significativamente maior entre as crianças do segundo grupo do que entre aquelas do primeiro ($M = 14,5$ *vs.* 6,36, respectivamente, de um total de 30 escritas possíveis). Além disso, ao contrário do que seria esperado com base na hipótese de que a escrita silábica é a primeira manifestação da compreensão de que a escrita representa a fala, Cardoso-Martins e Batista encontraram indícios dessa compreensão nas chamadas escritas pré-silábicas, isto é, escritas em que o número de letras não correspondia ao número de sílabas nas palavras e que, tampouco, podiam ser classificadas como silábico-alfabéticas ou alfabéticas (p. ex., Z para *zebra* ou TI para *telefone*). Conforme esses exemplos ilustram, essas escritas começavam frequentemente com uma letra fonologicamente apropriada – isto é, uma letra que correspondia a um som no início da pronúncia da palavra.

Em uma análise adicional, Cardoso-Martins e Batista (2005) avaliaram a natureza das letras nas escritas das crianças que apresentaram 20 ou mais escritas silábicas. Em conformidade com os resultados descritos anteriormente, o número de letras fonologicamente apropriadas (proporção média = 0,76) foi muito superior ao número de letras arbitrárias. Setenta e quatro por cento das letras fonologicamente apropriadas eram letras cujos nomes podiam ser detectados na pronúncia das palavras (p. ex., IAU, para *riacho*, AAUA para *tartaruga*, ZA para *zebra*, AK para *faca*, AU para *dado*). Como esses exemplos revelam, em português e também em espanhol (p. ex., a escrita AIOA para *mariposa* mencionada anteriormente), essas letras correspondem frequentemente às vogais (ver Ferreiro, 1989, 2009, para exemplos desse tipo de escrita silábica em espanhol). Tendo em vista a evidência de que as crianças pequenas baseiam-se em seu conhecimento do nome das letras para escrever palavras no início do desenvolvimento da escrita (Levin et al., 2002; Treiman et al., 1996) e visto que, por definição, só existe uma vogal por sílaba, não é surpreendente que as escritas inventadas das crianças falantes do português e do espanhol sejam algumas vezes silábicas.

Essas observações sugerem que, em vez dos estágios descritos por Ferreiro (1989; 1990; 2009), a evolução da escrita seria mais apropriadamente descrita em termos de mudanças graduais na habilidade da criança de detectar e representar sons na pronúncia da palavra por unidades ortográficas fonologicamente apropriadas. Ehri (1992, 1998; Capítulo 2, neste livro) apresenta uma descrição dessa natureza para o desenvolvimento da habilidade de escrever palavras de crianças cuja língua materna é o inglês. De acordo com o seu modelo, o desenvolvimento da escrita nesse idioma acontece através de quatro fases, cada uma delas caracterizada por uma estratégia predominante, embora de forma alguma exclusiva: pré-alfabética, parcialmente alfabética, alfabético-completa e alfabético-consolidada.

No início, quando a criança ainda não conhece os nomes e os sons das letras, as letras nas suas escritas não parecem corresponder a sons na pronúncia das palavras. Gradualmente, no entanto, como resultado da aprendizagem dos nomes e/ou sons das letras e do desenvolvimento da consciência fonológica, as crianças começam a compreender que as letras representam sons. Inicialmente, contudo, elas só são capazes de representar alguns sons na pronúncia das palavras, em geral, apenas um som no início ou um som no início e um som no final da palavra. Por exemplo, Ehri (1998) cita o caso de uma criança que escreveu JL para a palavra inglesa *jail* – cadeia. Ehri denominou esse tipo de escrita como parcialmente alfabética para distingui-la do processamento grafofonêmico exaustivo característico da fase ou estratégia alfabético-completa.

Na fase final, a fase alfabético-consolidada, a criança é capaz de operar com correspondências envolvendo unidades maiores do que o grafema e o fonema, como, por exemplo, morfemas e sílabas ou parte de sílabas (p. ex., a sequência de letras *ão* para o segmento sonoro /aw/ em palavras como *mão, chão, anão, leão,* etc.).

No presente capítulo, descrevemos os resultados de três estudos longitudinais elaborados pelo Laboratório de Desenvolvimento Cognitivo e da Linguagem do Departamento de Psicologia da UFMG, com o objetivo de investigar o desenvolvimento da escrita em português à luz dos modelos de Ferreiro e de Ehri. Conforme relatamos a seguir, os resultados desses estudos, sem exceção, sugerem que o modelo de Ehri oferece uma descrição mais adequada do desenvolvimento da escrita em português do que o modelo de Ferreiro. Em primeiro lugar, e de certa forma inesperadamente, um número relativamente pequeno de crianças deu mostras de passar pelo estágio silábico ao longo do desenvolvimento da escrita. Por outro lado, praticamente todas as crianças que progrediram até a fase alfabética no decorrer dos três estudos passaram antes pela fase parcialmente alfabética. Além disso, em conformidade com a hipótese de que as escritas silábicas resultam da compreensão, ainda que incipiente, de que as letras representam fonemas na pronúncia das palavras, as escritas silábicas das crianças classificadas como silábicas correspondiam, quase sempre, às escritas que Ehri tem denominado como parcialmente alfabéticas.

O PRIMEIRO ESTUDO

Vinte crianças (onze meninas, nove meninos), provenientes de famílias de nível socioeconômico médio-alto ou alto, participaram do estudo (Cardoso-Martins et al., 2006, Estudo 1). No início do estudo, as crianças tinham, em média, 4 anos e 5 meses de idade (DP = 3,88 meses) e nenhuma foi capaz de ler nenhuma palavra de uma lista de 30 palavras frequentes em livros para crianças. Todas estavam matriculadas em classes de educação infantil de uma escola particular na cidade de Belo Horizonte, MG.

O estudo foi longitudinal e as crianças foram avaliadas em cinco ocasiões diferentes: no meio e no final do primeiro e segundo anos da pré-escola, e no meio do terceiro ano da pré-escola ou antigo pré-primário. Embora as crianças fossem expostas a atividades relacionadas à leitura e à escrita como parte do seu programa pedagógico, a instrução formal da leitura e da escrita teve início apenas no terceiro ano do estudo. A última avaliação ocorreu aproximadamente 3-4 meses após o início da alfabetização. Nessa ocasião, a idade das crianças era, em média, 78,19 meses ($DP = 5,12$) e todas já haviam começado a ler.

Em cada avaliação, as crianças foram solicitadas a escrever uma lista de palavras de duas a cinco sílabas. Trinta palavras foram ditadas nas três últimas avaliações, 20 na primeira e 18 na segunda. De modo geral, apenas palavras relativamente infrequentes em livros infantis foram incluídas no teste (p. ex., *chefe, xerife, beterraba,* etc.). A maioria, contudo, correspondia a palavras encontradas no vocabulário de crianças pequenas. Para não cansar a criança, metade das palavras foi ditada em um dia e metade em outro. Pela mesma razão, um número menor de palavras foi ditado nas primeiras duas ocasiões.

Em cada ocasião, as crianças eram solicitadas a escrever as palavras da melhor maneira possível. Caso a criança dissesse que não sabia escrever uma ou mais palavras, era dito que não se esperava que ela escrevesse corretamente e que de modo algum ela seria penalizada caso escrevesse incorretamente.

O desenvolvimento da escrita, segundo o modelo de Ferreiro

Para avaliar o desenvolvimento inicial da escrita, segundo a teoria de Ferreiro, as escritas das crianças foram classificadas de acordo com três níveis diferentes: pré-silábico, silábico e alfabético. Para cada uma das cinco ocasiões, uma criança era classificada em um desses níveis quando mais da metade das suas escritas correspondia a escritas daquele nível. Em casos de empate entre dois níveis, a criança era classificada no nível menos avançado.

O nível pré-silábico consistia de escritas que não podiam ser classificadas nem como silábicas nem, tampouco, como alfabéticas. Exemplos incluem APHJM para *queijo* e DLLEB para *girafa*.

As escritas silábicas eram aquelas em que o número de letras correspondia ao número de sílabas na palavra. As escritas AEM para *girafa*, TICA para *telefone* e FQ para *figo* são exemplos de escritas classificadas como silábicas.

Finalmente, o nível alfabético consistia de escritas em que todos os sons na pronúncia da palavra eram representados por uma letra fonologicamente apropriada, mesmo que convencionalmente incorreta (p. ex., GIPI para *jipe*). Escritas em que o número de sons representados por letras fonologicamente apropriadas era superior ao número de sons não representados ou representados inapropriadamente (p. ex., VIA para *veia*, GIRAGOU para *girassol*, ou ainda QEIO para *queijo*) foram também incluídas nesse nível, já que essas escritas ocorreram frequentemente ao lado das escritas completamente alfabéticas descritas anteriormente. Uma letra foi considerada foneticamente apropriada caso representasse o som em questão em outras palavras da língua portuguesa, mesmo que apenas em outros contextos ortográficos. Por exemplo, a letra *u* no final de GIRAGOU foi considerada fonologicamente apropriada, uma vez que ela é frequentemente usada para representar o som /w/ (p. ex., *pau*, *chapéu*, etc.). Algumas trocas de letras – como, por exemplo, o uso da letra *c* ou *q* para representar o fonema /g/ (ou o uso da letra *g* para representar o fonema /k/) foram consideradas fonologicamente apropriadas. Em todos os casos, a troca envolvia sons que diferem apenas em relação ao traço da sonorização. Esse é o caso das consoantes /k/ e /g/. Ambas são semelhantes no que diz respeito ao modo e ao ponto da articulação, diferindo apenas em relação à vibração (sonorização) das cordas vocais quando o ar passa pela laringe.

A Figura 3.1 ilustra o número de crianças classificadas em cada um dos três níveis, separadamente para cada avaliação. A figura também ilustra as mudanças que ocorreram entre uma avaliação e outra. As setas horizontais indicam o número de crianças que permaneceram no mesmo nível, enquanto as setas diagonais indicam o número de crianças que mudaram de nível de uma avaliação para outra. As setas descendentes representam mudanças para níveis mais avançados; as setas ascendentes, por outro lado, indicam regressões, ou seja, mudanças para níveis menos avançados de escrita.

Apenas sete crianças foram classificadas como silábicas ao longo de todo o estudo (uma criança foi classificada como silábica em duas

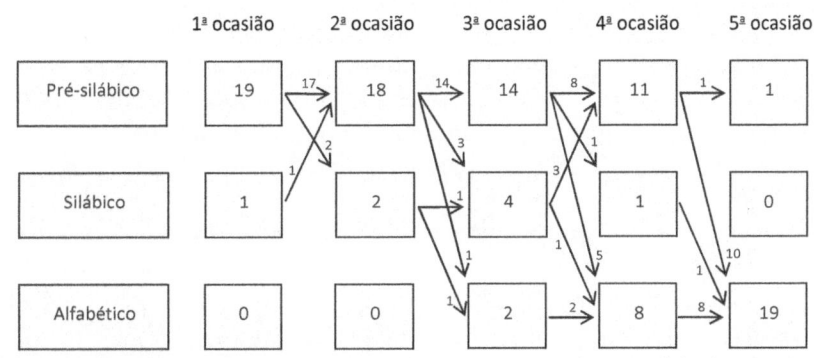

	1ª ocasião	2ª ocasião	3ª ocasião	4ª ocasião	5ª ocasião
Pré-silábico	19	18	14	11	1
Silábico	1	2	4	1	0
Alfabético	0	0	2	8	19

Figura 3.1 Estudo 1: O desenvolvimento da escrita, segundo o modelo de Ferreiro.
Fonte: Cardoso-Martins et al. (2006).

ocasiões diferentes e seis em apenas uma das cinco ocasiões). A maioria das crianças aparentemente "pulou" o estágio silábico, isto é, passou diretamente do nível pré-silábico para o nível alfabético. Se considerarmos que quatro das sete crianças classificadas como silábicas voltaram a ser classificadas como pré-silábicas, em uma avaliação posterior àquela em que foram classificadas como silábicas, 84% das crianças foram do estágio pré-silábico diretamente para o estágio alfabético.

O desenvolvimento da escrita, segundo o modelo de fases de Ehri

Para avaliar a adequação do modelo de Ehri para o desenvolvimento da escrita em português, as escritas das crianças foram classificadas em função de três níveis: pré-alfabético, parcialmente alfabético e alfabético-completo. Uma criança foi designada para cada um desses níveis quando mais da metade de suas escritas havia sido classificada naquele nível. Nos poucos casos em que nenhum nível compreendia mais da metade das escritas, a criança foi designada para o nível contendo o maior número de escritas. Uma exceção a essa regra ocorreu em casos em que, embora a criança tivesse produzido um número maior de escritas pré-alfabéticas do que de escritas parcialmente alfabéticas ou alfabéticas, a soma desses dois tipos de escritas era superior ao número de escritas pré-alfabéticas. Nesses casos, a criança era designada para o nível (parcialmente alfabético ou alfabético) com o maior número de escritas. Finalmente, em casos em que metade das escritas havia sido classificada em um nível e metade em outro, a criança era designada para o nível menos avançado.

Como é evidente nas Figuras 3.1 e 3.2, os modelos de Ferreiro e de Ehri diferem apenas em relação aos dois primeiros níveis. O nível pré-alfabético consistia de escritas que não revelavam nenhum sinal de compreensão de que as letras representam sons na pronúncia das palavras. Exemplos incluem as escritas DLLEB para *girafa* e VIOBORPOD para *cabelo*.

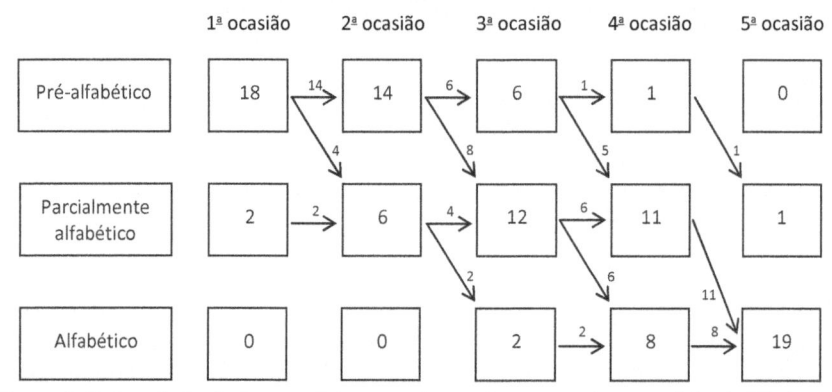

	1ª ocasião	2ª ocasião	3ª ocasião	4ª ocasião	5ª ocasião
Pré-alfabético	18 →14→	14 →6→	6 →1→	1	0
Parcialmente alfabético	2 →2→	6 →4→	12 →6→	11	1
Alfabético	0	0	2 →2→	8 →8→	19

Figura 3.2 Estudo 1: O desenvolvimento da escrita, segundo o modelo de Ehri. Fonte: Cardoso-Martins et al. (2006).

As escritas parcialmente alfabéticas, por outro lado, revelavam o início dessa compreensão. Uma escrita foi classificada como parcialmente alfabética quando sua primeira letra representava a primeira consoante ou vogal na pronúncia da palavra, de modo convencional ou fonologicamente apropriado. Exemplos incluem TAP para *telefone*, IADCHJ para *chicote* e VPRADTJI para *veia*. Embora apenas a primeira letra na escrita da palavra tenha sido levada em consideração na codificação de uma escrita como parcialmente alfabética, em muitos casos mais de um som na pronúncia da palavra era representado de forma apropriada (p. ex., as escritas ZA ou ZR para *zebra*). Em nenhum caso, no entanto, uma escrita codificada como parcialmente alfabética representava mais da metade dos sons na pronúncia da palavra com letras convencionais ou fonologicamente apropriadas.

Como pode ser visto na Figura 3.2, o modelo de fases de Ehri parece oferecer uma descrição mais adequada do desenvolvimento inicial da escrita em português do que o modelo de estágios de Ferreiro. Em particular, o nível parcialmente alfabético apareceu como um nível intermediário entre o nível pré-alfabético e o nível alfabético em 17 das 18 crianças cuja escrita, classificada como pré-alfabética na primeira avaliação, evoluiu para a fase alfabética ao longo do estudo.

Uma análise das Figuras 3.1 e 3.2 revela ainda que várias crianças classificadas como pré-silábicas de acordo com o modelo de Ferreiro foram classificadas como parcialmente alfabéticas de acordo com o modelo de Ehri. Além de questionar a hipótese de Ferreiro de que a escrita silábica é a primeira manifestação da compreensão de que a escrita representa a fala, esses resultados ajudam a explicar o número relativamente elevado de crianças que aparentemente pularam o estágio silábico no curso do desenvolvimento da escrita. Da mesma maneira, e tendo em vista que as escritas silábicas, assim como as escritas pré-silábicas, eram, em muitos casos, parcialmente alfabéticas, é compreensível que algumas crianças tenham sido classificadas no estágio silábico em uma avaliação e no estágio pré-silábico na avaliação seguinte.

Qual é a natureza das escritas silábicas?

Conforme observamos anteriormente, Cardoso-Martins e Batista (2005) sugeriram que as escritas silábicas resultam da tentativa da criança de representar sons na pronúncia das palavras por letras fonologicamente apropriadas. Como, inicialmente, ela só é capaz de detectar alguns desses sons, algumas de suas escritas serão acidentalmente silábicas. Essa hipótese prediz uma conexão estreita entre as escritas silábicas e a habilidade incipiente das crianças de representar relações letra-som em suas escritas.

Em conformidade com essa hipótese, com exceção de uma única avaliação, todas as avaliações classificadas como silábicas foram também classificadas como parcialmente alfabéticas de acordo com o modelo de Ehri, uma diferença significativa pelo teste binomial unilateral ($p < 0,05$). Com efeito, conforme descreveremos a seguir, a maioria das letras nas escritas silábicas produzidas nessas avaliações representava sons na pronúncia da palavra de forma apropriada.

Com o objetivo de avaliar a natureza da escrita silábica, as letras nas escritas silábicas das crianças consideradas silábicas foram classificadas como arbitrárias ou fonologicamente apropriadas. Uma letra era tida como arbitrária caso não demonstrasse qualquer relação com um som na pronúncia da sílaba que ela presumivelmente representava. Esse foi o caso, por exemplo, da letra R na escrita KIRI para *canivete*. As letras fonologicamente apropriadas foram classificadas como nome ou som de letra. No primeiro caso, o nome da letra podia ser escutado na pronúncia da palavra (p. ex., as letras *k* e *i* no exemplo anterior). Todas as demais letras fonologicamente apropriadas foram codificadas como som de letra. Na maior parte dos casos, essas letras representavam sons contidos no nome da letra (p. ex., a letra *d* na escrita DOI para *dado* aparentemente representa o fonema /d/, contido no nome da letra, isto é, /de/). Exceções a esse padrão incluem o uso das letras *e* e *o* para representar os fonemas /e/ e /o/, os quais não estão contidos no nome dessas letras (/ɛ/ e /ɔ/, respectivamente).

Os resultados dessas análises mostraram que a maioria das letras nas escritas silábicas das crianças classificadas como silábicas era fonologicamente apropriada (proporção média = 0,69). De fato, com exceção de uma única criança, todas apresentaram um número maior de letras fonologicamente apropriadas do que de letras arbitrárias em suas escritas, uma diferença significativa pelo teste binomial ($p < 0,05$). Além disso, em conformidade com os resultados encontrados por Cardoso-Martins e Batista (2005), a maioria das letras fonologicamente apropriadas correspondia a letras cujos nomes podiam ser detectados na pronúncia das palavras. Como pode ser visto no Quadro 3.1, nomes de vogais foram muito mais frequentes do que nomes de consoantes, um resultado dificilmente surpreendente se levarmos em consideração que os nomes de vogais ocorrem muito mais frequentemente na pronúncia das palavras em português do que os nomes de consoantes (Cardoso-Martins; Resende; Rodrigues, 2002).

Quadro 3.1 Proporção média de letras fonológicas codificadas como nome de letra ou som de letra nas escritas silábicas das crianças silábicas nos Estudos 1, 2 e 3 (desvio padrão entre parênteses)

Estudo	Nome de letra		Som de letra	
	Consoante	Vogal	Consoante	Vogal
Estudo 1 (n = 8)	0,10 (0,06)	0,59 (0,16)	0,21 (0,16)	0,09 (0,14)
Estudo 2 (n = 13)	0,13 (0,08)	0,62 (0,11)	0,08 (0,08)	0,17 (0,12)
Estudo 3 (n = 10)	0,09 (0,05)	0,54 (0,23)	0,16 (0,17)	0,21 (0,09)

Fonte: A autora.

Uma possível objeção a este estudo é que ele incluiu uma amostra muito pequena. Ademais, apenas crianças de nível socioeconômico médio-alto ou alto, matriculadas em uma única escola particular, participaram do estudo. O estudo descrito a seguir (Cardoso-Martins et al., 2006, Estudo 2) procurou corrigir essas limitações.

O SEGUNDO ESTUDO

Cento e vinte e quatro crianças (64 meninos, 60 meninas) foram recrutadas para o estudo: 44 crianças estavam matriculadas em classes do 2º ano da pré-escola de duas escolas particulares em Belo Horizonte, MG. No início do estudo, sua idade era, em média, 62,98 meses ($DP = 3,31$). As demais crianças estavam matriculadas em duas escolas públicas na mesma cidade: 33 em classes do 2º ano da pré-escola e 47 em classes do antigo pré-primário. Sua idade era, em média, 62,61 ($DP = 4,82$) e 73,36 ($DP = 5,43$) meses, respectivamente. Apenas crianças que leram três ou menos palavras em um teste de leitura de palavras frequentes em livros infantis, administrado no início do estudo, foram incluídas na amostra. Esse procedimento foi adotado com o objetivo de maximizar as chances de encontrarmos escritas silábicas entre os participantes.

A habilidade de escrita foi avaliada em duas ocasiões diferentes: no final do primeiro e no final do segundo semestre do ano letivo. Em ambas as ocasiões, as crianças foram solicitadas a escrever uma lista de palavras de uma a quatro sílabas, da melhor maneira que pudessem. Apenas palavras comuns no vocabulário de crianças em idade pré-escolar, mas com frequência relativamente pequena em livros infantis, foram incluídas no teste (p. ex., *flor, bico, barata, telefone*). Doze palavras foram ditadas na primeira ocasião e 14 na segunda. Para a segunda ocasião, uma palavra monossilábica foi excluída da lista e três novas palavras, uma de duas, uma de três e uma de quatro sílabas, foram incluídas. Esperávamos, com esse procedimento, aumentar o número de escritas silábicas, uma vez que o princípio de quantidade mínima poderia interferir com a tendência de a criança escrever palavras monossilábicas silabicamente. Exatamente os mesmos procedimentos utilizados no primeiro estudo foram usados na codificação das escritas e na classificação das crianças de acordo com os modelos de Ferreiro e Ehri.

Os resultados foram virtualmente idênticos aos resultados encontrados no primeiro estudo. Como pode ser visto na Figura 3.3, relativamente poucas crianças foram classificadas como silábicas: uma criança foi classificada como silábica em ambas as ocasiões, e quatro e sete crianças foram classificadas como silábicas na primeira e na segunda ocasião, respectivamente. Além disso, tal como ocorreu no primeiro estudo, muitas crianças aparentemente não passaram pelo estágio silábico. Especificamente, das 36 crianças pré-silábicas na primeira avaliação que progrediram para níveis mais avançados na segunda, apenas sete progrediram para o estágio silábico. Vinte e nove crianças (isto é, 81%) progrediram diretamente para o estágio alfabético, uma diferença estatisticamente significativa pelo teste binomial ($p < 0{,}001$).

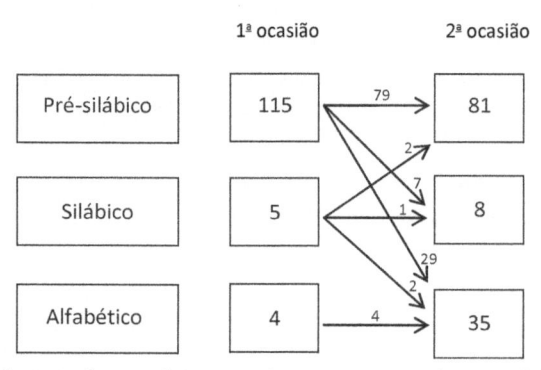

```
                    1ª ocasião        2ª ocasião

  Pré-silábico         115  ──79──▶      81
                             ╲2╱
                             ╱ ╲7
  Silábico              5  ──1──▶         8
                             ╲29
                              ╲2
  Alfabético            4  ──4──▶        35
```

Figura 3.3 Estudo 2: O desenvolvimento da escrita, segundo o modelo de Ferreiro.
Fonte: Cardoso-Martins et al. (2006).

Por outro lado, 68 crianças foram classificadas como parcialmente alfabéticas: 15 crianças em ambas as ocasiões e 53 na primeira ou na segunda. Em acentuado contraste com os resultados obtidos para o estágio silábico, relativamente poucas crianças deixaram de passar pelo nível parcialmente alfabético. De fato, das 40 crianças classificadas como pré-alfabéticas na 1ª ocasião e que progrediram para um nível mais avançado na segunda, um número significativamente maior progrediu para o nível parcialmente alfabético (N = 30) do que para o nível alfabético (N = 10; $p < 0{,}01$, teste binomial). Esses resultados estão ilustrados na Figura 3.4.

```
                         1ª ocasião       2ª ocasião

  Pré-alfabético            82  ──42──▶      44
                                  ╲30
                                  ╱2
  Parcialmente              38  ──15──▶      45
  alfabético                    ╲21
                                 ╲10
  Alfabético                 4  ──4──▶       35
```

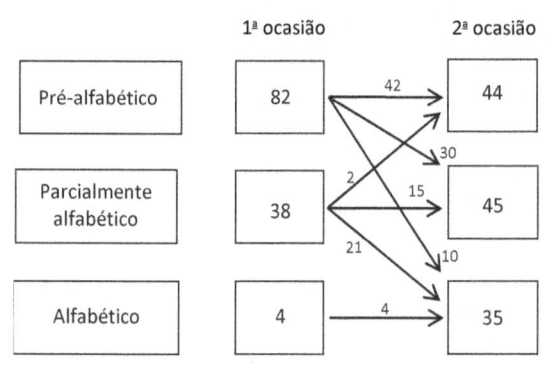

Figura 3.4 Estudo 2: O desenvolvimento da escrita, segundo o modelo de Ehri.
Fonte: Cardoso-Martins et al. (2006).

Uma explicação para o número relativamente elevado de crianças que progrediram diretamente do estágio pré-silábico para o estágio alfabético no modelo de Ferreiro tem a ver com a natureza das escritas pré--silábicas. Tal como ocorreu no primeiro estudo, muitas crianças classificadas como pré-silábicas de acordo com o modelo de Ferreiro – precisamente, 29% e 45% na 1ª e na 2ª avaliações, respectivamente – já evidenciavam indícios da compreensão de que as letras representam sons na pronúncia das palavras e foram, portanto, classificadas como parcialmente alfabéticas de acordo com o modelo de Ehri.

Em ambos os sistemas de classificação, duas crianças classificadas no nível intermediário na 1ª ocasião regrediram para o nível inicial na 2ª. No entanto, embora o mesmo número de crianças tenha regredido ou progredido no caso do modelo de Ferreiro, um número significativamente maior de crianças progrediu para o nível alfabético do que regrediu para o nível pré-alfabético, no caso do modelo de Ehri ($p < 0,001$, teste binomial).

Qual é a natureza das escritas silábicas?

Novamente, nossos resultados sugerem que as escritas silábicas são mais apropriadamente concebidas como escritas parcialmente alfabéticas do que como o resultado da crença de que as letras correspondem a sílabas inteiras. Tal como no primeiro estudo, a imensa maioria das crianças classificadas como silábicas, de acordo com o modelo de Ferreiro, foram classificadas como parcialmente alfabéticas, de acordo com o modelo de Ehri. Especificamente, apenas uma das 13 crianças designadas para o estágio silábico no presente estudo foi classificada como pré-alfabética no modelo de Ehri. Todas as outras (92%) foram classificadas como parcialmente alfabéticas, uma diferença altamente significativa pelo teste binomial ($p < 0,001$).

Além disso, a maioria das letras nas escritas silábicas das crianças classificadas como silábicas correspondia a letras fonologicamente apropriadas (proporção média = 0,80). Com efeito, em apenas um caso o número de letras arbitrárias foi superior ao número de letras fonologicamente apropriadas, uma diferença significativa pelo teste binomial ($p < 0,01$). Como no primeiro estudo, nomes de letras, sobretudo das vogais, ocorreram mais frequentemente do que sons de letras. Isso foi verdade para todos os casos classificados como silábicos.

É pouco provável que esses resultados e, em particular, o número relativamente pequeno de crianças classificadas como silábicas possam ser explicados em termos de alguma característica idiossincrática das crianças que participaram do estudo. Conforme observado anteriormente, o estudo incluiu uma amostra relativamente grande de crianças com diferentes tipos de experiência escolar. É possível, não obstante, que um número maior de escritas silábicas tivesse sido observado caso houvesse uma avaliação das crianças mais frequentemente e por um período mais longo de tempo. Com efeito, Martins e Silva (2001; 2006) têm relatado uma prevalência maior de crianças que escrevem silabicamente em português do que a que encontramos nos dois estudos descritos até aqui. Em vista disso, no estudo descrito a seguir, procurou-se maximizar as chances de observar escritas silábicas. Para tanto, apenas crianças cujas escritas assemelhavam-se às chamadas escritas pré-silábicas no início do estudo foram incluídas no estudo. Além disso, a avaliação da escrita ocorreu em várias ocasiões diferentes ao longo de um período relativamente longo de tempo.

O TERCEIRO ESTUDO

Os dados para este estudo foram coletados como parte de um estudo longitudinal sobre os precursores do desenvolvimento da leitura e da escrita em português. Apenas os resultados para as 56 crianças classificadas como pré-silábicas no início do estudo e que já haviam começado a escrever alfabeticamente por ocasião do final do estudo são descritos a seguir (ver Cardoso-Martins; Corrêa, 2013, para uma descrição detalhada deste estudo).

No início do estudo, as crianças tinham em torno de 4 anos ($M = 51$ meses, $DP = 3,94$) e todas estavam matriculadas em classes do primeiro ano da pré-escola de quatro escolas particulares na cidade de Belo Horizonte, MG. Com exceção de sete crianças que leram uma ou duas palavras em uma lista de 15 palavras muito frequentes em livros infantis (p. ex., *casa*, *mamãe*, etc.), as crianças ainda não haviam começado a ler no início do estudo. No final do estudo, as crianças tinham, em média, 75,5 meses de idade e, com exceção de duas que ainda não haviam começado a ler, todas leram três ou mais palavras corretamente da mesma lista ($M = 12,71; DP = 3,38$).

A escrita das crianças foi avaliada em sete ocasiões, separadas por intervalos de aproximadamente 3-4 meses: três vezes durante o 1º e o 2º ano da pré-escola e uma vez no início do 1º ano do ensino fundamental. Em cada ocasião, as crianças foram solicitadas a escrever uma lista de palavras de uma a quatro sílabas (p. ex., *flor, dedo, barata, tartaruga*, etc.) da melhor maneira possível. As mesmas 12 palavras foram ditadas para as crianças em cada ocasião. Quatro palavras novas, uma para cada número de sílabas, foram adicionadas à lista nas 6ª e 7ª ocasiões.

Como nos estudos anteriores, todas as escritas foram classificadas duas vezes: uma vez conforme o modelo de Ferreiro e outra conforme o modelo de Ehri. De um modo geral, os mesmos critérios descritos anteriormente foram usados para classificar as escritas das crianças. A única exceção foi o uso de um critério mais rigoroso para classificar uma escrita como parcialmente alfabética. Especificamente, além de a escrita ter de começar com uma letra correta ou fonologicamente apropriada, o uso dessa letra tinha de ser consistente ou sistemático. Por exemplo, uma escrita como TRDA para a palavra *telefone* em princípio seria classificada como parcialmente alfabética, já que a letra *t* parece corresponder ao som /t/ no início da palavra. Entretanto, caso a letra *t* também aparecesse como a primeira letra de uma palavra que não começasse com o som /t/, por exemplo, TRIA para *dedo*, a escrita TRDA seria classificada como pré-alfabética, uma vez que o uso da letra *t* não podia ser considerado sistemático. Além disso, trocas de letras como, por exemplo, *g* por *c* ou *q*, não foram mais consideradas fonologicamente apropriadas.

Mais uma vez, os resultados indicaram que o modelo de Ehri oferece uma descrição mais apropriada do desenvolvimento da escrita em português do que o modelo de Ferreiro. Como pode ser visto nas Figuras 3.5 e 3.6, apenas 10 crianças foram classificadas como silábicas ao longo do estudo. Como nos dois estudos anteriores, a maioria das crianças (82%) progrediu diretamente do estágio pré-silábico para o estágio alfabético. (Esse número exclui quatro das 10 crianças classificadas como silábicas que regrediram do estágio silábico para o estágio pré-silábico antes de progredirem para o estágio alfabético.) Por outro lado, 41 crianças foram classificadas como parcialmente alfabéticas em seu percurso para a fase alfabética. Apenas 15 crianças (excluindo as cinco crianças que regrediram da fase parcialmente alfabética para a fase pré-alfabética antes de progredirem para a fase alfabética) pareceram "pular" a fase parcialmente alfabética, uma diferença claramente significativa pelo teste binomial, $p < 0,001$.

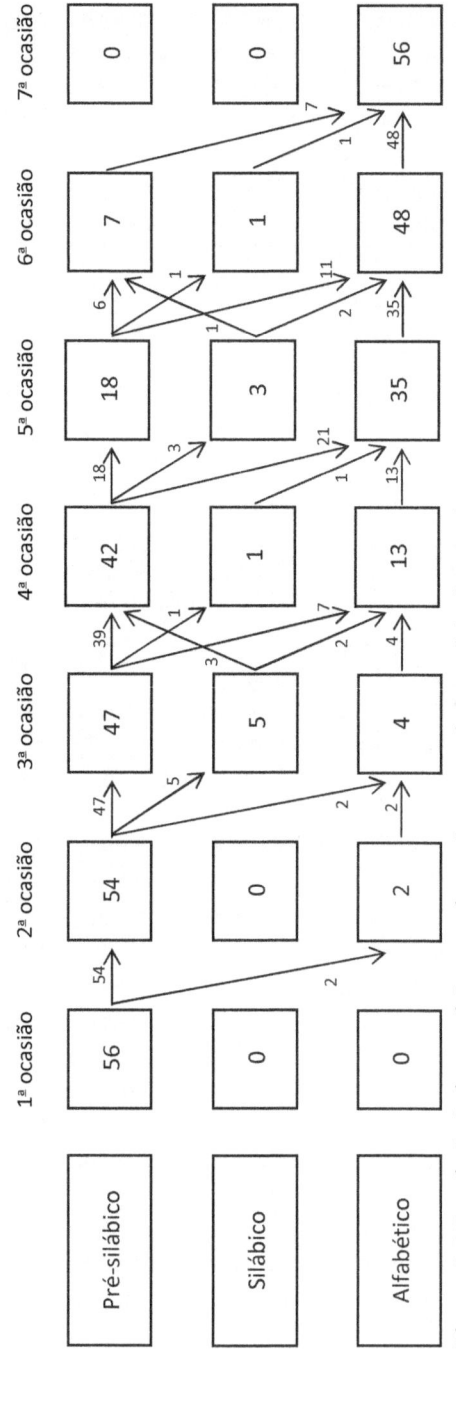

Figura 3.5 Estudo 3: O desenvolvimento da escrita, segundo o modelo de Ferreiro.
Fonte: A autora.

Alfabetização no século XXI **99**

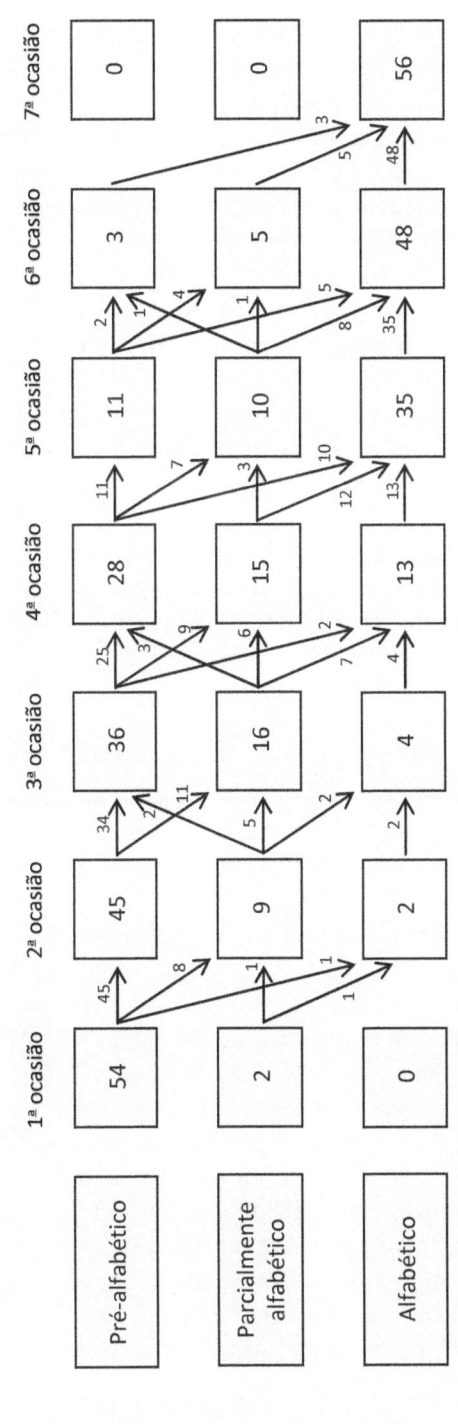

Figura 3.6 Estudo 3: O desenvolvimento da escrita, segundo o modelo de Ehri.
Fonte: A autora.

Conforme observado anteriormente, em ambas as classificações, algumas crianças (n = 4, no modelo de Ferreiro, e n = 6, no modelo de Ehri) regrediram do nível intermediário para o nível inicial de escrita ao longo do estudo. Contudo, como ocorreu no segundo estudo, o número de crianças que regrediu para o nível inicial foi significativamente menor do que o número de crianças que progrediu para o nível alfabético apenas na classificação segundo o modelo de Ehri.

Escritas silábicas ou escritas parcialmente alfabéticas?

Os resultados deste estudo são também consistentes com a hipótese de que as escritas silábicas resultam da compreensão da criança de que as letras representam sons e da sua tentativa de representar os sons que ela é capaz de detectar na pronúncia das palavras. Com exceção de uma única criança, a maioria das letras nas escritas silábicas das crianças classificadas como silábicas eram letras fonologicamente apropriadas (proporção média de letras fonologicamente apropriadas = 0,74). Em conformidade com os resultados dos estudos anteriores, a maior parte das letras fonologicamente apropriadas correspondia a nomes de letras, sobretudo nomes das vogais.

Como nos estudos anteriores, várias crianças classificadas como pré-silábicas, de acordo com o modelo de Ferreiro, foram classificadas como parcialmente alfabéticas, de acordo com o modelo de Ehri. Mais uma vez, esses resultados questionam o pressuposto de Ferreiro de que o estágio silábico é a primeira manifestação da compreensão de que a escrita representa a fala e, juntamente com os resultados apresentados anteriormente, sugerem que a escrita silábica é, ela própria, um resultado dessa compreensão. Com efeito, algumas crianças classificadas como silábicas neste estudo foram classificadas como parcialmente alfabéticas na avaliação imediatamente anterior à avaliação em que foram classificadas como silábicas.

Esses resultados sugerem fortemente que, em vez de estágios qualitativamente distintos, o desenvolvimento inicial da escrita em português é mais adequadamente descrito em termos de mudanças graduais na habilidade da criança de detectar sons na pronúncia das palavras e de associar esses sons a letras fonologicamente pertinentes. Embora o modelo de Ehri seja consistente com essa proposição, a classificação das escritas em termos de fases obscurece, de certa forma, a continuidade desse processo, sobretudo no que diz respeito à fase parcialmente alfabética. Com efeito, uma variedade de escritas foram classificadas como parcialmente alfabéticas nos nossos estudos, desde aquelas em que aparentemente um único som era representado de forma apropriada (p. ex., E para *pé*) até aquelas em que metade dos sons na pronúncia da palavra era representada por letras fonologicamente motivadas (p. ex., KAU para *cavalo*). Da mesma maneira, muitas escritas classificadas como alfabéticas (p. ex., KVALO para *cavalo*) seriam mais adequadamente classificadas como intermediárias entre as escritas parcialmente alfabéticas e as escritas alfabéticas propriamente ditas. Em vista disso, nas análises descritas a seguir, recorreu-se a um sistema alternativo de correção – o sistema Ponto (http://spell.psychology.wustl.edu/ponto/). Nesse sistema, procura-se obter o melhor emparelhamento possível entre as letras na escrita da criança e os fonemas na pronúncia da palavra-alvo, respeitando-se a ordem com que esses ocorrem na palavra. Cada fonema representado por uma letra fonologicamente plausível recebe um escore igual a zero. Por outro lado, uma penalidade de 1 ponto é atribuída a cada erro de omissão ou inserção de letras e uma penalidade de 1,4 pontos a cada erro de substituição de letras (ver, por exemplo, TREIMAN et al., 2012, para uma descrição desse sistema de correção). O escore de uma escrita corresponde à soma de pontos atribuídos às letras produzidas e omitidas pela criança. Quanto maior o escore, maior a distância entre a escrita da criança e a escrita correta ou fonologicamente plausível da palavra.

O Quadro 3.2 ilustra esse sistema para a correção da escrita COIP para a palavra *cigarro*. A coluna da esquerda apresenta a sequência de fonemas na palavra, a coluna do meio a sequência de letras produzidas pela criança e a coluna da direita o escore recebido para cada letra produzida ou omitida pela criança, assim como a sua classificação.

Quadro 3.2 Corrigindo a escrita COIP para cigarro de acordo com o sistema Ponto de correção

Representação fonológica: /si'gahu/	Resposta da criança: COIP	Escore/ Classificação
s	C	0/Letra apropriada
–	O	1/Inserção de letra
i	I	0/Letra apropriada
g	–	1/Letra apropriada
a	–	1/Omissão de letra
h	–	1/Omissão de letra
u	P	1,4/Substituição de letra
Escore total		5,4

Fonte: A autora.

A Figura 3.7 ilustra os escores médios obtidos com esse sistema de pontuação, separadamente para as sete avaliações do presente estudo. Uma análise de variância com medidas repetidas revelou que o fator avaliação foi estatisticamente significativo. Com efeito, a partir da 3ª avaliação, o desenvolvimento da escrita progrediu significativamente de avaliação para avaliação. Em conformidade com a hipótese de que o desenvolvimento da escrita procede de forma gradual e contínua, o teste do contraste linear foi altamente significativo, $F(1,52) = 714,67$, $p < 0,001$, incluindo todas as avaliações, e $F(1,55) = 348,94$, $p < 0,001$, incluindo apenas as cinco últimas avaliações.

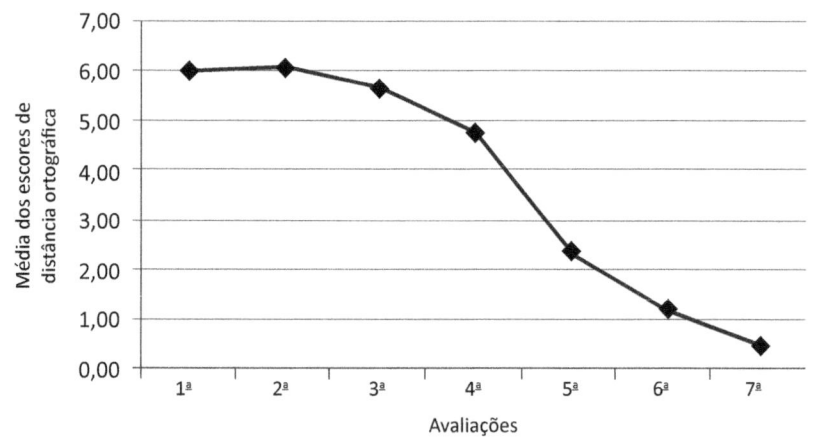

Figura 3.7 Estudo 3: Escores médios de distância ortográfica por avaliação.
Fonte: A autora.

Além do desenvolvimento da escrita, as crianças que participaram deste estudo foram também submetidas a provas de conhecimento do nome e dos sons das letras e de consciência de fonemas. As provas de conhecimento das letras foram administradas em todas as avaliações, com exceção da segunda. Na prova de conhecimento do nome das letras, foi pedido para a criança nomear 23 letras maiúsculas, impressas em ordem aleatória em um cartão. Uma prova de reconhecimento foi utilizada para avaliar o conhecimento dos sons das letras. Ou seja, em cada um dos 23 itens, era mostrado para a criança um cartão com seis letras impressas horizontalmente e pedido que apontasse aquela que correspondia a um determinado som. Finalmente, na prova de consciência de fonemas, a tarefa da criança consistia em identificar, entre três palavras diferentes (p. ex., *sorvete, coruja, cigarro*), as duas que começavam com o mesmo som. A prova era composta de dois itens de prática e 12 itens de teste. Em todos os itens, as palavras eram representadas por figuras dos seus referentes com o objetivo de não sobrecarregar a memória de trabalho da criança. A prova de consciência fonêmica foi administrada nas 1ª, 3ª, 4ª, 6ª e 7ª ocasiões.

A Figura 3.8 apresenta a proporção média de respostas corretas nas provas de conhecimento do nome e dos sons das letras e na prova de consciência fonêmica. Como pode ser observado, os escores das crianças nessas tarefas, sobretudo nas provas de conhecimento dos sons das letras e de consciência fonêmica, aumentaram gradativamente no decorrer do estudo, em estreita sincronia com o desenvolvimento da escrita. Com efeito, com exceção dos resultados obtidos para a 1ª avaliação, os escores na tarefa de escrita de palavras correlacionaram-se significativamente com os escores obtidos na mesma ocasião nas provas de conhecimento dos sons das letras (*r*s entre -0,47 e -0,72, todos os *p*s < 0,001) e de consciência fonêmica (*r*s entre -0,47 e -0,68, todos os *p*s < 0,001).

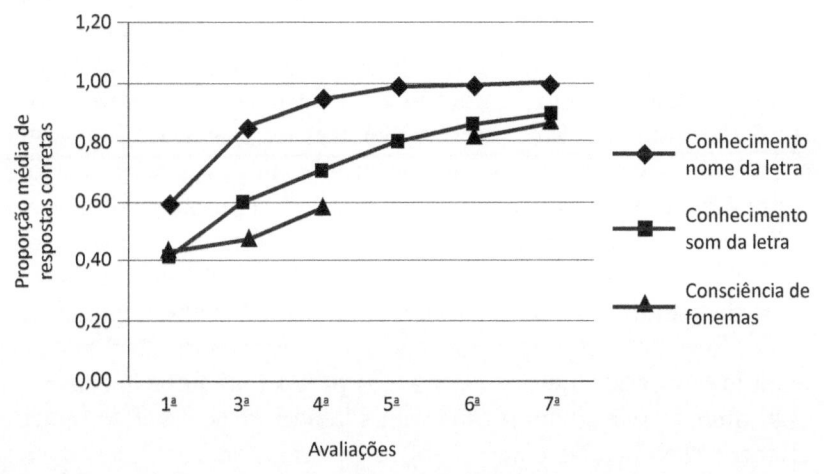

Figura 3.8 Estudo 3: Proporção média de respostas corretas nos testes de conhecimento do nome e dos sons das letras e de consciência fonêmica por avaliação.
Nota: Não houve avaliação da consciência de fonemas na 5ª ocasião.
Fonte: A autora.

CONCLUSÕES

No presente capítulo, foram apresentados os resultados de três estudos longitudinais que investigaram o desenvolvimento da escrita em português à luz dos modelos de Ferreiro e Ehri. Os resultados dos três estudos sugerem que o modelo de Ehri oferece uma explicação mais apropriada desse desenvolvimento do que o modelo de Ferreiro. Em particular, nossos resultados questionam seriamente três pressupostos centrais do modelo de Ferreiro, a saber: 1) que a escrita silábica é o resultado da crença infantil de que as letras representam sílabas inteiras na pronúncia das palavras; 2) que a escrita silábica é a primeira manifestação da compreensão de que a escrita representa a fala; e 3) que a hipótese silábica e, consequentemente, o estágio silábico, é um passo fundamental para a descoberta do princípio alfabético.

Em uma série de trabalhos, Ferreiro (1989; 1990; FERREIRO; TEBEROSKY, 1986) tem argumentado que a hipótese silábica resulta da busca pela criança de um critério geral que lhe permita regular o número de letras necessárias para escrever palavras diferentes. Um aspecto importante desse argumento é que a hipótese silábica é o resultado de uma construção conceitual e, como tal, independe do conhecimento do nome e/ou sons das letras. Em conformidade com esse argumento, Ferreiro (1989; 1900) tem observado escritas silábicas em que as letras não guardam qualquer relação com os sons na pronúncia das palavras. Esse é o caso, por exemplo, da escrita XYS para *cavalo* descrita anteriormente. De fato, Ferreiro e Teberoski (1986) observaram "escritas" silábicas entre crianças que não conheciam as letras e que escreviam pequenos traços ou círculos quando solicitadas a escrever da melhor maneira possível.

Conforme descrito anteriormente, não foi encontrada praticamente nenhuma evidência de que as crianças prestam atenção apenas na dimensão quantitativa quando escrevem silabicamente. De fato, entre as 30 crianças classificadas como silábicas nos três estudos descritos neste capítulo, apenas duas (7%) produziram escritas silábicas com um predomínio de letras arbitrárias. Todas as outras produziram letras fonologicamente apropriadas em suas escritas silábicas, e foram também classificadas como parcialmente alfabéticas de acordo com o modelo de Ehri.

Como parece ser o caso em espanhol (ver, por exemplo, FERREIRO, 1989; 1990; 2009), as letras fonologicamente apropriadas nas escritas silábicas de crianças falantes do português correspondem frequentemente às vogais (CARDOSO-MARTINS; BATISTA, 2005; MARTINS; SILVA, 2001; 2006). Exemplos retirados dos estudos descritos neste capítulo incluem A para *chá*, AU para *dado*, AAA para *barata*, IIEA para *bicicleta*, entre outros. Dois fatores provavelmente interagem para explicar o predomínio de vogais nas escritas silábicas de crianças falantes do espanhol e do português. Em primeiro lugar, a vogal constitui o núcleo da sílaba e, como tal, é particularmente saliente na pronúncia das palavras. Em segundo lugar, tanto em português quanto em espanhol, e ao contrário do que ocorre com os sons consonantais, os sons vocálicos correspondem frequentemente aos nomes das vogais. Uma vez que as crianças começam a aprender o nome das letras ainda na pré-escola (ver Figura 3.8), é natural que concluam que os sons vocálicos que escutam na pronúncia das palavras (p. ex., os sons /a/ e /u/ na palavra *dado*) devam ser representados pelas letras cujos nomes correspondem precisamente a esses sons (no exemplo anterior, as letras *a* e *u*). Uma vez que só existe uma vogal por sílaba, não é surpreendente que o uso dessa estratégia resulte, algumas vezes, em escritas silábicas (CARDOSO-MARTINS; BATISTA, 2005).

Embora relativamente menos frequentes do que as vogais, as consoantes são também observadas nas escritas das crianças classificadas como silábicas, incluindo não apenas consoantes cujos nomes podem ser escutados na pronúncia das palavras (p. ex., TEOI para *telefone*, em que o nome da letra *t* corresponde à primeira sílaba na forma oral da palavra), mas também aquelas que representam fonemas na pronúncia das palavras (p. ex., ZR para *zebra*, em que as letras *z* e *r* correspondem, respectivamente, aos sons /z/ e /r/ presentes na primeira e na segunda sílabas da palavra). Com efeito, existem algumas crianças que parecem usar mais consoantes do que vogais em suas escritas silábicas (ver, por exemplo, CARDOSO-MARTINS; BATISTA, 2005) e aquelas que parecem alternar o uso de vogais e o uso de consoantes em suas escritas silábicas de uma mesma palavra. Por exemplo, Molinari e Ferreiro (2007) citam o caso de uma criança que escreveu ora LUA ora EUA para *lechuga* – alface – e de uma outra que escreveu primeiro SAM e, em seguida, ALE para *salame*.

Escritas como essas são, à primeira vista, surpreendentes. Por que as crianças omitem precisamente as vogais, cujos sons são mais salientes e que, como os exemplos anteriores sugerem, elas conhecem muito bem? Para Molinari e Ferreiro (2009), essas escritas mostram a força da hipótese silábica e a resistência da criança em abandoná-la. É possível, no entanto, que o esforço subtendido na identificação e segmentação de fonemas consonantais na pronúncia das palavras possa, inicialmente, interferir na habilidade de a criança processar e lembrar o som das vogais (Cardoso-Martins; Batista, 2005). Em consonância com essa interpretação, nos estudos descritos neste capítulo, escritas silábicas com predomínio de consoantes apareceram frequentemente ao lado de escritas não silábicas em que algumas sílabas, mas não todas, eram representadas de forma exaustiva ou completa (p. ex., CAVU para *cavalo*, em que ambos os fonemas na primeira sílaba são representados de forma apropriada). Em outras palavras, a compreensão de que as letras representam sons não resulta em escritas completamente alfabéticas de imediato. Em vez disso, os resultados sugerem que o desenvolvimento da escrita ocorre de forma gradual e contínua, iniciando-se com a habilidade de a criança representar sons salientes na pronúncia da palavra (p. ex., T para *telefone*) e culminando na escrita alfabética completa.

Os resultados sugerem também que relativamente poucas crianças mostram evidência de passar por um estágio silábico ao longo do desenvolvimento da escrita. Até mesmo no terceiro estudo, concebido de maneira a maximizar a chance de serem observadas escritas silábicas, a imensa maioria das crianças aparentemente não passou pelo estágio silábico, indo diretamente para o estágio alfabético.

É pouco provável que tenhamos usado um critério muito rigoroso para classificar uma criança como silábica. Nosso critério foi, na realidade, menos estrito do que o critério usado em alguns estudos que encontraram um número relativamente maior de crianças silábicas (p. ex., Martins; Silva, 2001; 2006).

Em síntese, nossos estudos questionam seriamente o pressuposto de Ferreiro de que as crianças passam por um estágio silábico ao longo do desenvolvimento da escrita. Isso não significa dizer que escritas em que o número de letras corresponde ao número de sílabas na pronúncia das palavras não sejam observadas ao longo do desenvolvimento da escrita em português. Tal como Ferreiro (ver, por exemplo, 1989; 2009) e outros estudiosos do desenvolvimento da escrita em línguas românicas (ver, por exemplo, Grossi, 1990; Martins; Silva, 2001; 2006; Pontecorvo; Zucchermaglio, 1990; Sirois; Boisclair; Giasson, 2008), foi observado no estudo escritas silábicas entre as crianças que participaram. No estudo 3, por exemplo, todas as crianças, sem exceção, apresentaram pelo menos uma escrita silábica ao longo do período investigado. Contudo, nos três estudos, o número de crianças que escreveram silabicamente de forma consistente foi relativamente pequeno (35%, 10% e 18%, respectivamente).

Além disso, na grande maioria dos casos, as letras nas escritas silábicas dessas crianças correspondiam a letras fonologicamente apropriadas. Juntamente com a evidência de que muitas escritas classificadas como pré-silábicas apresentam sinais da compreensão de que as letras representam sons na pronúncia das palavras, esses resultados são consistentes com a hipótese de Cardoso-Martins e Batista (2005) de que a escrita silábica constitui um exemplo do que Ehri (1998; 2005) tem chamado de escritas parcialmente alfabéticas. Em outras palavras, em vez de uma construção original por parte da criança, é possível que as escritas silábicas resultem da compreensão da criança de que a escrita representa a fala e da sua tentativa de representar os fonemas que ela é capaz de detectar na pronúncia das palavras. Em conformidade com o modelo de Ehri, os resultados sugerem que essa compreensão desenvolve-se gradativamente ao longo dos anos pré-escolares e início dos anos escolares, em estreita sintonia com o desenvolvimento do conhecimento dos nomes e dos sons das letras e da consciência fonológica.

NOTA

1 A realização dos estudos descritos neste capítulo foi possível graças a financiamentos de pesquisa do Conselho Nacional de Desenvolvimento Científico e Tecnológico (CNPq) e da Fundação de Amparo à Pesquisa do Estado de Minas Gerais (FAPEMIG). Agradecemos às crianças e às suas famílias e escolas pela cooperação. Marcela Fulanete Corrêa e Tatiana C. Pollo leram a primeira versão do capítulo e fizeram comentários valiosos. Agradecimentos especiais são devidos a Rebecca Treiman pela ajuda com as análises utilizando o sistema Ponto (Estudo 3).

REFERÊNCIAS

CARDOSO-MARTINS, C.; BATISTA, A. C. E. O conhecimento do nome das letras e o desenvolvimento da escrita: evidência de crianças falantes do Português. *Psicologia: Reflexão & Crítica*, v. 18, p. 299-306, 2005.
CARDOSO-MARTINS, C.; CORRÊA, M. F. Is there a partial alphabetic phase in spelling development? Evidence from Brazilian Portuguese. [S.l.: s.n.], 2013. In press.
CARDOSO-MARTINS, C. et al. Is there a syllabic stage in spelling development? Evidence from Portuguese-speaking children. *Journal of Educational Psychology*, v. 98, p. 628-641, 2006.
CARDOSO-MARTINS, C.; RESENDE, S. M.; RODRIGUES, L. A. Letter name knowledge and the ability to learn to read by processing letter-phoneme relations in words: evidence from Brazilian Portuguese-speaking children. *Reading and Writing*, v. 15, p. 409-432, 2002.
CASTEDO, M.; TORRES, M. Panorama das teorias de alfabetização na América Latina nas últimas décadas (1980-2010). *Cadernos Cenpec*, v. 1, p. 87-126, 2011.
COMISSÃO DE EDUCAÇÃO E CULTURA. *Relatório*: educação infantil: os novos caminhos. 2. ed. Brasília: Câmara dos Deputados, 2007.

EHRI, L. Development of sight word reading: phases and findings. In: SNOWLING, M.; HULME, C. (Ed.). *The science of reading*: a handbook. Oxford: Blackwell, 2005. p. 135-154.
EHRI, L. Learning to read and learning to spell are one and the same, almost. In: PERFETTI, C.; RIEBEN, L.; FAYOL, M. (Ed.). *Learning to spell*: research, theory, and practice across languages. Mahwah: Erlbaum, 1998. p. 237-269.
EHRI, L. Reconceptualizing the development of sight word reading and its relationship to recoding. In: GOUGH, P.; EHRI, L.; TREIMAN, R. (Ed.). *Reading acquisition*. Hillsdale: Erlbaum, 1992. p. 107-143.
FERREIRO, E. Literacy development: psychogenesis. In: GOODMAN, Y. M. (Ed.). *How children construct literacy*: piagetian perspectives. Newark: International Reading Association, 1990. p. 12-25.
FERREIRO, E. *Reflexões sobre a alfabetização*. São Paulo: Cortez, 1989.
FERREIRO, E. The transformation of children's knowledge of language units during beginning and initial literacy. In: HOFFMAN, J. V.; GOODMAN, Y. (Ed.). *Changing literacies for changing times*: an historical perspective on the future of research reading research, public policy, and classroom practices. New York: Routledge, 2009. p. 61-75.
FERREIRO, E.; GOMEZ PALACIO, M. *Analisis de las perturbaciones en el proceso de aprendizaje escolar de la lectura y de la escritura*. Mexico City: Siglo XXI, 1982.
FERREIRO, E.; TEBEROSKY, A. *Psicogênese da língua escrita*. Porto Alegre: Artmed, 1986.
FRITH, U. Beneath the surface of developmental dyslexia. In: PATTERSON, K.; MARSHALL, J.; COLTHEART, M. (Ed.). *Surface dyslexia, neuropsychological and cognitive studies of phonological reading*. London: Erlbaum, 1985. p. 301-330.
GROSSI, E. P. Applying psychogenesis principles to the literacy instruction of lower-class children in Brazil. In: GOODMAN, Y. M. (Ed.). *How children construct literacy*: piagetian perspectives. Newark: International Reading Association, 1990. p. 99-114.
LEVIN, I. et al. Letter names: effect on letter saying, spelling, and word recognition in Hebrew. *Applied Psycholinguistics*, v. 23, p. 269-300, 2002.
MARTINS, M. A.; SILVA, C. Letter names, phonological awareness and the phonetization of writing. *European Journal of Psychology of Education*, v. 16, p. 605-617, 2001.
MARTINS, M. A.; SILVA, C. Phonological abilities and writing among Portuguese preschool children. *European Journal of Psychology of Education*, v. 12, p. 163-182, 2006.
MOLINARI, C.; FERREIRO, E. Identidades y diferencias en las primeras etapas del proceso de alfabetización: escritura realizadas en papel y en computadora. *Lectura y Vida: Revista Latinoamericana de Lectura*, v. 28, p. 18-30, 2007.
POLLO, T. C.; KESSLER, B.; TREIMAN, R. Vowels, syllables, and letter names: Differences between young children's spelling in English and Portuguese. *Journal of Experimental Child Psychology*, v. 92, p. 161-181, 2005.
PONTECORVO, C.; ZUCCHERMAGLIO, C. A passage to literacy: learning in a social context. In: GOODMAN, Y. M. (Ed.). *How children construct literacy*: piagetian perspectives. Newark: International Reading Association, 1990. p. 59-98.
SIROIS, P.; BOISCLAIR, A.; GIASSON, J. Understanding of the alphabetic principle through invented spelling among hearing-impaired children learning to read and write: Experimentation with a pedagogical approach. *Journal of Research in Reading*, v. 31, p. 339-358, 2008.
TREIMAN, R. et al. *Do young children use spelling to represent syllables?* [S.l.: s.n.], 2012.
TREIMAN, R.; TINCOFF, R.; RICHMOND-WELTY, D. Letter names help children connect print and speech. *Developmental Psychology*, v. 32, p. 505-514, 1996.
WEISZ, T. *O diálogo entre o ensino e a aprendizagem*. São Paulo: Ática, 2000.

Epi/meta *versus* implícito/explícito: nível de controle cognitivo sobre a leitura e sua aprendizagem[1]

Jean Emile Gombert

O DESENVOLVIMENTO METALINGUÍSTICO

O termo "metalinguística" designa a capacidade de se distanciar do uso habitualmente comunicativo da linguagem para focalizar a atenção sobre suas propriedades linguísticas. Do ponto de vista da atividade cognitiva que está na origem dos comportamentos, é preciso fazer uma distinção entre as capacidades manifestadas nos comportamentos espontâneos (p. ex., a reação de uma criança pequena ao ouvir uma frase agramatical) e as capacidades fundamentadas em conhecimentos mentalizados e intencionalmente aplicados (p. ex., corrigir a sintaxe de um texto escrito). Tendo como princípio que um caráter refletido e intencional é inerente à atividade estritamente metalinguística, propus o uso do termo "epilinguístico" para designar os comportamentos que, mesmo sendo isomorfos aos comportamentos metalinguísticos, não resultam do controle consciente que a pessoa realiza sobre os processamentos linguísticos (GOMBERT, 1990).

O modelo de desenvolvimento metalinguístico que publiquei em 1990 (ver Figura 4.1) descrevia um primeiro nível de controle cognitivo sobre as atividades e os conhecimentos linguísticos (nível epilinguístico), que surge precocemente na criança, testemunhando seu desenvolvimento linguístico e a estruturação de conhecimentos que dele depende. Essas habilidades epilinguísticas estão subjacentes aos comportamentos precoces que têm a linguagem como objeto, mas são ativadas espontaneamente, sem que a criança tome consciência dos conhecimentos que elas mobilizam. Em outras palavras, estes conhecimentos permanecem implícitos.

Habilidades linguísticas primárias	Fase 1: Cada forma linguística, ouvida e depois utilizada, é associada a seu contexto.
↓ Habilidades epilinguísticas + Pressão ambiental ↓ Capacidades metalinguísticas	Fase 2: Os conhecimentos acumulados durante a fase 1 são organizados na memória de longo prazo. Estas organizações controlam os comportamentos linguísticos, mas não são acessíveis à consciência.
	Fase 3: Uma pressão externa (p. ex., o ensino da leitura e ortografia) é necessária para que a criança faça os esforços cognitivos que permitam o acesso consciente aos conhecimentos implícitos (isto é, epi-) da fase 2. Sobre essa base, a criança pode então construir conhecimentos explícitos sofisticados.

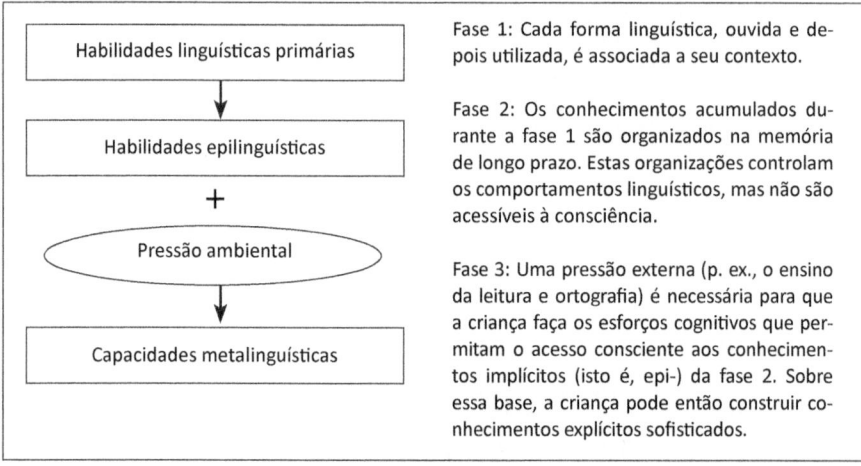

Figura 4.1 Desenvolvimento metalinguístico.
Fonte: O autor.

Segundo esse modelo, a tomada de consciência explícita desses conhecimentos linguísticos assim utilizados ou, dito de outra forma, o surgimento das capacidades metalinguísticas, não é algo automático. Ela precisa de um esforço metacognitivo que não é efetuado espontaneamente pela pessoa. O controle epilinguístico, sendo estável e eficaz, é suficiente para as comunicações verbais cotidianas. As incitações externas são então necessárias para a tomada de consciência. Isto explica por que o acesso à fase de controle metalinguístico não é obrigatório nem sistemático. Como numerosos estudos sugerem (para uma revisão, ver GOMBERT, 1990), somente os aspectos da linguagem que subtendem a atenção consciente para a realização de tarefas linguísticas formais serão processados de maneira "meta" (isto é, conscientemente).

As tarefas inerentes à aprendizagem da leitura e da escrita exercem, frequentemente, este papel de disparador da aquisição de competências metalinguísticas. Muitos estudos demonstraram que as capacidades metalinguísticas são essenciais na aprendizagem da leitura (para uma revisão, ver GOSWAMI; BRYANT, 1991, e para uma análise, ver GOMBERT,

2003). A aprendizagem da leitura precisa, de fato, que a criança desenvolva uma consciência explícita das estruturas linguísticas que deverão ser manipuladas intencionalmente. Com efeito, a aprendizagem da linguagem escrita difere radicalmente da aquisição da linguagem oral.

O desenvolvimento da linguagem oral está, em parte, sob a dependência de pré-programações inatas, de processos biologicamente determinados, que são automaticamente ativados mediante o contato da criança pequena com o ambiente linguístico. Assim, a criança aprende a falar e a compreender a linguagem oral sem conhecer conscientemente sua estrutura formal (fonológica, morfológica e sintática), nem as regras que ela utiliza no processamento dessa estrutura. Em contrapartida, a linguagem escrita, sendo um sistema convencional, tem que ser objeto de esforços para ser aprendida (ver DE FRANCIS, 1989). As tarefas de análise da estrutura formal da linguagem, frequentemente implicadas no processamento da escrita, requerem um nível mais elevado de abstração, de elaboração e de controle do que as tarefas necessárias para o processamento da linguagem oral. Em outras palavras, o aprendiz confrontado à escrita tem de fazer uso de capacidades metalinguísticas. Essas capacidades dizem respeito aos conhecimentos fonológicos, e sobre esse ponto os dados experimentais são numerosos, mas também exigem conhecimentos morfológicos e sintáticos, questões acerca das quais as pesquisas ainda estão, em grande parte, por serem desenvolvidas (ver GOMBERT, 2003).

O desenvolvimento metalinguístico, tal como eu o concebia há 20 anos, era, portanto, unidimensional. Em um primeiro momento, organizações de conhecimentos linguísticos seriam armazenadas na memória de longo prazo do sujeito e se manifestariam, sem o seu conhecimento, por meio dos comportamentos epilinguísticos. Em um segundo momento, necessidades ligadas às aprendizagens escolares, principalmente às relacionadas à escrita, estimulariam as crianças a realizarem esforços de reflexão para aceder conscientemente a esses conhecimentos; portanto, a fazer uso de capacidades metalinguísticas. Por fim, a repetição das atividades metalinguísticas levaria, progressivamente, à sua automatização. Assim, o leitor hábil não teria mais necessidade de refletir sobre as características formais da linguagem quando estivesse engajado em uma tarefa de manipulação da escrita.

As pesquisas sobre aprendizagem implícita colocam em questão o caráter unidimensional deste desenvolvimento.

A APRENDIZAGEM IMPLÍCITA

A aprendizagem implícita é um processo por meio do qual os comportamentos se adaptam progressivamente às características estruturais do meio ambiente com o qual o indivíduo interage sem ter consciência explícita. Em outras palavras, o indivíduo que age em um ambiente estruturado vai, mesmo sem consciência disso, progressivamente levar em conta a estrutura desse ambiente em seus comportamentos.

Sob o impulso de Reber (1967; 1993), as pesquisas sobre aprendizagem implícita têm utilizado com frequência situações de aprendizagem de "gramática artificial". Nesse tipo de experiência, em um primeiro momento os participantes veem aparecer, em uma tela, letras cuja sucessão corresponde a uma lógica (uma "gramática") estrita, mas não perceptível, em razão de sua grande complexidade. Os participantes não são avisados da existência dessa lógica, e as instruções que lhes são dadas os desviam de qualquer análise da estrutura das sequências de letras. No final dessa sequência, os participantes são informados da existência de regras que determinam a sucessão das letras, e então lhes é perguntado se as novas sequências de letras que lhes são apresentadas respeitam ou não essas regras. O resultado clássico nesse tipo de experiência é que os sujeitos tenham mais êxito assim do que se respondessem ao acaso, embora eles permaneçam incapazes de identificar as regras utilizadas. Seus conhecimentos e os comportamentos decorrentes do fato de saberem da existência de regras foram, portanto, modificados à sua revelia; sem perceber, eles realizaram uma aprendizagem (para uma revisão crítica das pesquisas sobre a aprendizagem implícita, ver Nicolas; Perruchet, 1998). Curiosamente, durante muito tempo esses estudos não foram colocados em relação com as pesquisas sobre as aprendizagens escolares. Entretanto, como os sistemas de escrita apresentam numerosas regularidades, esse tipo de processo desempenha, sem nenhuma dúvida, um papel importante na aprendizagem da leitura. "Se a aquisição do princípio (alfabético) requer um esforço deliberado de instrução e se realiza por meio de uma tomada de consciência da relação [...], certas regras poderiam ser adquiridas sem serem necessariamente explicitadas." (Morais; Robillart, 1998, p. 53).

Pacton et al., (2001) solicitaram a alunos do ensino fundamental que circulassem em pares de pseudopalavras aquelas que se assemelhassem mais a palavras de verdade. Os itens apresentados incluíam consoantes ou vogais duplicadas, possíveis ou impossíveis em francês. Os resultados mostram que, desde o primeiro ano do ensino fundamental, os alunos estimam, em 82% dos casos, que as pseudopalavras que incluem configurações ortográficas comuns em francês (*tillos, defful* ou *nullor*, por exemplo) se assemelham mais a palavras do que as pseudopalavras que incluem configurações ortográficas não autorizadas pela língua (*tiilos, bekkul* ou *nnulor*, por exemplo: o duplo i e o duplo k não existem em nenhuma palavra francesa, e se o duplo n existe nunca é no início da palavra). A partir do segundo ano, esse tipo de resposta ocorre para a quase totalidade dos alunos (ver Figura 4.2). Esses resultados mostram que o aluno possui, desde muito cedo, conhecimentos ortográficos que ninguém lhe ensinou. Ele os adquiriu por aprendizagem implícita.

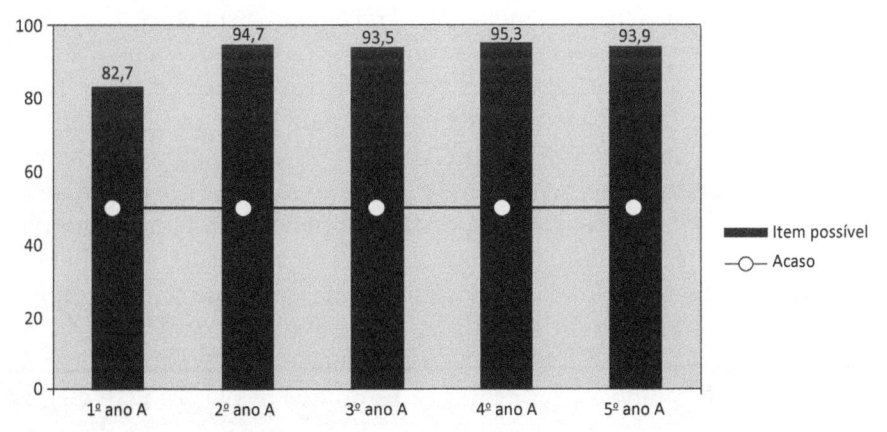

Figura 4.2 Plausibilidade lexical: porcentagem de escolhas do item possível.
Fonte: Pacton et al. (2001).

De fato, a criança começa a adquirir implicitamente conhecimentos sobre as características estruturais da escrita a partir do momento em que presta atenção a ela de forma repetida, bem antes do início das aprendizagens escolares.

É, sem dúvida, esse mesmo tipo de processo que está em ação quando ocorre a leitura por analogia. De fato, na leitura em voz alta, os conhecimentos do leitor a respeito da pronúncia das palavras que ele já encontrou antes são suscetíveis de influenciar a pronúncia das palavras que ele encontra pela primeira vez. Assim, Peereman (1991) demonstrou que, em uma tarefa de leitura em voz alta, as pseudopalavras como *vigaque* ou *girper* são corretamente pronunciadas ([*vigak*] ([*zirpe*]) por leitores adultos em mais de 95% dos casos, enquanto pseudopalavras como *logaque* ou *girnir* ocasionam quase 30% de pronúncias ilegais com relação à língua ([lozak] [girnir]). A diferença entre esses dois tipos de pseudopalavras é que as duas últimas foram obtidas a partir de palavras reais (*logique, garnir*), modificando a vogal que segue o "g" de tal forma que a pronúncia dele se modifica; as primeiras, ao contrário, não apresentam proximidade ortográfica evidente com palavras reais. Esse fenômeno, chamado de vizinhança ortográfica, traduz a utilização, pelo leitor, de analogias existentes entre as palavras que ele conhece e as configurações ortográficas às quais ele se vê confrontado pela primeira vez (para resultados similares em espanhol, ver Sebastián-Gallés, 1991).

As analogias também são feitas pelo leitor principiante desde o início da aprendizagem. Em uma comparação entre línguas, Goswami, Gombert e Fraca de Barrera (1998) criaram, em inglês, espanhol e francês, duas listas de pseudopalavras monossilábicas e duas listas de pseudopalavras bissilábicas. Em cada língua e para cada comprimento do item, uma lista era composta de pseudopalavras com muitas vizinhanças ortográficas perto da primeira letra (p. ex., em francês: *vage* ou *fecteur*) e uma outra de pseudopalavras que apresenta pouca vizinhança ortográfica (*jaje* ou *teurfec*). Os sujeitos eram crianças do 2º, 3º e 4º, anos do ensino fundamental e adultos. Eles deviam ler as listas em voz alta, rapidamente e sem erros. Quaisquer que sejam a língua, a idade e o comprimento dos itens, as pseudopalavras com muitas vizinhas ortográficas foram lidas mais rápido e com menos erros do que as outras. Esse efeito é mais forte em inglês do que em francês e em francês do que em espanhol. Essa hierarquia, sem dúvida, está relacionada ao fato de que, quanto maior a irregularidade da ortografia, mais as analogias facilitam a leitura. Globalmente, o efeito de vizinhança é estável de uma idade a outra nas três línguas. Assim, a utilização das analogias em leitura é confirmada nos leitores iniciantes (para uma análise, ver Gombert; Bryant; Warrick, 1997). Esses processos de analogia estão na origem de processamentos fonológicos sublexicais implícitos que são utilizados tanto pelo leitor hábil quanto pelo leitor iniciante.

Da mesma forma, vários estudos revelam uma aprendizagem implícita da morfologia. Uma certa sensibilidade a ela existe antes da aprendizagem da leitura, como atestam as supergeneralizações feitas oralmente pelas crianças pequenas. Essa sensibilidade também se manifesta desde o início da aprendizagem da leitura e é incrementada por essa aprendizagem. Marec-Breton, Gombert e Colé (2005) solicitaram a crianças do 1º

ano do ensino fundamental que lessem em voz alta listas compostas de palavras ou de pseudopalavras:
- palavras prefixadas (p. ex.: *déplier*);
- palavras pseudoprefixadas (p. ex.: *dévorer*, em que *de* não é um prefixo);
- pseudopalavras por prefixação (p. ex.: *débouder*, palavra que não existe, mas que é composta do prefixo *de* e do verbo *bouder*);
- pseudopalavras pseudoprefixadas (p. ex.: *débouver*, o verbo *bouver* não existindo, *de* não pode desempenhar aqui o papel de prefixo).

Os resultados revelam que os erros de leitura são significativamente menos numerosos para os itens prefixados (palavras 13%, pseudopalavras 21%) do que para os itens pseudoprefixados (palavras 33%, pseudopalavras 35%). Essas diferenças se desvanecem no 2º ano do ensino fundamental, com a maior parte das crianças lendo corretamente todos os itens (ver Figura 4.3).

	1º ano A				2º ano A			
Palavras prefixadas	87				93			
Palavras pseudoprefixadas		67				92		
Pseudopalavras prefixadas			79				86	
Pseudopalavras pseudoprefixadas				65				88

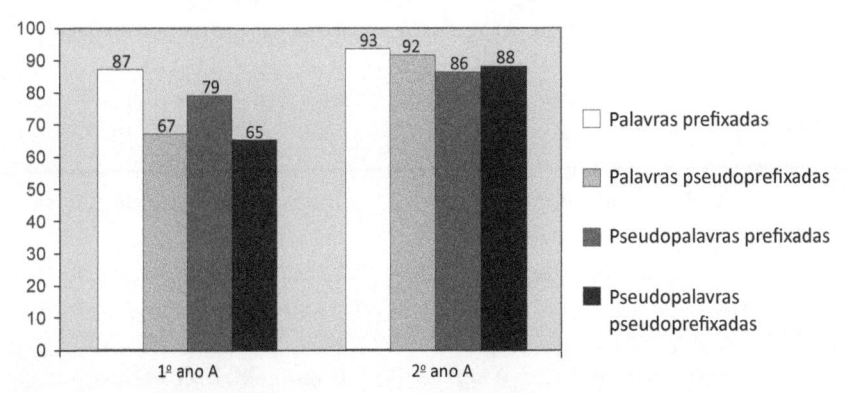

Figura 4.3 Porcentagem de leitura correta na tarefa de leitura.
Fonte: Marec-Breton et al. (2005).

Além disso, uma análise do tempo de leitura permite constatar que, para as pseudopalavras, os itens prefixados são lidos mais rapidamente que os pseudoprefixados (a leitura de *débouder* é mais rápida que aquela de *débouver*) no 1º ano do ensino fundamental, assim como no 2º (ver Figura 4.4). Esses resultados sugerem que a possibilidade de decompor as palavras em unidades de sentido facilita a leitura para os leitores iniciantes. Esse efeito é mais forte quando o leitor é confrontado com itens que ele vê pela primeira vez, situação extremamente frequente na aprendizagem da leitura.

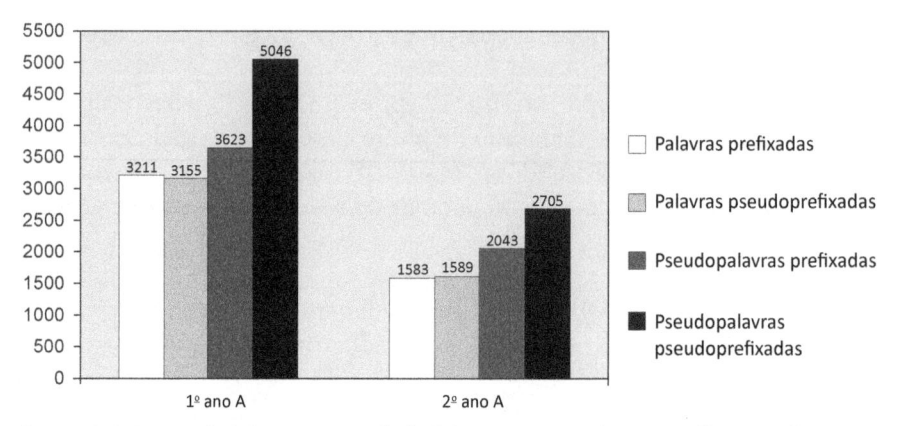

Figura 4.4 Tempo de leitura na tarefa de leitura em voz alta, em milissegundos.
Fonte: Marec-Breton et al. (2005).

As analogias utilizadas aqui são realmente de natureza morfológica e não manifestam unicamente a identificação de uma palavra conhecida contida em uma palavra nova. Com efeito, um segundo experimento mostra que pseudopalavras do tipo *débouder* são lidas mais rapidamente e com menor número de erros que pseudopalavras do tipo *cabouder*, as quais têm em seu começo um bigrama da mesma frequência que *dé*, mas que não é um prefixo.

Esse leitor principiante, que processa a morfologia na leitura, não parece, entretanto, ser capaz de análise morfológica consciente. Em uma pesquisa não publicada, mostramos que a possibilidade de identificar conscientemente os morfemas é tardia (ver Figura 4.5). O experimento, realizado com crianças de último ano da escola de educação infantil, do 1º, 2º e 3º anos do ensino fundamental, consistia em uma tarefa oral de detecção de intruso. Três palavras eram apresentadas oralmente à criança: duas palavras afixadas e uma palavra pseudoafixada (o trio *défaire*, *démonter* e *dévorer*, por exemplo, onde *dévorer* é uma palavra pseudoafixada, pois *dé* não é um afixo nessa palavra. Para os sufixos, o trio poderia, por exemplo, ser *danseur, menteur, couleur*). Depois da explicação do princípio dos prefixos e sufixos às crianças e após termos lhes dado exemplos, elas deviam determinar qual era o intruso em cada trio. As taxas de sucesso no último ano da educação infantil, no 1º e no 2º anos do ensino fundamental são muito próximas do acaso. De fato, é somente no 3º ano que o número de escolhas corretas se torna significativo, sem, contudo, ser muito elevado (menos de 50% de êxito). Esse resultado valida a ideia segundo a qual a análise morfológica consciente é um processo complexo. O domínio tardio desse tipo de análise poderia ser uma consequência do trabalho realizado sobre as palavras escritas, em leitura e em ortografia.

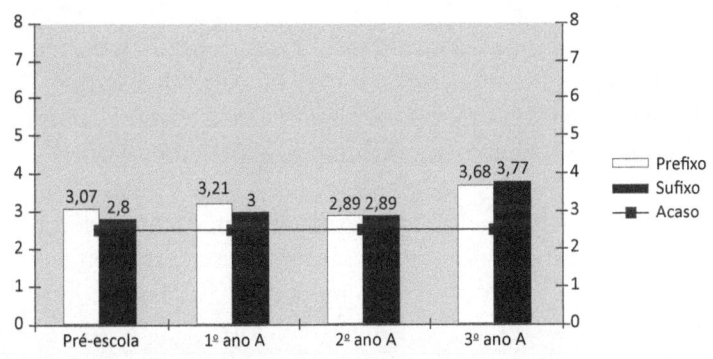

Figura 4.5 Número de escolhas corretas na tarefa de detecção de intruso (Máximo = 8).
Fonte: O autor.

Esses resultados sugerem, portanto, que os processamentos morfológicos efetuados pelo leitor principiante escapam ao seu controle consciente. Eles pertencem ao campo da utilização automática de processos concernentes à competência linguística. Essa constatação é compatível com a hipótese de uma instalação de automatismo por aprendizagem implícita. Além disso, o conjunto desses resultados referentes aos processamentos morfológicos atesta que a mobilização dos conhecimentos linguísticos nos processamentos sublexicais na leitura não se limita à ortografia ou à fonologia, mas antes concerne a todas as regularidades estruturais.

O DUPLO PROCESSO DE APRENDIZAGEM DA LEITURA

As aprendizagens implícitas se apoiam em capacidades funcionais antes dos primeiros contatos com a escrita. Com efeito, a criança começa a adquirir implicitamente conhecimentos sobre a escrita desde que a ela seja exposta de forma repetida, bem antes do início da instrução formal. Essa aquisição dos primeiros conhecimentos mobiliza capacidades que dependem, em parte, da competência linguística precoce, e em parte,

das capacidades de categorização que permitem à criança reconhecer os objetos que ela percebe visualmente. É sobre essa dupla base que vão se delinear as aprendizagens implícitas, sob a condição de que a criança foque sua atenção sobre as palavras escritas. Certamente, essas capacidades iniciais lhe permitem desenvolver, por aprendizagem implícita, uma habituação às regularidades relativas:
- às configurações visuais (portanto, à ortografia no que concerne às palavras escritas);
- às palavras orais associadas a essas configurações (portanto às dimensões fonológica e fonológico-lexical da escrita);
- às significações associadas a essas configurações (portanto, às dimensões morfológica e semântico-lexical da escrita).

Graças a essas primeiras aprendizagens implícitas, a criança da escola de educação infantil adquire, sem perceber, os primeiros conhecimentos sobre a escrita. Ela se habitua a configurações visuais, o que a leva a perceber que certos itens fazem mais palavras que outros (ver Pacton et al., 2001). Ela experimenta associações entre sequências de letras e pronúncias, o que constituirá a base das analogias que ela desenvolverá em breve na leitura (ver Gombert et al., 1997; Goswami; Gombert; Fraca de Barrera, 1998; Treiman, 1992). Enfim, ela associa sequências ortográficas a significados, associações que se manifestam nos processamentos morfológicos identificados no leitor principiante (Marec-Breton; Gombert; Colé, 2005).

As aprendizagens implícitas, portanto, não dizem respeito unicamente às regularidades ortográficas, mas também explicam a influência precoce da sensibilidade fonológica sobre os primeiros desempenhos de reconhecimento de palavras e a consideração das regularidades morfológicas pelo leitor iniciante.

Como mostram as pesquisas sobre esse tema, o motor das aprendizagens implícitas é de natureza estatística. Quanto mais frequentemente manipula a escrita, mais o leitor fará aprendizagens implícitas. Uma das consequências do ensino da leitura no início do ensino fundamental é o considerável aumento da manipulação da escrita, comparativamente ao período pré-escolar. Assim, o ensino da leitura, longe de tomar o lugar das aprendizagens implícitas, tem o efeito indireto de multiplicá-las em correlação com o aumento da frequência das atividades voltadas à linguagem escrita. Após o período inicial de ensino da leitura, é a prática regular da leitura e da escrita que permitirá a continuação das aprendizagens implícitas.

A cada nível de domínio da leitura (incluindo o nível principiante), o que é automático nos processamentos é a manifestação comportamental do nível atual das habilidades que foram instaladas por aprendizagem implícita. De modo contínuo, as regularidades internas e contextuais que o sistema cognitivo do aprendiz percebe a respeito das palavras escritas afetam a organização dos seus conhecimentos implícitos. Dessa forma, as respostas automaticamente ativadas pela percepção das palavras escritas evoluem progressivamente na direção dos automatismos da leitura proficiente. Assim, a aprendizagem implícita prossegue enquanto o indivíduo lê (e/ou escreve), ela não é interrompida pelo fim das lições de leitura (quanto mais se lê, melhor se lê).

Paralelamente, a aprendizagem explícita (consciente) da leitura (e da ortografia) e as hipóteses que o aluno elabora refletindo sobre a escrita constroem progressivamente um conjunto de conhecimentos explícitos que ele pode utilizar intencionalmente para completar ou controlar o produto dos processamentos automáticos. Embora essenciais à evolução das respostas automáticas por aprendizagem implícita, esses conhecimentos não se tornam eles mesmos automáticos. Entretanto, eles se tornam mais rotineiros e são utilizados cada vez mais facilmente e a um custo cognitivo cada vez menor (ver LOGAN, 1988).

Uma ilustração dos efeitos desse duplo processo de aprendizagem é fornecida, no domínio da produção escrita, por Fayol, Largy e Lemaire (1994). Eles ditaram a estudantes de universidade frases como "*le chien des voisins arrive*".* Em geral, a boa ortografia foi produzida, o verbo está concordando corretamente com o sujeito, no singular. O mesmo ditado foi realizado com outros participantes, mas em situação de dupla tarefa: os estudantes deviam escutar uma lista de palavras, escrever a frase ditada, depois repetir as palavras (o que supõe que eles as repetiam para si enquanto escreviam, o que diminuía sua possibilidade de controlar a ortografia). Nessa situação, muitos estudantes escreviam então "*le chien des voisins arrivent*".** Essa observação pode ser interpretada da seguinte forma: quando se impede o controle pela atenção consciente, a ortografia produzida é aquela aprendida implicitamente, que corresponde ao que o indivíduo encontrou mais frequentemente (acordo entre o verbo e o substantivo que o precede imediatamente, que geralmente é efetiva-

---

* N. de T.: O verbo *arriver* é colocado corretamente no singular: "O cachorro dos vizinhos chega".
** N. de T.: O verbo *arriver* é colocado incorretamente no plural: "O cachorro dos vizinhos chegam".

mente seu sujeito). É a utilização das regras aprendidas explicitamente na escola que permite reprimir essa resposta e produzir a ortografia correta. Há, portanto, em um primeiro momento, ativação automática da resposta instalada por aprendizagem implícita, depois, controle pela atenção consciente e, eventualmente, ajustamento por meio da mobilização de conhecimentos construídos por aprendizagem explícita. Essa observação confirma que a resposta automática não é fruto da "automatização" da regra aprendida, que continua sendo gerada graças à atenção, mas é o produto das aprendizagens implícitas.

A Figura 4.6 esquematiza esse duplo processo de aprendizagem. A aprendizagem implícita é representada na parte esquerda, a aprendizagem explícita, na parte direita.

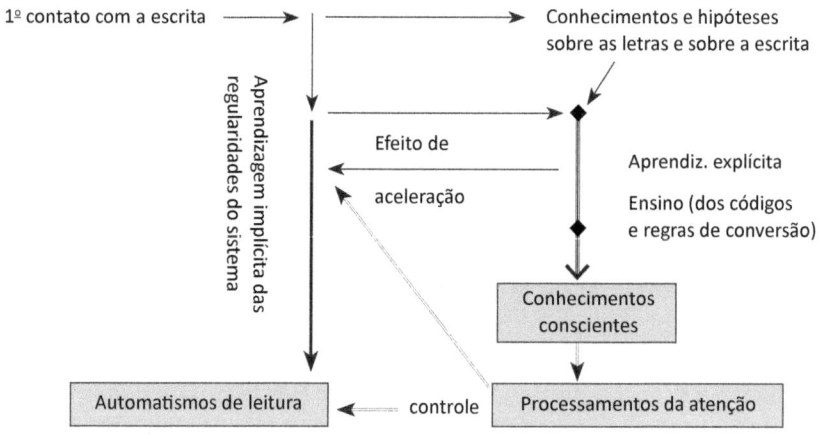

Figura 4.6 Aprendizagem implícita e explícita da leitura.
Fonte: O autor.

Levar em conta a vertente implícita da aprendizagem não diminui em nada a importância de sua vertente consciente. A aprendizagem explícita das correspondências grafema-fonema é indispensável para que os alunos possam ler, uma vez que as habilidades implícitas não são suficientes para isso. Na sequência, os conhecimentos explícitos serão ainda necessários quando o leitor tiver que controlar conscientemente sua leitura (p. ex., para ler palavras novas ou para controlar a ortografia de um texto).

Da mesma forma, a aprendizagem explícita da morfologia escrita é importante para permitir ao leitor iniciante ler palavras irregulares (incluindo letras mudas) e para permitir ao escritor iniciante escrever corretamente as palavras, uma vez que as habilidades implícitas não são suficientes. Mais tarde, esses conhecimentos explícitos deverão estar disponíveis para permitir a aplicação de regras ortográficas sofisticadas (morfossintaxe) e para a atividade de correção ortográfica.

As aprendizagens implícita e explícita têm, portanto, papéis complementares: as aprendizagens implícitas são as responsáveis pelos automatismos de leitura, mas os conhecimentos conscientes são indispensáveis ao desenvolvimento dessas aprendizagens no leitor iniciante e são necessários toda vez que o leitor proficiente tem que controlar sua atividade para tomar decisões sobre o modo como ele trata a escrita, quando lê ou quando escreve.

REVISÃO DO MODELO

Os trabalhos sobre aprendizagem implícita e sua importância para a compreensão da aprendizagem da leitura, conduziram-me, assim, a modificar meu modelo inicial de desenvolvimento metalinguístico (GOMBERT, 1990). As habilidades epilinguísticas podem ser consideradas em termos de conhecimentos adquiridos por meio de aprendizagens implícitas. Nessa nova perspectiva, contrariamente ao que eu afirmava antes, a emergência das capacidades metalinguísticas não leva ao desaparecimento das habilidades epilinguísticas das quais elas resultam: estas últimas continuam a evoluir sob o efeito da repetição e da manipulação da escrita quando as pessoas leem ou escrevem. É esta evolução que parece estar na origem dos automatismos do leitor proficiente, e não qualquer transformação dos processamentos da atenção.

Dito de outra forma, o caráter automático da leitura procederia sempre de aprendizagens implícitas que ocorrem com base em mecanismos de aprendizagem estatística, mediante a repetição das manipulações da escrita. Portanto, o caráter automático da leitura não seria uma consequência da "automatização" dos processos controlados construídos pelo ensino: ele se instalaria paralelamente a esses processos. Os conhecimentos controlados, instalados pelo ensino, não deixariam de ter um papel fundamental. Assim, a aprendizagem explícita da leitura (e da ortografia), além de permitir a repetição da atividade no leitor principiante (e, portanto, as condições da aprendizagem implícita), conduziria à instalação de um conjunto de conhecimentos acessíveis à consciência e suscetíveis de serem utilizados para controlar o produto dos proces-sos automáticos.

No modelo de desenvolvimento metalinguístico inicial, as habilidades epilinguísticas se transformavam em capacidades metalinguísticas por um processo de tomada de consciência. As capacidades metalinguísticas se automatizavam em seguida sob o efeito da repetição de sua mobilização. O desenvolvimento se efetuava, então, de forma unidimensional. Na revisão do modelo, há, por um lado, um processo de aprendizagem implícita que está na origem das habilidades epilinguísticas e dos automatismos (inclusive aqueles do leitor proficiente) e, de outro lado, a construção de conhecimentos e de procedimentos conscientemente mobilizados (ou seja, as capacidades metalinguísticas) que permitem ao leitor-escritor dirigir conscientemente sua atividade. Embora se nutrindo das habilidades epilinguísticas, as capacidades metalinguísticas não são o resultado da tomada de consciência dos conhecimentos implícitos que são subjacentes a ela, conhecimentos esses que, por definição, são inacessíveis à consciência.

A conquista das competências de leitura se inscreve em um conjunto de aquisições cognitivas que dependem das aprendizagens efetuadas, mas também do desenvolvimento da criança. É na interface dos conhecimentos não conscientes e dos conhecimentos refletidos que se constroem as competências de manipulação da escrita. A compreensão detalhada desse processo de construção nos exige que as aprendizagens implícitas e as aprendizagens conscientes (explícitas) sejam diferenciadas e articuladas.

CONSEQUÊNCIAS PEDAGÓGICAS

É, portanto, necessário, de um lado, ensinar para que o aluno elabore os conhecimentos conscientes necessários à aplicação voluntária de procedimentos e estratégias de leitura e, de outro, assegurar as condições e a vontade de manipulação frequente da escrita, lendo ou escrevendo, para que as aprendizagens implícitas possam instalar os automatismos. Sem ensino, o aluno não dominará os mecanismos do processamento da escrita; sem prática, ele não terá os automatismos instalados e continuará sendo, no melhor dos casos, um decodificador da escrita, no pior deles, o aluno esquecerá os procedimentos aprendidos e irá se juntar à população dos iletrados.

Uma fonte frequente de dificuldades dos alunos deve ser procurada, portanto, no campo do ensino. Sabe-se que certos alunos apresentam problemas de aprendizagem de origem instrumental. O equipamento cognitivo que cada um dispõe para aprender não é estritamente idêntico e, por vezes, esse equipamento não permite a aprendizagem, a menos que uma assistência pedagógica apropriada às peculiaridades e necessidades da criança seja oferecida. A intervenção psicológica é também necessária quando dificuldades afetivas criam obstáculos ao desejo de aprender, mas aqui nos afastamos de meu campo de competência.

NOTA

1 Traduzido do francês para o português por Fraulein Vidigal de Paula, Dra., Universidade de São Paulo e Université de Rennes II, França, e Sylvia D. Barrera, Dra., Universidade de São Paulo, Campus de Ribeirão Preto.

REFERÊNCIAS

DE FRANCIS, J. *Visible speech*: the diverse oneness of writing systems. Honolulu: University of Hawaii, 1989.
FAYOL, M.; LARGY, P.; LEMAIRE, P. When cognitive overload enhances subject-verb agreement errors: a study in French written language, *Quarterly Journal of Experimental Psychology*, v. 47, p. 437-464, 1994.
GOMBERT, J. E. *Le développement métalinguistique*. Paris: PUF, 1990.
GOMBERT, J. E. Atividades metalingüísticas e aprendizagem da leitura. In: MALUF, M. R. (Ed.). *Metalinguagem e aquisição da escrita*: pesquisa e prática da alfabetização. São Paulo: Casa do Psicólogo, 2003. p. 19-63.
GOMBERT, J. E.; BRYANT, P.; WARRICK, N. Les analogies dans l'apprentissage de la lecture et de l'orthographe. In : RIEBEN, L.; FAYOL, M.; PERFETTI, C. (Ed.). *Des orthographes et leur acquisition*. Genève: Delachaux & Niestlé, 1997.
GOSWAMI, U. C.; BRYANT, P. *Phonological skills and learning to read*. Hillsdale: Lawrence Erlbaum, 1991.
GOSWAMI, U.; GOMBERT, J. E.; FRACA DE BARRERA, L. Children's orthographic representations and linguistic transparency: nonsense word reading in English, French and Spanish. *Applied Psycholinguistics*, v. 19, p. 19-52, 1998.
LOGAN, G. D. Toward an instance theory of automatization. *Psychological Review*, v. 95, p. 492-527, 1988.
MAREC-BRETON, N.; GOMBERT, J. E.; COLE, P. Traitements morphologiques lors de la reconnaissance des mots écrits chez des apprentis lecteurs. *L'Année Psychologique*, v. 105, p. 9-45, 2005.
MORAIS, J.; ROBILLARD, G. (Ed.). *Apprendre à lire*. Paris: Odile Jacob, 1998.
NICOLAS, S.; PERRUCHET, P. (Ed.). Mémoire et apprentissage implicite, *Psychologie Française*, v. 43, 1998.
PACTON, S. et al. Implicit learning out of the lab: the case of orthographic regularities. *Journal of Experimental Psychology*, v. 130, p. 401-426, 2001.
PEEREMAN, R. Phonological assembly in reading: lexical contribution leads to violation of graphophonological rules. *Memory and Cognition*, v. 19, p. 568-578, 1991.
REBER, A. S. Implicit learning of artificial grammars. *Journal of Verbal Learning and Verbal Behavior*, v. 6, p. 855-863, 1967.
REBER, A. S. *Implicit learning and tacit knowledge*: an essay on the cognitive unconscious. New York: Oxford University, 1993.
SEBASTIÁN-GALLÉS, N. Reading by analogy in a shallow orthography. *Journal of Experimental Psychology: Human Perception and Performance*, v. 17, p. 471-477, 1991.
TREIMAN, R. The role of intrasyllabic units in learning to read and spell. In: GOUGH, P. B.; EHRI, L. C.; TREIMAN, R. (Ed.). *Reading acquisition*. Hillsdale: Lawrence Erlbaum, 1992.

5. Como a ciência cognitiva forneceu as bases teóricas para resolução do "grande debate" sobre métodos de leitura em ortografias alfabéticas[1]

William E. Tunmer

Este capítulo tem como objetivo apresentar uma visão geral das pesquisas psicológicas mais recentes que têm ajudado a resolver a longa história de conflito acerca do modo mais efetivo de ensinar as crianças a ler em ortografias alfabéticas, sobretudo em ortografias opacas como a inglesa. O pêndulo oscilou entre abordagens que enfatizam o desenvolvimento de habilidades de codificação alfabética ou fonológica e aquelas que não o fazem, como, por exemplo, o método da palavra inteira (*whole-word method*) ou, mais recentemente, da linguagem total (*whole language*) (Snow; Juel, 2005; Tunmer; Nicholson, 2011). O argumento central deste capítulo é que a busca do "melhor método" para ensinar a ler é fundamentalmente equivocada, na medida em que a abordagem mais efetiva a ser usada com qualquer criança depende, de modo crucial, dos conhecimentos, habilidades e experiências que a criança traz consigo para a tarefa de aprendizagem da leitura.

As teorias contemporâneas de aprendizagem propõem que qualquer ato de aprendizagem é um produto do aprendiz e do meio. Em sua tentativa de desenvolver um arcabouço conceitual das teorias da aprendizagem da leitura, Byrne (2005) argumentou que diferentes atos de aprendizagem podem ser localizados em diferentes pontos ao longo de um *continuum* que representa a "divisão de trabalho" entre o aprendiz e o meio (ver Figura 5.1). Um extremo do *continuum* da divisão de trabalho representa os atos de aprendizagem que requerem apenas *input* reduzido e fragmentário para que a aprendizagem ocorra (como, por exemplo, a aprendizagem da linguagem falada), enquanto o outro extremo representa aprendizagens que pressupõem *input* rico e altamente estruturado (como, por exemplo, aprender geometria). A aprendizagem da leitura situa-se em algum ponto entre esses dois extremos, mas permanece a questão de saber *onde,* ao longo desse *continuum,* a aquisição da leitura deveria ser representada de modo mais apropriado.

Continuum da divisão de trabalho para atos de aprendizagem

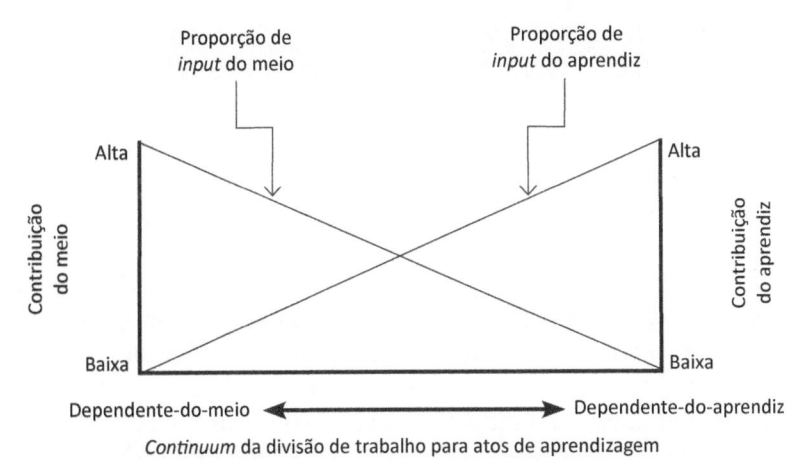

Figura 5.1 *Continuum* teórico representando a divisão de trabalho entre o aprendiz e o meio.
Fonte: O autor.

A importância da resposta a essa questão é acentuada pelo fato de que, durante mais de um século, o conflito sobre o ensino da leitura tem focalizado sobretudo esta questão: em que medida as crianças são capazes de induzir um conhecimento adequado do sistema pelo qual a escrita representa a fala, na ausência de instrução explícita acerca da natureza desse sistema (Snow; Juel, 2005). Na compreensão da linguagem falada, as palavras são construídas a partir dos sons da fala, as sentenças; a partir das palavras; e os conjuntos de proposições inter-relacionadas; a partir das proposições subjacentes às frases individuais. O processo de conversão dos sons em significados pode ser representado em termos de um modelo que especifica um conjunto de processadores interativos, em que o *output* de cada um se transforma no *input* do próximo (ver Figura 5.2). Para aprender a ler, a criança precisa descobrir, ou ser levada a descobrir, como a escrita representa esse sistema.

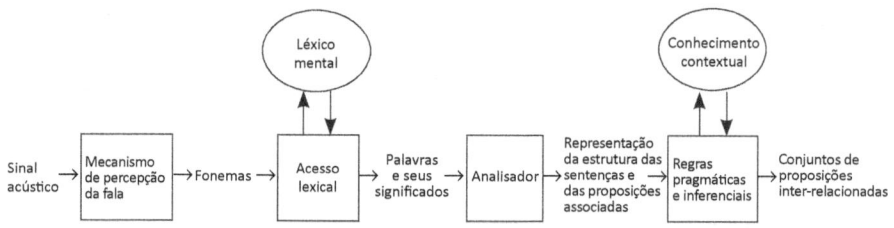

Figura 5.2 Modelo dos processos e produtos implicados na compreensão da linguagem falada.
Fonte: O autor.

INSTRUÇÃO BASEADA NA LINGUAGEM TOTAL

Tunmer e Nicholson (2011) analisaram recentemente as bases teóricas das abordagens da linguagem total e fônica para a instrução inicial da leitura e concluíram que ambas apresentam problemas conceituais importantes. A perspectiva da linguagem total vê a aprendizagem da leitura como sendo, em grande parte, o produto acidental de uma atividade mental intensa, em que o foco está em aprender a ler lendo, com pouca ou nenhuma instrução direta sobre os padrões de relação letra-som. A partir do pressuposto de que a habilidade de ler emerge natural e espontaneamente das experiências prévias da criança com materiais existentes no ambiente (como, por exemplo, a palavra *PARE* dentro de um hexágono vermelho), os teóricos da linguagem total concluíram que a instrução da leitura deveria se espelhar na aquisição da linguagem nativa, tendo seu foco na construção do significado, e não nas unidades estruturais abstratas que fornecem a base do mapeamento entre a linguagem escrita e a linguagem falada. Dessa forma, a linguagem deveria ser mantida "inteira" durante a instrução, com as atividades ou exercícios de análise de palavras resultando, principalmente, das respostas das crianças durante a leitura de textos e devendo focalizar-se, sobretudo, nos sons correspondentes às letras no início das palavras. Em termos do arcabouço conceitual de Byrne (2005), esta abordagem sobre o ensino da leitura pressupõe que os processos da aprendizagem da leitura são altamente *dependentes-do-aprendiz*, com as crianças baseando-se em grande medida na indução (ver Figura 5.3).

A linguagem total também assume que a aquisição da leitura é, em grande parte, um processo no qual as crianças aprendem a usar vá-

Figura 5.3 A abordagem da linguagem total à instrução em leitura assume que os processos de aprendizagem da leitura estão localizados, sobretudo, no extremo dependente-do-aprendiz, no *continuum* da divisão de trabalho.
Fonte: O autor.

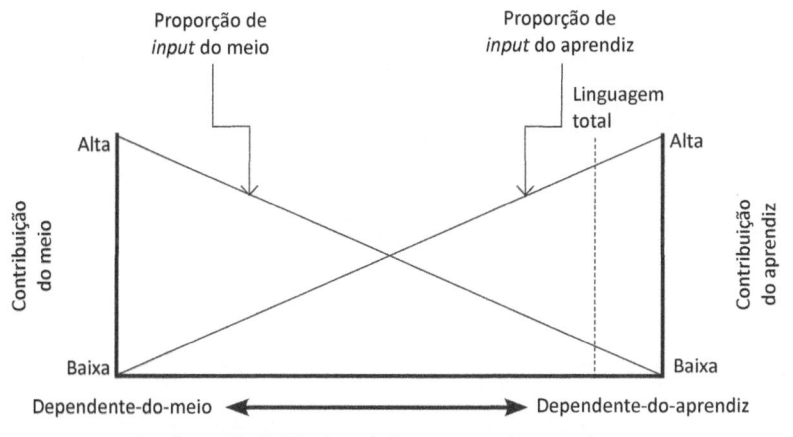

rias pistas de identificação de palavras no texto, com pistas textuais (p. ex., pistas contextuais oriundas da sentença e das passagens precedentes) sendo usadas principalmente para gerar hipóteses sobre o que ainda está por vir e pistas grafonêmicas geralmente sendo usadas para confirmação e autocorreção. A maior limitação desta filosofia instrucional, contudo, está no fato de que, embora enfatize a importância de se usar informações de várias fontes para identificar palavras não familiares, ela não reconhece que habilidades e estratégias envolvendo informação de natureza fonológica são de importância primordial no início da aprendizagem da linguagem escrita (Shankweiler; Fowler, 2004).

Uma das maiores características de crianças que enfrentam dificuldades de leitura é sua tendência em basear-se demasiadamente em pistas contextuais para compensar suas deficiências na habilidade de decodificação fonológica, que consiste na habilidade cognitiva de transformar letras e padrões de letras em formas fonológicas. Os resultados de pesquisas mostram que a utilização das relações letra-som para identificar palavras desconhecidas é o mecanismo básico para a aquisição de representações ortográficas das palavras, inclusive de palavras com ortografia irregular (Ehri, 2005). A habilidade de tirar vantagem do mapeamento sistemático entre os subcomponentes das palavras escritas e faladas (e do uso possível do contexto da sentença para suplementar a informação baseada na palavra) capacita os leitores iniciantes a identificar palavras desconhecidas, o que resulta na formação de conexões visuofonológicas, sublexicais, entre palavras escritas e suas formas sonoras na memória lexical. Esse processo fornece a base para a construção de representações ortográficas minuciosas, as quais são necessárias para o reconhecimento automatizado de palavras (ver, p. ex., EHRI, 2005 e Capítulo 2 neste livro), que, por sua vez, libera os recursos cognitivos para que eles se voltem para a compreensão de sentenças e para os processos de integração textual (ver Figura 5.4).

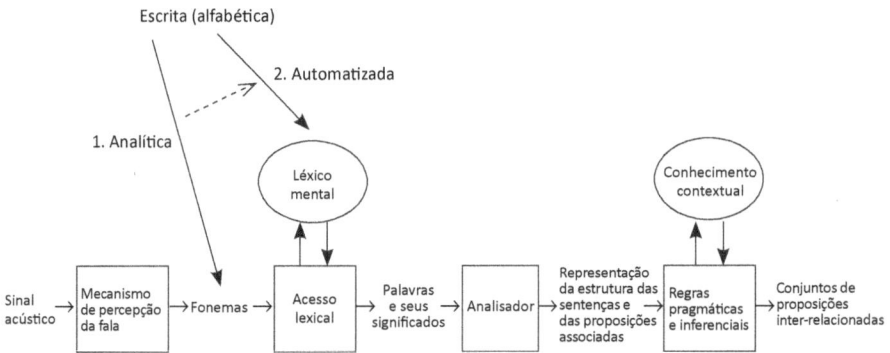

Figura 5.4 A automatização do reconhecimento de palavras.
Fonte: O autor.

Em contraposição aos pressupostos da linguagem total, Tunmer e Chapman (1998) relataram uma pesquisa cujos resultados indicaram que leitores iniciantes com boas habilidades de decodificação não precisavam se basear no contexto tão frequentemente quanto os decodificadores menos hábeis, devido à sua habilidade superior de reconhecer palavras isoladas. Contudo, quando os decodificadores hábeis se baseavam no contexto para ajudá-los na identificação de palavras desconhecidas, conseguiam identificar essas palavras mais frequentemente do que os decodificadores menos hábeis. Assim, por exemplo, leitores iniciantes que eram capazes de gerar a pronúncia regularizada "stow-match" quando confrontados com a palavra *stomach* – estômago – apresentaram maior probabilidade de identificar a palavra (*stomach*) quando ela apareceu em um contexto de sentença subdeterminado, "*The football hit him in the 'stow-match'*" do que crianças que não conseguiram identificar nenhum dos sons da palavra, ou talvez apenas o som da primeira ou da primeira e última letras, por exemplo, "*The football hit him in the 'statch'*".

INSTRUÇÃO FÔNICA

Ainda questionando a perspectiva teórica da linguagem total, Tunmer e Nicholson (2011) argumentaram que os programas tradicionais de instrução fônica também baseiam-se em equívocos fundamentais acerca do processo de aquisição da leitura. A maior parte dos programas fônicos de alfabetização assume que as crianças só aprendem as correspondências letra-som por meio de modelos de instrução de transmissão direta, em que o ensino é explícito e sistemático. De acordo com isso, os programas fônicos tradicionais são fortemente centrados no professor e têm currículos que são tipicamente rígidos, fixos e *lock-step*, com forte ênfase no ensino de habilidades de análise de palavras isoladamente e em uma sequência específica. Nesta abordagem, altamente estruturada e de instrução centrada no professor, o processo de aprendizagem da leitura deve ser visto como fortemente *dependente-do-meio* (ver Figura 5.5).

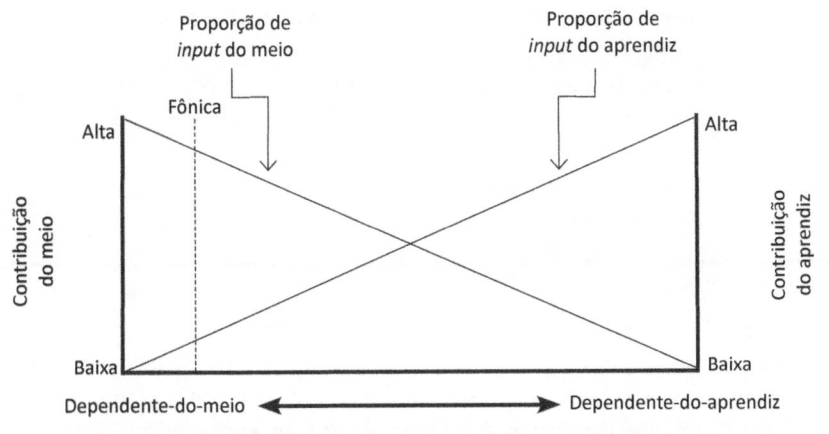

Figura 5.5 Os métodos fônicos assumem que os processos de aprendizagem da leitura estão localizados, sobretudo, no extremo dependente-do-meio, no *continuum* da divisão de trabalho.
Fonte: O autor.

Uma grande dificuldade com os pressupostos subjacentes aos programas fônicos tradicionais é que há um número demasiadamente grande de relações letra-som nas ortografias opacas como a ortografia inglesa, provavelmente várias centenas, tornando praticamente impossível a aquisição de todas elas por instrução direta. As pesquisas indicam que muito, se não a maior parte, do que as crianças que aprendem a ler em inglês chegam a conhecer sobre a ortografia é adquirido por meio da aprendizagem implícita (BRYANT, 2002; THOMPSON; FLETCHER-FLINN, 2006; TUNMER; NICHOLSON, 2011; VENEZKY, 1999). Na medida em que as tentativas de leitura dos leitores iniciantes tornam-se mais bem-sucedidas, representações ortográficas de mais palavras são estabelecidas na memória lexical, permitindo que novas relações letra-som possam ser induzidas sem instrução explícita, por um processo chamado de *recodificação fonológica lexicalizada* (THOMPSON; FLETCHER-FLINN; COTTRELL, 1999). Ao contrário das correspondências letra-som adquiridas por instrução direta, que são, em grande parte, independentes do contexto (isto é, envolvem correspondências um a um entre letras isoladas ou dígrafos e fonemas isolados), as correspondências letra-som adquiridas por aprendizagem implícita são, em grande parte, suscetíveis ao contexto (isto é, dependem da posição da letra ou fonema na palavra ou da presença de letras "sinalizadoras"). Por exemplo, em inglês, a letra *y* produz um som na posição final de palavras de duas sílabas (p. ex., *baby; happy*), outro som no início das palavras (p. ex., *yes; you; yogurt*); e outro em palavras de uma só sílaba aberta (p. ex., *by; my*).

Na medida em que as crianças progridem na aprendizagem da leitura, elas começam a fazer uso das correspondências entre as letras e os sons para identificar palavras desconhecidas no texto, de modo cada vez mais independente. A partir daí, o meio mais eficaz para o progresso na aprendizagem da leitura passa a ser a exposição a materiais escritos, uma vez que a leitura por si só fornece oportunidades únicas para o desenvolvimento da fluência e para a aprendizagem implícita de padrões de relação letra-som adicionais. Embora as crianças tenham que se basear cada vez mais na indução para adquirir as relações letra-som necessárias para a aprendizagem da leitura, a instrução fônica explícita desempenha um papel importante ao permitir o início do processo pelo qual os leitores iniciantes adquirem relações letra-som desconhecidas por meio da aprendizagem implícita. Portanto, a instrução fônica é melhor compreendida como um meio para um fim, e não como um fim em si mesma.

Devido à natureza das ortografias opacas, uma das principais funções da instrução fônica é prover leitores iniciantes de uma estratégia que lhes permita gerar representações fonológicas aproximadas ou parcialmente corretas de palavras desconhecidas, de tal modo que, com a ajuda do contexto, a identificação da palavra possa ser feita (VENEZKY, 1999). As crianças aprendem a usar seu conhecimento das relações letra-som, adquirido por meio da instrução fônica, para produzir decodificações parciais de palavras desconhecidas, sobretudo daquelas com grafias complexas, irregulares ou polifônicas. Estas representações fonológicas aproximadas fornecem a base para a geração de pronúncias alternativas das palavras-alvo, até que seja produzida uma que corresponda a uma palavra na memória lexical da criança e que faça sentido no contexto em que aparece. Relações letra-som adicionais, especialmente aquelas sensíveis ao contexto, podem então ser induzidas a partir das representações ortográficas de palavras que foram corretamente identificadas e armazenadas no léxico mental (Tunmer; Chapman, 2012a). Nesta visão, os processos responsáveis pelo reconhecimento de palavras são inicialmente *dependentes-do-meio*, mas se tornam necessariamente cada vez mais *dependentes-do-aprendiz* (ver Figura 5.6).

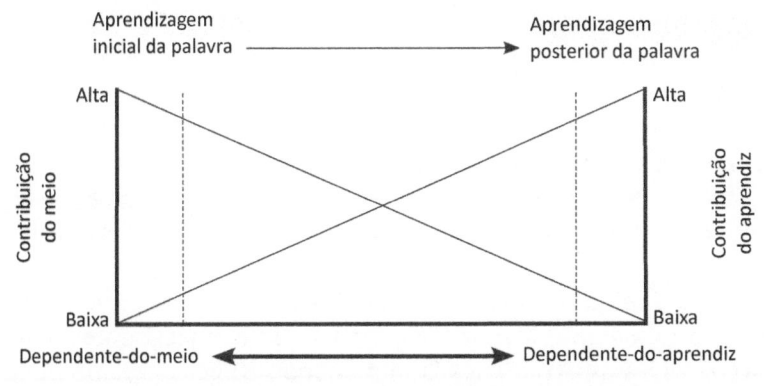

Figura 5.6 Os processos de aprendizagem da leitura de palavras são inicialmente dependentes-do-meio e se tornam cada vez mais dependentes-do-aprendiz ao longo do desenvolvimento.
Fonte: O autor.

Outra limitação dos métodos fônicos tradicionais consiste no fato de não darem atenção ao desenvolvimento da consciência fonêmica, ou seja, a habilidade de refletir sobre e manipular os elementos fonêmicos das palavras faladas (Tunmer; Nicholson, 2011). Para que as crianças se beneficiem do método fônico, elas precisam ser capazes de segmentar as palavras faladas em seus subcomponentes; precisam compreender que a palavra falada "chuva" tem quatro sons. Leitores iniciantes que encontram dificuldades persistentes na detecção de sequências fonêmicas nas palavras não serão capazes de compreender integralmente o princípio alfabético e de descobrir as relações entre a escrita e os sons da fala.

CAPITAL CULTURAL LETRADO E INSTRUÇÃO DIFERENCIADA

Embora as crianças precisem basear-se cada vez mais na aprendizagem implícita para adquirir as habilidades de decodificação fonológica necessárias para aprender a ler, a quantidade de instrução explícita em consciência fonêmica e padrões letra-som necessária para "dar o pontapé inicial" no processo de indução de relações sublexicais parece variar consideravelmente de uma criança para outra. Para alguns leitores iniciantes, os processos de aquisição de habilidades de leitura e de escrita são altamente *dependentes-do-leitor (learner dependent)*. Eles parecem compreender a ideia imediatamente após o ensino explícito de algumas habilidades e estratégias de base fonológica. Para outras crianças, no entanto, os processos de aprendizagem são mais *dependentes-do-meio (environment dependent)*, e elas precisam ser iniciadas na leitura de um modo muito mais estruturado e guiado pelo professor (Snow; Juel, 2005).

Uma questão-chave consiste em descobrir o que causa essas diferenças nos processos de aprendizagem da linguagem escrita. Dado que a aquisição de uma habilidade complexa como a leitura consiste em um processo que ocorre ao longo do tempo e implica em um desenvolvimento que vai da pré-leitura à leitura hábil, em que diferentes habilidades cognitivas são requeridas em diferentes medidas, é necessário considerar as *habilidades cognitivas de entrada,* ou seja, os conhecimentos, habilidades e estratégias que os alunos já têm quando começam a aprender algo novo. As pesquisas indicam que as crianças chegam à escola com amplas diferenças individuais no que diz respeito às experiências e competências importantes para a aprendizagem da leitura (Whitehurst; Lonigan, 2001). Essas experiências e competências são coletivamente chamadas de *capital cultural letrado,* um termo genérico para referir-se a fatores relacionados à leitura no início da escolarização, que se desenvolvem a partir de atividades no seio do ambiente familiar importantes para o desenvolvimento inicial da leitura (Tunmer; Nicholson, 2011).

Exemplos de capital cultural letrado no início da escolarização incluem habilidades de linguagem oral (especialmente o vocabulário); familiaridade com "livros" ou com a linguagem "descontextualizada"; compreensão básica de conceitos e convenções da linguagem escrita; conhecimento dos nomes e sons das letras; habilidade para produzir escritas pré-convencionais de palavras (p. ex., KLR para *color*); sensibilidade aos subcomponentes das palavras faladas (ou consciência fonológica); e sensibilidade aos determinantes semânticos e sintáticos das frases (ou consciência gramatical). Crianças com níveis elevados dessas habilidades cognitivas beneficiam-se mais do ensino da leitura e aprendem a ler mais precocemente e melhor do que as outras crianças. Esse argumento apoia-se em um vasto corpo de pesquisas que mostra relações preditivas substanciais entre medidas de habilidades relacionadas à leitura e o desempenho ulterior em leitura (TUNMER; NICHOLSON, 2011).

A localização das crianças, no início da escolarização, em um determinado ponto do *continuum* da divisão de trabalho de Byrne (2005) parece depender muito do capital cultural letrado que possuem, sendo que as crianças *dependentes-do-aprendiz* têm níveis mais altos de conhecimentos, habilidades e experiências relacionadas à leitura, e as crianças *dependentes-do-meio* têm níveis mais baixos (ver Figura 5.7). Uma perspectiva predominantemente construtivista, como a abordagem da linguagem total, que coloca maior ênfase na leitura de livros e na escrita de textos, com algum ensino eventual de habilidades de análise de palavras durante as atividades de leitura e escrita é, portanto, mais apropriada para as crianças *dependentes-do-aprendiz* do que as abordagens com forte ênfase no código. Por outro lado, as crianças *dependentes-do-meio* provavelmente se beneficiarão mais de instruções de leitura que incluem ensino explícito e sistemático em consciência fonológica e decodificação no nível da palavra, juntamente com múltiplas oportunidades de praticar e receber *feedback* sobre o uso dessas habilidades durante a leitura de texto.

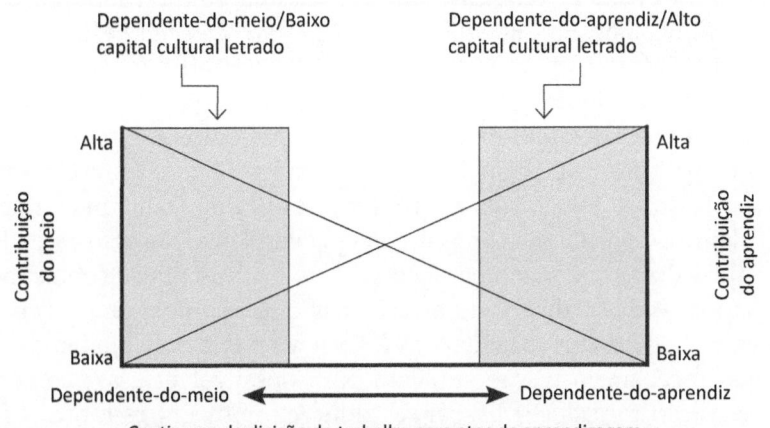

Figura 5.7 As crianças dependentes-do-aprendiz têm níveis mais altos de capital cultural letrado no início da escolarização, enquanto as crianças dependentes-do-meio têm índices mais limitados desse capital.
Fonte: O autor.

Os resultados dos estudos de Connor e seus colegas apoiam a importância da adequação do método de ensino da leitura (isto é, abordagens construtivistas *versus* explícitas) às características do aluno (isto é, alto *versus* baixo capital cultural letrado). Esses pesquisadores examinaram os efeitos de diferentes ênfases instrucionais, que variavam em relação às habilidades relacionadas à leitura no início da escolarização, incluindo o vocabulário oral, o conhecimento das letras e o conhecimento das correspondências letra-som (CONNOR; MORRISON; KATCH, 2004; CONNOR et al., 2009). Eles encontraram que as crianças que começaram o 1º ano escolar com habilidades relacionadas à leitura abaixo da média obtiveram maiores ganhos nas salas de aula que forneceram índices mais altos de instrução guiada pelo professor e focalizada no código do que em salas de aula que forneceram índices mais altos de instrução centrada na criança e focalizada no significado. Em contraste, as crianças que começaram o ano com altos níveis de habilidades relacionadas à leitura obtiveram maiores progressos nas salas de aula que forneceram os índices mais altos de instrução centrada na criança e no significado e os índices mais baixos de instrução guiada pelo professor e focalizada no código.

De grande importância foi o achado de que, quando as características dos alunos foram bem combinadas com a abordagem instrucional, o progresso em leitura resultante dessa boa combinação variou muito entre crianças que começaram o ano com alto ou com baixo capital cultural letrado. Para as crianças com alto capital cultural letrado, os padrões instrucionais mais adequados (isto é, instrução centrada na criança e no significado) resultaram em um ganho nos escores de leitura equivalente ao de metade de um ano escolar, acima dos padrões instrucionais menos efetivos. Contudo, para as crianças com baixo capital cultural letrado, os padrões instrucionais mais adequados (isto é, instrução guiada pelo professor e focalizada no código) resultaram em uma diferença equivalente a mais de dois anos escolares completos nos escores de leitura no final do ano, em comparação com os padrões instrucionais menos adequados. Pode-se dizer que as crianças que não possuem níveis suficientes de habilidades relacionadas à leitura no início da alfabetização, e que não recebem instrução explícita para desenvolver essas competências, se verão forçadas a basear-se cada vez mais em estratégias ineficientes de identificação de palavras (p. ex., o uso de ilustrações, pistas visuais parciais e adivinhação contextual), cujo uso continuado levará, inevitavelmente, a dificuldades de aprendizagem da leitura, à evitação, à falta de atenção e ao distanciamento de tarefas de aprendizagem da leitura (isto é, o "Efeito Mateus" no seu sentido negativo: o pobre ficando cada vez mais pobre).

A descoberta de que o vocabulário oral é uma habilidade cognitiva importante no início da alfabetização é consistente com o resultado de pesquisas recentes, que indicam que o vocabulário tem um papel relevante no desenvolvimento de habilidades de reconhecimento de palavras, sobretudo em ortografias opacas. Crianças cujo vocabulário é deficitário terão dificuldades na identificação e na atribuição de significado a palavras cujas grafias são desconhecidas (sobretudo de palavras com grafia irregular ou com padrões ortográficos complexos), se as formas fonológicas correspondentes das palavras não fizerem parte de seu vocabulário oral. Isso, por sua vez, limitará o desenvolvimento de suas habilidades de decodificação, visto que relações letra-som adicionais podem ser induzidas a partir das representações ortográficas de palavras que são corretamente identificadas.

Os resultados de dois estudos recentes (TUNMER; CHAPMAN, 2012a, b) apoiam essas proposições. Esses pesquisadores mostraram que, além de correlacionar-se diretamente com o desempenho posterior em compreensão da leitura, o vocabulário inicial contribui para o desenvolvimento de habilidades de decodificação e de reconhecimento de palavras, indiretamente, através do que eles chamaram de *set for variability*, a habilidade de determinar a pronúncia correta de uma palavra a partir de decodificações parcialmente corretas. Esses resultados sugerem que o vocabulário oral pode ser tão importante quanto as habilidades fonológicas durante as fases iniciais de aquisição da leitura.

CONCLUSÕES

Em conclusão, dois fatores parecem ser importantes para as crianças que aprendem a ler em ortografias alfabéticas: exposição suficiente à instrução explícita em consciência fonológica e codificação alfabética com o objetivo de engendrar uma firme compreensão do princípio alfabético; e o uso de processos indutivos/construtivos necessários para o desenvolvimento do conhecimento implícito acerca dos padrões de relação letra-som. Nos termos do *continuum* de "divisão de trabalho" de Byrne (2005), os processos de aprendizagem da leitura são inicialmente dependentes-do-meio, mas se tornam cada vez mais dependentes-do-aprendiz. A ideia de que uma abordagem qualquer, seja a fônica tradicional ou a linguagem total, possa servir a todas as crianças tem sérias limitações, pois a abordagem mais efetiva para ser usada com qualquer criança depende de onde a criança está localizada no *continuum* de "divisão de trabalho" quando começa a frequentar a escola. Em respeito aos direitos humanos, os sistemas educacionais precisam adotar políticas que assegurem que as crianças que dispõem de índices limitados de capital cultural letrado no início da escolarização tenham a mesma probabilidade de êxito na aquisição de uma habilidade tão importante para a vida, como é a habilidade de ler, quanto as crianças que ingressam na escola já dispondo de vasto capital cultural letrado.

NOTA

1 Traduzido do inglês para o português por Renan de Almeida Sargiani, doutorando em Psicologia, Universidade de São Paulo.

REFERÊNCIAS

BRYANT, P. Children's thoughts about reading and spelling. *Scientific Studies of Reading*, v. 6, p. 199-216, 2002.

BYRNE, B. Theories of learning to read. In: SNOWLING, M. J.; HULME, C. (Ed.). *The science of reading*: a handbook. Oxford: Blackwell, 2005. p. 104-119.

CONNOR, C. M.; MORRISON, F. J.; KATCH, L. E. Beyond the reading wars: exploring the effect of child-instruction interactions on growth in early reading. *Scientific Studies of Reading*, v. 8, p. 305-336, 2004.

CONNOR, C. M. et al. Individualizing student instruction precisely: effects of child x instruction interactions on first graders' literacy development. *Child Development*, v. 80, p. 77-100, 2009.

EHRI, L. C. Development of sight word reading: phases and findings. In: SNOWLING, M. J.; HULME, C. (Ed.). *The science of reading*: a handbook. Oxford: Blackwell, 2005. p. 135-154.

SHANKWEILER, D.; FOWLER, A. E. Questions people ask about the role of phonological processes in learning to read. *Reading and Writing*, v. 17, p. 483-515, 2004.

SNOW, C. E.; JUEL, C. Teaching children to read: what do we know about how to do it? In: SNOWLING, M. J.; HULME, C. (Ed.). *The science of reading*: a handbook. Oxford: Blackwell, 2005. p. 501-520.

THOMPSON, G. B.; FLETCHER-FLINN, C. M. Lexicalised implicit learning in reading acquitision: the Knowledge Sources theory. In: FLETCHER-FLINN, C. M.; HABERMAN, G. M. (Ed.). *Cognition and language*: perspectives from New Zealand. Bowen Hills: Australian Academic, 2006. p. 141-156.

THOMPSON, G. B.; FLETCHER-FLINN, C. M.; COTTRELL, D. S. Learning correspondences between letters and phonemes without explicit instruction. *Applied Psycholinguistics*, v. 20, p. 21-50, 1999.

TUNMER, W. E.; CHAPMAN, J. W. Does set for variability mediate the influence of vocabulary knowledge on the development of word recognition skills? *Scientific Studies of Reading*, v. 16, p. 122-140, 2012a.

TUNMER, W. E.; CHAPMAN, J. W. Language prediction skill, phonological recoding ability, and beginning reading. In: HULME, C.; JOSHI, R. M. (Ed.). *Reading and spelling*: development and disorders. Mahwah: Lawrence Erlbaum, 1998. p. 33-67.

TUNMER, W. E.; CHAPMAN, J. W. The simple view of reading redux: vocabulary knowledge and the independent components hypothesis. *Journal of Learning Disabilities*. DOI: 10.1177/ 0022219411432685, 2012b.

TUNMER, W. E.; NICHOLSON, T. The development and teaching of word recognition skill. In: KAMIL, M. L. et al. (Ed.). *Handbook of Reading Research*. New York: Routledge, 2011. v. 4, p. 405-431.

VENEZKY, R. L. *The American way of spelling*: the structure and origins of American English orthography. New York: Guilford, 1999.

WHITEHURST, G. J.; LONIGAN, C. J. Emergent literacy: development from prereaders to readers. In: NEUMAN, S. B.; DICKINSON, D. K. (Ed.). *Handbook of early literacy research*. New York: Guilford, 2001. p. 11-29.

6
Alfabetização e consciência metalinguística: da leitura da palavra à leitura do texto[1]

Alina Galvão Spinillo

Nos anos escolares dedicados ao ensino da linguagem escrita, as relações entre o processo de alfabetização e a metalinguagem têm se materializado em práticas de sala de aula que envolvem atividades em que as relações som-grafia são exploradas com o objetivo de levar a criança a dominar a natureza representacional da escrita. No que tange à leitura, por exemplo, observa-se uma forte preocupação em desenvolver no aprendiz habilidades de decodificação. Essa preocupação é legítima e amplamente respaldada por evidências empíricas oriundas de um conjunto expressivo de investigações conduzidas em diferentes países por cerca de três décadas (ver, por exemplo, Bradley; Bryant, 1983; Capovilla; Capovilla, 2002; Cardoso-Martins, 1995, 2002; Correa, 2001; Ehri, 1992; Gombert, 2003; Goswami e Bryant, 1990; Guimarães, 2003; Morais, 1987; 2012; Mota; Silva, 2007). Os resultados dessas pesquisas levam à conclusão de que para progredir na leitura, sobretudo na decodificação que é a base para compreensão leitora posterior, o aprendiz precisa alcançar certo nível de consciência fonológica; contudo, a aquisição da leitura é capaz de gerar níveis mais elaborados de consciência fonológica que, por sua vez, beneficiam a leitura. Esses estudos, de modo geral, demonstram a inegável contribuição da consciência fonológica para a aquisição da leitura e, ao mesmo tempo, evidenciam que a alfabetização contribui para o progresso da consciência fonológica, havendo, portanto, uma influência mútua entre esses dois fatores (Gombert, 2003; Maluf, 2010).

No entanto, ler vai além da decodificação e do reconhecimento de palavras, envolvendo, necessariamente, a compreensão de textos de forma mais ampla. Na realidade, a leitura se constitui de duas instâncias complementares e indissociáveis: a decodificação e a compreensão. Segundo um modelo teórico denominado Modelo Simples de Leitura (Gough; Hoover; Peterson, 1996; Gough; Tunmer, 1986; Hoover; Gough, 1990), a compreensão da leitura é considerada o produto² da articulação dessas duas instâncias.

De acordo com Gough et al. (1996) e Joshi, Williams e Wood (1998), a contribuição de cada uma dessas instâncias para a leitura varia em função da competência dos leitores. Para esses autores, no início da aquisição da leitura a decodificação, contribui mais fortemente para a compreensão da leitura do que a compreensão da linguagem. Leitores iniciantes apresentam um desempenho em leitura que depende fortemente da habilidade de decodificação, enquanto com o avanço na escolaridade, a habilidade de leitura depende mais da compreensão dos leitores que já automatizaram as relações som-grafia, podendo atribuir significado ao que leem e, assim, relacionar o conteúdo do texto ao seu conhecimento de mundo de modo mais apropriado. Em outras palavras, os efeitos da decodificação sobre o desempenho em leitura diminuem com o aumento da escolaridade, dando lugar para a atribuição de significados, que se torna cada vez mais decisiva sobre o desempenho em leitura.

Além de terem pesos distintos sobre a leitura ao longo da trajetória acadêmica dos indivíduos, decodificar e compreender se diferenciam também quanto à relação que estabelecem com as unidades linguísticas. Enquanto a decodificação ocorre especialmente no âmbito da palavra, implicando no seu reconhecimento enquanto unidade de significado, a compreensão, por sua vez, assume um caráter mais amplo, estendendo-se ao texto como um todo, implicando em relações entre informações nele veiculadas – quer de forma implícita ou explícita – e o conhecimento de mundo do leitor. Essas relações entre informações remetem a um aspecto crucial da compreensão de textos: o estabelecimento de inferências.³

Inferir é derivar uma nova proposição a partir de outras proposições fornecidas pelo texto ou a partir dele na relação que o leitor estabelece entre o texto e seu conhecimento de mundo, possibilitando, assim, que as lacunas deixadas pelo escritor sejam preenchidas, pois, como mencionam Oakhill e Yuill (1996), texto algum está completamente explícito, ou, nas palavras de Marcuschi (2008), o texto está sempre inacabado, esperando ser concluído pelo leitor.

As inferências são consideradas o cerne da compreensão de textos em todos os modelos teóricos (ver GRAESSER; ZWAAN, 1995), como é o caso, por exemplo, do Modelo de Construção-Integração de Kintsch (1998; 2005), o mais aceito na área. Esse modelo pressupõe duas instâncias: o texto-base e o modelo situacional. O texto-base consiste em uma representação baseada na integração de informações intratextuais, estando muito próxima ao texto efetivamente lido. O modelo situacional, por sua vez, consiste em uma representação mental baseada nas elaborações do leitor a partir de seu conhecimento de mundo; sendo o espaço onde as inferências são estabelecidas.

O papel das inferências na leitura é ressaltado por Vidal-Abarca e Rico (2003) ao afirmarem que a causa das dificuldades de compreensão reside na dificuldade em estabelecer inferências. Esta mesma posição é aceita por Spinillo e Hodges (2012) ao analisarem os erros que as crianças sem dificuldade de decodificação apresentam ao ler textos. Segundo as autoras, tendo por suporte o modelo de Kintsch (1998), muitas crianças apresentam erros de compreensão por não integrarem informações intratextuais ou porque integram de forma equivocada informações intratextuais, derivando inferências desautorizadas, muitas vezes associando conhecimento de mundo não relacionado ao texto.

King (2007) faz a distinção entre uma leitura profunda e uma leitura rasa a partir da quantidade e da qualidade (pertinência) das inferências estabelecidas. Para ele, a compreensão profunda é necessariamente inferencial, indo além da informação explicitada no texto, permitindo que o leitor, a partir de seus conhecimentos prévios, identifique relações de causalidade, relacione eventos e proposições e interprete o texto. De fato, como postula Graesser (2007), a leitura profunda vai muito além da compreensão de palavras e frases. De forma semelhante, Oakhill e Cain (2007) comentam que, além da capacidade de decodificação, por exemplo, existem os fatores como a habilidade de fazer inferências, que se relacionam à construção de sentidos e que possuem um caráter mais amplo.

Diante da complexidade das inferências e de sua inegável relevância para a compreensão leitora, torna-se importante, sobretudo do ponto de vista educacional, perguntar como levar o leitor iniciante a estabelecer inferências autorizadas pelo texto.

Retomando a questão da alfabetização, devido à necessidade de desenvolver nos alunos o domínio do sistema de representação da escrita, verifica-se que, na sala de aula, os professores procuram promover situações didáticas que explicitem para as crianças as relações som-grafia. Essas atividades são de natureza metalinguística, em que a linguagem se torna objeto de reflexão e análise por parte do aprendiz, como é o caso, por exemplo, de atividades em que a criança é solicitada a identificar o som inicial ou final de palavras, identificar palavras que iniciam/ terminam com a mesma sílaba, etc. Muitas dessas atividades têm origem em situações e instrumentos de investigação utilizados em pesquisas a respeito da consciência fonológica. Vista por este lado, fica clara a relação entre alfabetização e consciência metalinguística. Todavia, esta não é a única relação existente entre essas duas instâncias; pois, de acordo com nossa perspectiva, as atividades metalinguísticas são fundamentais na aprendizagem da linguagem escrita não apenas em relação à capacidade de estabelecer relações grafema-fonema, mas também quanto à capacidade de estabelecer inferências.

Neste ponto, é importante esclarecer que, como documentado na literatura (GOMBERT, 1992; TUNMER; HERRIMAN, 1984), há tipos distintos de consciência metalinguística. A consciência fonológica, por exemplo, é essencial para o estabelecimento de relações grafema-fonema, enquanto a capacidade de estabelecer inferências está relacionada a um outro tipo de consciência metalinguística, a consciência metatextual.

A discussão acerca da relação entre o estabelecimento de inferências e a consciência metalinguística é um aspecto ainda não explorado na literatura e sequer valorizado nas práticas de alfabetização, sendo a proposta deste capítulo discutir esta questão. Tal discussão é tecida a partir de considerações teóricas derivadas de uma reflexão sobre a literatura na área e a partir de resultados derivados de um estudo de intervenção realizado com crianças.

A COMPREENSÃO DE TEXTOS À LUZ DA CONSCIÊNCIA METALINGUÍSTICA: ALGUMAS CONSIDERAÇÕES TEÓRICAS

A relação entre consciência metalinguística e compreensão de leitura é tema pouco explorado na literatura. No entanto, analisando alguns dos poucos estudos que examinam essa questão, é possível identificar dois modos de explorar essas relações: um referente às relações entre compreensão de textos e conhecimento acerca de sua organização (macroestrutura), e outro relativo às relações entre compreensão de textos e monitoramento da leitura.

Cain e Oakhill (1996) e Cain (1996) examinaram as relações entre compreensão de textos e o conhecimento de crianças acerca da organização de histórias. Os dados dessas pesquisas, de modo geral, mostraram que crianças sem dificuldades de compreensão sabiam a respeito da natureza ficcional do conteúdo próprio de histórias, reconheciam que o título tinha a função de anunciar os personagens e/ou o tema da história e, além disso, possuíam noções acerca das convenções típicas de abertura e fechamento desse gênero textual. Por outro lado, crianças com dificuldades de compreensão tinham uma ideia bastante limitada acerca desses aspectos, não sendo capazes de formar uma representação mental geral do texto que permitisse integrar os episódios entre si.

Outros autores investigaram o papel do monitoramento da leitura sobre a compreensão. De acordo com Ruffman (1996), a capacidade de tomar consciência de que se está ou não compreendendo o que se está lendo permite ao leitor detectar erros e informações inconsistentes presentes no texto, e, a partir disso, tomar consciência de que essas inconsistências dificultam sua compreensão. Essa posição é compartilhada por Coelho e Correa (2010) em um estudo de intervenção com adolescentes que avaliou o impacto do monitoramento da leitura na compreensão de textos acadêmicos. Os dados mostraram que o monitoramento é uma habilidade que pode ser desenvolvida a partir de intervenções específicas que contribuam para que o leitor reflita sobre as informações veiculadas no texto e também a respeito das dificuldades experimentadas durante a leitura. Além disso, os resultados mostraram que, uma vez desenvolvida, essa habilidade favorece a compreensão de textos.

Considerando o monitoramento uma atividade de natureza metatextual, no sentido de tomar o texto como objeto de reflexão e análise,[4] verifica-se uma relação entre a capacidade do leitor em compreender textos e habilidades metalinguísticas. No entanto, os estudos antes mencionados não esclarecem, de forma específica, as relações entre a consciência metalinguística e a compreensão leitora. De acordo com nossa perspectiva, as relações entre essas instâncias é mediada pela habilidade de o leitor tomar consciência de seu processo inferencial, sendo capaz de identificar no texto as passagens que o levaram a estabelecer determinadas inferências. Nesse caso, o leitor realizaria uma atividade de natureza metalinguística (mais especificamente, metatextual), em que o texto se torna objeto de reflexão e análise, de modo que o leitor passa a olhar para ele com vistas a localizar as bases geradoras de suas inferências.

A questão teórica aqui proposta está em estreita relação com as discussões tecidas por Spinillo (2010) acerca das relações entre compreensão de textos e metacognição; pois, em última instância, focaliza-se, aqui, a tomada de consciência do processo inferencial. Esta questão teórica, como menciona a autora, tem implicações educacionais importantes no sentido de gerar situações que venham a promover o estabelecimento de inferências, aspecto este, como já apontado, que está associado a muitas das dificuldades das crianças ao compreender textos.

Com base nesta possibilidade, Spinillo (2008) realizou um estudo de intervenção em sala de aula em que algumas das situações didáticas propostas requeriam do aluno localizar no texto, assim como em seu conhecimento de mundo, as bases geradoras de suas inferências. Em linhas gerais, o referido estudo e seus principais resultados são apresentados a seguir, trazendo passagens de atividades conduzidas em sala de aula que ilustram pontos importantes a respeito da questão tratada neste capítulo.

A COMPREENSÃO DE TEXTOS À LUZ DA CONSCIÊNCIA METALINGUÍSTICA: CONSIDERAÇÕES APLICADAS

Spinillo (2008) realizou um estudo de intervenção cujo objetivo era desenvolver a compreensão de textos em crianças com dificuldades nesta área. Participaram do estudo 44 crianças de baixa renda com 10 anos de idade, alunas do ensino fundamental de escolas públicas na cidade de Recife. Inicialmente, foi realizado um pré-teste, cujo desempenho foi utilizado para compor a amostra de maneira que participassem da pesquisa apenas crianças com dificuldades de compreensão. Após o pré-teste, os participantes foram igualmente divididos em dois grupos (controle e experimental). No pré-teste, a média de acertos do grupo-controle foi 6,0 e do grupo experimental foi 6,2, indicando que ambos os grupos apresentavam o mesmo nível de dificuldade. O pós-teste foi aplicado três a quatro semanas após o término da intervenção proporcionada ao grupo experimental.

As crianças do grupo-controle continuaram com as atividades usuais de sala de aula referentes ao ensino de língua portuguesa; enquanto às crianças do grupo experimental, em substituição a essas aulas, foi proporcionada uma intervenção conduzida pela própria professora no contexto escolar. A professora recebeu um treinamento em serviço que envolvia o planejamento e a realização de um conjunto de atividades com vistas a desenvolver a compreensão de textos nos alunos. A intervenção consistiu em 12 encontros de aproximadamente 90 minutos cada. Em linhas gerais, as atividades, realizadas em pequenos grupos na maioria das vezes, caracterizavam-se por situações em que a professora levava os alunos a monitorar a leitura, estabelecer inferências e explicitar as bases geradoras destas. Como se percebe, a intervenção envolvia atividades de natureza metalinguística e metacognitiva, em que os alunos eram colocados em situações em que precisavam pensar sobre o texto em si e sobre as bases geradoras das inferências que estabeleciam. Tais atividades favoreciam a tomada de consciência acerca da origem das informações que geravam as inferências e a integração de informações intratextuais (derivadas do próprio texto) e extratextuais (derivadas do conhecimento de mundo do leitor).

Para ilustrar o que ocorria na sala de aula, são apresentadas passagens relativas a uma das atividades realizadas, que consistia em ler e responder a perguntas de natureza inferencial sobre textos diversos.[5]

Nesta atividade, as crianças, em pequenos grupos, foram solicitadas a ler e responder a perguntas inferenciais sobre um texto. Com o objetivo de dinamizar a atividade, a professora criou um contexto lúdico, informando aos alunos que eles iriam atuar como detetives, procurando pistas que correspondiam a passagens do texto que haviam servido de base para as respostas dadas pelas crianças. Os alunos recebiam lápis de cor e eram solicitados a marcar (grifando ou circulando) no texto as passagens (palavras, frases) que consideravam como pistas.

Exemplo 1

Texto escrito apresentado: Tonico estava deitado folheando um livro. O local estava todo embaçado. De repente, caiu sabonete nos seus olhos. Ele, depressa, procurou pegar a toalha. Então, ele ouviu um barulho: ploft. Ah, não! O que iria dizer a sua professora? Ele ia ter que comprar outro livro. Tonico esfregou os olhos e se sentiu melhor.

Professora: Em que parte da casa Tonico estava?
Regina:[6] No banheiro, tomando banho.
Professora: Marque no texto (entrega lápis de cor) as partes que serviram de pistas para você descobrir isso, que ele estava no banheiro. Pode ser uma palavra, várias palavras ou uma frase todinha, ou um pedaço da frase.

Regina: "Foi" essas duas palavras (grifa a palavra *sabonete* e a palavra *toalha*).
Professora: Por que essas duas palavras fizeram você descobrir que Tonico estava no banheiro?
Regina: Porque toalha e sabonete fica tudo no banheiro, né?

Professora: O que aconteceu com o livro?
Jane: Caiu na água e se molhou todo dentro da banheira.
Professora: Marque no texto (entrega lápis de cor) as pistas, as partes aqui na historinha que serviram de pistas.
Jane: Foi essa daqui (sublinha a palavra *ploft*). Ploft é que caiu dentro da água, o barulho do livro dentro da água.

Professora: Tonico tava tomando banho quente ou frio?
Sandra: Sei não.
Professora: Faz feito detetive, vai procurar no texto. Lê de novo, vai.
Sandra: (faz mais uma leitura do texto) Eu acho que era quente por causa que aqui diz *embaçado*. Embaçado é quando a água está quente. Lá em casa também é assim, só que é chuveiro, não tem banheira, não.
Professora: E aí no texto, era chuveiro ou banheira?
Sandra: Era banheira.
Professora: Marca no texto qual foi a parte que fez você pensar que era banheira.
Sandra: (lê o texto mais uma vez) Essa é fácil! Está aqui escrito: *dei-ta-do* (lê a palavra pausadamente, sílaba por sílaba, à medida que grifa a palavra). Deitado na banheira, ninguém deita no chuveiro.

Durante o processo de compreensão, significados vão sendo construídos a partir de palavras ou passagens específicas presentes no texto e a partir da integração entre elas. Em geral, o leitor não tem consciência de quais palavras ou passagens geraram uma dada informação. No entanto, em uma atividade como esta, o leitor pode tomar consciência disso ao refletir sobre o texto, procurando detectar as informações que serviram de base para o significado atribuído. Ao procurar no texto a origem da construção de um significado, o papel do leitor passa a ser semelhante ao de um detetive (como sugerido pela professora) que procura pistas a partir das quais determinada informação é gerada.

Importante comentar que, no Exemplo 1, as crianças foram capazes de identificar, de imediato, as palavras e frases que serviram de base para suas inferências. No entanto, isso nem sempre ocorre, como pode ser observado no exemplo apresentado a seguir, em que as crianças apresentaram certa dificuldade em identificar as informações intratextuais que geraram as respostas dadas.

Exemplo 2

Texto escrito apresentado: A escada foi guardada atrás da porta perto do fogão. As três prateleiras estavam montadas, finalmente; e mesmo com um dedo machucado Tito estava muito satisfeito. O martelo foi guardado em uma caixa junto com as outras ferramentas. Linda entrou no quarto com uma caixa de louça. "As prateleiras são para minha coleção de selos", disse Tito. "Veremos", disse Linda. Mais tarde, enquanto guardava a caixa de ferramentas, Tito ouviu um grito e um grande barulho de coisas se quebrando. Muito zangado, Tito olhou para Linda e disse: "Eu avisei sobre as prateleiras". E, muito chateado, foi pegar a caixa de ferramentas.

Professora: Em que lugar da casa a escada foi guardada?
Maria José: *Guardada atrás da porta* (toda esta frase é grifada com lápis de cor).
Professora: Mas em que lugar da casa ele guardou a escada?
Maria José: (relê o texto) Aqui não diz.
Professora: Tem que pensar. Vou ler: "A escada foi guardada atrás da porta perto do fogão". Na casa da gente, onde é que o fogão fica?
Maria José: Na cozinha.
Professora: Então?
Maria José: Estava perto do fogão (lendo novamente). Então, era fogão a pista.
Professora: Exato! O texto diz *perto do fogão*. E o fogão fica na cozinha, né? Então a escada estava na cozinha.
Maria José: Vou marcar *fogão* (grifa a palavra *fogão* com lápis de cor).

Professora: No final, o que foi que Tito resolveu fazer?
Fraulein: Foi pegar a caixa de ferramentas (grifa a expressão *caixa de ferramentas* com lápis de cor).
Professora: Tito foi pegar a caixa de ferramentas. Mas o que é que ele ia fazer? Ele ia só pegar a caixa e pronto?
Fraulein: Acho que ele ia fazer tudo de novo, fazer mais prateleiras ou então consertar.
Professora: Certo! Essa é a resposta. E a pista é *pegar a caixa de ferramentas*. A pista estava certa, mas a pista não é a resposta, assim direto. Tem que pensar, que descobrir as coisas. Você só tinha que explicar mais um pouquinho para eu entender melhor as suas ideias, tá? Entender de onde você tira as suas ideias sobre a historinha da escada.

Note-se que, no Exemplo 2, as crianças não conseguiam de imediato indicar a pista no texto, como já mencionado; ou seja, apresentaram alguma dificuldade para identificar as passagens do texto que haviam servido de base para as inferências que haviam estabelecido. Na primeira parte do exemplo, relativa às respostas dadas à pergunta *Em que lugar da casa a escada foi guardada?*, a professora, diante da resposta literal da aluna, remete a seu conhecimento de mundo, perguntando *Na casa da gente, onde é que o fogão fica?* Fato semelhante ocorre na segunda parte do exemplo, quando a professora pergunta *No final, o que foi que Tito resolveu fazer?* Diante da resposta literal, a professora, mais uma vez, questiona a respeito do significado da ação do personagem, deixando clara a diferença entre a ação (informação literal) e o seu significado (informação inferida). Observa-se, ainda, a importância que a professora atribui à explicitação verbal dos alunos, como pode ser visto em sua fala ao final desta passagem.

Exemplo 3

Texto escrito apresentado: Jane foi convidada para a festa de aniversário de João. Ela pensou que talvez ele gostasse de uma pipa. Ela foi ao seu quarto e balançou seu cofrinho. Não ouviu qualquer barulho.

Professora: Jane vai ou não comprar o presente para seu amigo João?
Cláudia: Vai nada!
Professora: Como sabe? Marca aqui no texto (entrega lápis de cor) a parte da historinha que fez você dizer que ela não ia comprar o presente.
Cláudia: (com lápis de cor, grifa *balançou seu cofrinho* e, em seguida, grifa *não ouviu qualquer barulho*).
Professora: Por que marcou essas coisas?
Cláudia: Porque foi daí que ela descobriu que não tinha nenhuma moedinha para comprar o presente. Estava vazio.

Como se pode notar, o texto possui muitas informações implícitas que, para sua plena compreensão, precisam ser inferidas. Por exemplo, a partir da integração de duas informações explícitas (*balançou seu cofrinho* e *não ouviu qualquer barulho*) e da relação dessas informações com informações implícitas relativas ao conhecimento de mundo do leitor (cofres sem moedas não fazem barulho), é possível inferir que Jane não poderá comprar o presente de João porque não tem dinheiro. Isso é plenamente considerado pela criança, como se nota em sua explicação quando responde ao questionamento da professora (*Por que marcou essas coisas?*).

Além disso, como mencionam Oakhill e Cain (2004), para compreender esse texto o leitor precisa estabelecer inferências com base em seu conhecimento de mundo sobre festas de aniversário (e a convenção de oferecer um presente ao aniversariante), sobre economizar dinheiro (usando cofrinhos para juntar moedas) e a necessidade de ter dinheiro para comprar presentes.

De modo geral, os exemplos apresentados ilustram situações didáticas em que o leitor é convidado a integrar informações intra e extratextuais para, assim, gradativamente, ir construindo o significado do texto, tanto em nível local como em nível global (representação mental). Em outras palavras, o leitor identifica as passagens do texto que auxiliaram na construção do significado, associando essas informações intratextuais entre si e ao conhecimento de mundo evocado pelo texto, estabelecendo, assim, as inferências.

Os dados nesta investigação foram analisados de duas maneiras: (i) em função do número de acertos nas perguntas inferenciais[7] e (ii) em função da capacidade da criança de localizar no texto as informações que serviram de base para suas respostas.

No Quadro 6.1, é possível comparar o desempenho nas duas ocasiões de testagem no interior de cada grupo de participantes e comparar o desempenho dos grupos em cada uma dessas ocasiões.

Quadro 6.1 Porcentagem de acertos

	Grupo-controle	Grupo experimental
Pré-Teste	54,9	56,6
Pós-Teste	55,4	83,9

Fonte: A autora.

De acordo com o Teste U de Mann-Whitney, os dois grupos apresentaram o mesmo nível de desempenho no pré-teste; e apenas por ocasião do pós-teste é que foram detectadas diferenças significativas entre os grupos ($U = 162$; $p < 0,05$). Isso ocorreu, como mostra o Quadro 6.1, porque o percentual de respostas corretas no grupo experimental (83,9%) foi muito mais elevado que no grupo-controle (55,4%).

Diferenças entre as duas ocasiões de testagem foram observadas apenas em relação ao grupo experimental, como revelado pelo Teste de Wilcoxon ($Z = -2,3664$; $p < 0,05$). Como pode ser visto no Quadro 6.1, há um aumento no percentual de respostas corretas do pré-teste (56,6%)

para o pós-teste (83,9%). Por outro lado, os percentuais de acerto no grupo-controle entre as duas situações de testagem não sofreram qualquer alteração estatisticamente significativa (Pré-teste: 54,9%, Pós-teste: 55,4%).

Esses resultados indicam que a intervenção, diferentemente das situações didáticas usuais experimentadas pelas crianças do grupo-controle, teve um efeito facilitador sobre a compreensão de textos das crianças do grupo experimental.

A análise da capacidade de localizar no texto as bases geradoras de suas inferências tomou por base as explicações oferecidas pelas crianças, as quais foram agrupadas em dois tipos (para exemplos, ver SPINILLO, 2008, p. 33):

- Tipo 1 (não localiza, localização vaga ou incorreta): a criança afirma não saber ou indica de forma imprecisa uma passagem qualquer do texto ou indica de forma incorreta palavras ou frases que não se relacionam com a resposta dada.
- Tipo 2 (localização adequada): a criança indica, de forma precisa e correta, o local no texto (informação intratextual) que serviu de base para a resposta dada.

A frequência de respostas Tipo 2 (localização adequada) é mostrada no Quadro 6.2.

Quadro 6.2 Percentual de respostas que indicam a capacidade de localizar informações intratextuais

	Grupo-controle	Grupo experimental
Pré-Teste	65,6	66,1
Pós-Teste	30,9	90,7

Fonte: A autora.

O Teste U de Mann-Whitney revelou que a única diferença entre os grupos ($U = 171$; $p < 0,05$) ocorreu no pós-teste, visto que o grupo experimental apresentou um percentual de respostas Tipo 2 muito maior que o grupo-controle (90,7% e 30,9%, respectivamente).

Diferenças entre as duas ocasiões de testagem foram identificadas pelo Teste de Wilcoxon apenas em relação ao grupo experimental ($Z = -2,7459$; $p < 0,01$). Isso ocorreu, como mostra o Quadro 6.2, porque, no grupo experimental, observou-se um aumento no percentual de localizações apropriadas de 66,1% no pré-teste para 90,7% no pós-teste. Embora aparentemente distinta, a diferença nos percentuais no pré-teste e no pós-teste do grupo-controle não é estatisticamente significativa. Não temos, até o momento, uma explicação para o fato de localizações apropriadas terem diminuído de 65,6% para 30,9% nesse grupo de participantes. Uma possível explicação poderia ser dada caso tivéssemos conhecimento detalhado a respeito de como haviam ocorrido as aulas usuais desses alunos.

Os dados, portanto, indicam que a intervenção, de fato, permitiu que as crianças do grupo experimental passassem, após a intervenção, a localizar de maneira mais efetiva as informações intratextuais que serviam de base para suas respostas, sendo esta capacidade mais desenvolvida entre essas crianças do que entre aquelas do grupo-controle quando comparados os dois grupos no pós-teste.

CONCLUSÕES E CONSIDERAÇÕES FINAIS

Os dados do estudo descrito e discutido neste capítulo mostram que a intervenção proporcionada teve um papel facilitador sobre a compreensão, favorecendo a capacidade das crianças de estabelecer inferências e a capacidade de explicitar as bases geradoras do processo inferencial, localizando de forma apropriada informações intratextuais que serviram de base para os significados atribuídos ao texto. O mesmo não foi observado em relação às crianças que continuaram com as práticas educacionais usuais, as quais não envolviam qualquer estímulo ao estabelecimento de inferências e à reflexão sobre o texto.

Esses resultados evidenciam que a leitura do texto, assim como a leitura de palavras, está associada a processos de natureza metalinguística. Enquanto a leitura de palavras está associada à consciência fonológica, a leitura de textos está relacionada à consciência metatextual. Da mesma forma que é importante colocar os fonemas em evidência com o objetivo de levar o leitor iniciante a refletir sobre a relação grafema-fonema, é igualmente importante colocar o texto em evidência para que o leitor, debruçando-se sobre as passagens do texto (informações intratextuais), seja capaz de tomar consciência de seu processo inferencial.

A partir disso, podem ser extraídas implicações teóricas e aplicadas acerca da compreensão leitora entre crianças ainda em processo de alfabetização. A implicação teórica é que, como discutido anteriormente (SPINILLO, 2008; 2010), atividades de natureza metacognitiva e metatextual contribuem para o desenvolvimento da compreensão de textos. Esta é uma relação complexa e pouco explorada na literatura que merece atenção dos pesquisadores, pois associa aspectos metacognitivos à tomada de consciência do leitor acerca de seu processo inferencial e à consciência metatextual no que se refere à possibilidade do leitor tomar o texto como objeto de análise e reflexão (ver Coelho; Correa, 2010).

As implicações práticas são evidentes no que diz respeito à possibilidade de desenvolver a compreensão leitora no contexto escolar de forma mais específica e não apenas como um subproduto da alfabetização, como se essa fosse uma consequência direta e inevitável da aprendizagem do sistema de representação da escrita. A compreensão de textos tem vias próprias de desenvolvimento no sentido de necessitar de um tratamento didático específico que contemple suas peculiaridades (ver Paula; Leme, 2003; Spinillo; Mota; Correa, 2010). Os exemplos aqui apresentados ilustram uma das possíveis formas de tratar-se a compreensão leitora, particularmente no que se refere ao estabelecimento de inferências.

Neste cenário, é relevante comentar acerca das intervenções da professora em seus diálogos com os alunos. As intervenções tiveram papel crucial neste processo de construção de significado e integração de informações, levando os alunos a, simultaneamente, realizar uma atividade metalinguística ao tomar o texto como objeto de reflexão e também a realizar uma atividade metacognitiva, ao tomar seu próprio pensamento (no caso, seu processo inferencial) como objeto de reflexão. Nesta interação, a professora atuava como mediadora entre o leitor e o texto, favorecendo a integração entre as informações intratextuais entre si e as informações intratextuais e o conhecimento de mundo dos alunos. Isso era feito a partir da explicitação verbal que transformava as atividades linguísticas e cognitivas realizadas pelos alunos em atividades metalinguísticas e metacognitivas.

Assim, para finalizar, seja no nível da palavra ou do texto, nenhuma prática alfabetizadora atual deveria desconsiderar as questões aqui levantadas, passando a considerar de forma mais ampla as relações entre consciência metalinguística e alfabetização. No que concerne à leitura em particular, parece relevante gerar situações que, respaldadas por considerações teóricas e evidências empíricas, venham a conferir à compreensão de textos um tratamento didático na sala de aula. Importante ressaltar, ainda, que a sala de aula é o único contexto social em que a linguagem escrita pode ser abordada desta maneira, visto que as situações de uso extraescolar da escrita não envolvem este tipo de abordagem.[8] A escola, de maneira geral, e a alfabetização, em particular, não podem furtar-se a promover situações como aquelas aqui ilustradas (ver Paula; Correa; Spinillo, 2012 para discussão acerca de aprendizagem formal e informal da escrita).

NOTAS

1 A autora agradece ao Conselho Nacional de Desenvolvimento Científico e Tecnológico (CNPq), que financiou a pesquisa maior que serviu de base para este capítulo; e a Elizandra Ferreira de Lima, Elynes Barros Lima, Márcia del Guerra e Silvana Regina Vicente de Melo, que contribuíram de diferentes maneiras com a realização da referida pesquisa.
2 Embora articuladas, existe certa independência entre decodificação e compreensão, como apontam Yuill e Oakhill (1991) e Spinillo e Hodges (2012). Nesses estudos foram investigadas crianças que não apresentavam dificuldades em decodificar, mas que tinham, entretanto, dificuldades em estabelecer inferências. Kendeou et al. (2007) afirmam que a habilidade de decodificar se desenvolve de maneira independente da habilidade de compreender, sendo a decodificação uma habilidade necessária, porém insuficiente para garantir a compreensão de texto.
3 A questão das inferências é o aspecto da compreensão de textos mais estudado na literatura, quer do ponto de vista conceitual (ver Coscarelli, 2003), quer quanto à sua tipologia (ver Graesser; Singer; Trabasso, 1994; Graesser; Zwaan, 1995; Marcuschi, 2008; Spinillo; Mahon, 2007; Warren; Nicholas; Trabasso,1979), quer quanto ao seu papel na compreensão de textos (Vidal-Abarca; Rico, 2003; Yuill; Oakhill, 1991).
4 Para uma extensa discussão teórica sobre consciência metatextual, remeter a Gombert (1992); para uma revisão dos estudos empíricos relativos a este tema, consultar Spinillo (2009).
5 Os textos apresentados nos exemplos foram adaptados e traduzidos do livro de Yuill e Oakhill (1991) e do capítulo de Oakhill e Cain (2004).
6 Os nomes dos alunos são fictícios.
7 Na pesquisa relatada em Spinillo (2008), os dados foram analisados a partir de diferentes perspectivas. No entanto, neste capítulo, o foco recai exclusivamente sobre o desempenho dos participantes e sobre sua capacidade de localizar informações intratextuais.
8 Situações extraescolares relativas ao uso da linguagem escrita, como aquelas consideradas em estudos sobre letramento, são de grande importância na aquisição plena da linguagem escrita. No entanto, devido à sua natureza, essas situações não contemplam atividades metalinguísticas que, como reiterado frequentemente neste capítulo, desempenham papel fundamental na aprendizagem da escrita.

REFERÊNCIAS

BRADLEY, L.; BRYANT, P. Categorizing sounds and learning to read: a causal connection. *Nature*, v. 301, p. 999-1011, 1983.
CAIN, K. Story knowledge and comprehension skill. In: CORNOLDI, C.; OAKHILL, J. (Org.). *Reading comprehension difficulties: processes and intervention*. Mahwah: Lawrence Erlbaum, 1996. p. 167-192.
CAIN, K.; OAKHILL, J. The nature of the relationship between comprehension skill and the ability to tell a story. *British Journal of Developmental Psychology*, v. 14, n. 2, p. 187-201, 1996.
CAPOVILLA, F. C.; CAPOVILLA, A. G. S. Research on the role of phonology, orthography and cognitive skills upon reading, spelling and dyslexia in Brazilian Portuguese. In: SMYTHE, I.; EVERATT, J.; SALTER, R. (Org.). *International book of dyslexia*: across language comparison and practice guide. London: Wiley & Sons, 2002. p. 159-172.
CARDOSO-MARTINS, C. *Consciência fonológica e alfabetização*. Petrópolis: Vozes, 1995.
CARDOSO-MARTINS, C. A relação entre a consciência de fonemas e a habilidade de leitura: estudos com indivíduos com síndrome de Down. In: SPINILLO, A. G.; CARVALHO, G.; AVELAR, T. (Org.). *Aquisição da linguagem*: teoria e pesquisa. Recife: Universitária da UFPE, 2002. p. 133-155.

COELHO, C. L. G.; CORREA, J. Desenvolvimento da compreensão leitora através do monitoramento da leitura. *Psicologia: Reflexão e Crítica*, v. 23, n. 3, p. 575-581, 2010.
CORREA, J. Aquisição do sistema de escrita por crianças. In: CORREA, J.; SPINILLO, A. G.; LEITÃO, S. (Org.). *Desenvolvimento da linguagem*: escrita e textualidade. Rio de Janeiro: NAU, 2001. p. 19-70. (Coleção Infância e Adolescência no Contemporâneo).
COSCARELLI, C. V. *Inferência: afinal o que é isso?* Belo Horizonte: FALE, 2003. Disponível em: <http://bbs.metalink.com.br/~1coscarelli/publica.htm>. Acesso em: 9 fev. 2010.
EHRI, L. Reconceptualizing the development of sight word reading and its relationship to recoding. In: GOUGH, P.; EHRI, L.; TREIMAN, R. (Org.). *Reading acquisition*. Hillsdale: Erlbaum, 1992. p. 107-143.
GOMBERT, J. E. Atividades metalinguísticas e aprendizagem da leitura. In: MALUF, M. R. (Org.). *Metalinguagem e aquisição da escrita*: contribuições da pesquisa para a prática da alfabetização. São Paulo: Casa do Psicólogo, 2003. p. 17-63.
GOMBERT, J. E. *Metalinguistic development*. Havester: Wheatsheaf, 1992.
GOSWAMI, U.; BRYANT, P. *Phonological skills and learning to read*. London: Lawrence Erlbaum, 1990.
GOUGH, P. B.; TUNMER, W. E. Decoding, reading, and reading disability. *Remedial and Special Education*, v. 7, p. 6-10, 1986.
GOUGH, P. B.; HOOVER, W. A.; PETERSON, C. L. Some observations on a simple view of reading. In: CORNOLDI, C.; OAKHILL, J. (Org.). *Reading comprehension difficulties*: processes and intervention. Mahwah: Lawrence Erlbaum, 1996. p. 1-13.
GRAESSER, A. C. An introduction to strategic reading comprehension. In: McNAMARA, D. S. (Org.). *Reading comprehension strategies*: theories, interventions, and technologies. New York: Lawrence Erlbaum, 2007. p. 3-26.
GRAESSER, A.; ZWAAN, R. Inference generation and the construction of situation models. In: WEAVER, C.; MANNES, S.; FLETCHER, C. (Org.). *Discourse comprehension*: essays in honor of Walter Kintsch. Hillsdale: Lawrence Erlbaum, 1995. p. 117-139.
GRAESSER, A.; SINGER, M.; TRABASSO, T. Constructing inferences during narrative text comprehension. *Psychological Review*, v. 101, n. 3, p. 271-395, 1994.
GUIMARÃES, S. Dificuldades no desenvolvimento da lectoescrita: o papel das habilidades metalinguísticas. *Psicologia: Teoria e Pesquisa*, v. 19, n. 1, p. 33-45, 2003.
HOOVER, W. A.; GOUGH, P. B. The simple view of reading. *Reading and Writing: An Interdisciplinary Journal*, v. 2, p. 127-160, 1990.
JOSHI, R. M.; WILLIAMS, K. A.; WOOD, J. R. Predicting reading comprehension from listening comprehension: Is this the answer to the IQ debate? In: HULME, C.; JOSHI, R. M. (Org.). *Reading and spelling*: development and disorders. Mahwah: Lawrence Erlbaum, 1998. p. 319-327.
KENDEOU, P. et al. Comprehension in preschool and early elementary children: skill development and strategy interventions. In: McNAMARA, D. S. (Org.). *Reading comprehension strategies*: theories, interventions, and technologies. New York: Lawrence Erlbaum, 2007. p. 27-45.
KING, A. Beyond literal comprehension: a strategy to promote deep understanding of text. In: McNAMARA, D. S. (Org.). *Reading comprehension strategies*: theories, interventions and technologies. New York: Lawrence Erlbaum, 2007. p. 267-290.
KINTSCH, W. An overview of top-down and bottom-up effects in comprehension: the CI perspective. *Discourse Processes*, v. 39, p. 125-128, 2005.
KINTSCH, W. *Comprehension*: a paradigm for cognition. Cambridge: Cambridge University, 1998.
MALUF, M. R. Do conhecimento implícito à consciência metalinguística indispensável na alfabetização. In: GUIMARÃES, S. R. K.; MALUF, M. R. (Org.). *Aprendizagem da linguagem escrita*. São Paulo: Vetor, 2010. p. 17-32.
MARCUSCHI, L. A. *Produção textual, análise de gêneros e compreensão*. São Paulo: Parábola, 2008.
MOTA, M. M. P. E. da; SILVA, K. C. A. da. Consciência morfológica e desenvolvimento ortográfico: um estudo exploratório. *Psicologia em Pesquisa*, v. 1, n. 2, p. 86-92, 2007.
MORAIS, A. G. de. *Sistema de escrita alfabética*. São Paulo: Melhoramentos, 2012.

MORAIS, J. Phonetic awareness and reading acquisition. *Psychological Research*, v. 49, p. 147-152, 1987.
OAKHILL, J.; CAIN, K. Issues of causality in children's reading comprehension. In: McNAMARA, D. S. (Org.). *Reading comprehension strategies*: theories, interventions, and technologies. New York: Lawrence Erlbaum, 2007. p. 47-71.
OAKHILL, J.; CAIN, K. The development of comprehension skills. In: NUNES, T.; BRYANT, P. (Org.). *Handbook of children's literacy*. London: Kluwer Academic, 2004. p. 155-180.
OAKHILL, J.; YUILL, N. Higher order factors in comprehension disability: processes and remediation. In: CORNOLDI, C.; OAKHILL, J. (Org.). *Reading comprehension difficulties*: processes and intervention. Mahwah: Lawrence Erlbaum, 1996. p. 69-92.
PAULA, F. V. de; LEME, M. I. da S. A importância do desenvolvimento da metacognição para a superação de dificuldades na aquisição da leitura. In: MALUF, M. R. (Org.). *Metalinguagem e aquisição da escrita*: contribuições da pesquisa para a prática da alfabetização. São Paulo: Casa do Psicólogo, 2003. p. 91-118.
PAULA, F. V. de; CORREA, J.; SPINILLO, A. G. O conhecimento metalinguístico de crianças: o papel das aprendizagens implícitas e explícitas. In: MELO, A. F. T. de; FUKUMITSU, K. O.; DIAS, M. A. L. (Org.). *Temas contemporâneos em psicologia do desenvolvimento*. São Paulo: Vetor, 2012. p. 161-196.
RUFFMAN, T. Reassessing children's comprehension monitoring skills. In: CORNOLDI, C.; OAKHILL, J. (Org.). *Reading comprehension difficulties*: processes and intervention. Mahwah: Lawrence Erlbaum, 1996. p. 33-67.
SPINILLO, A. G. A consciência metatextual. In: MOTA, M. (Org.). *Desenvolvimento metalinguístico*: questões contemporâneas. São Paulo: Casa do Psicólogo, 2009. p.77-113.
SPINILLO, A. G. Compreensão de textos e metacognição: o papel da tomada de consciência no estabelecimento de inferências. In: ENCONTRO NACIONAL E INTERNACIONAL DE INVESTIGAÇÃO EM LEITURA, LITERATURA INFANTIL E ILUSTRAÇÃO, 8., 2010, Braga. *Anais...* Braga: Universidade do Minho, 2010. p. 42-57.
SPINILLO, A. G. O leitor e o texto: desenvolvendo a compreensão de textos na sala de aula. *Interamerican Journal of Psychology*, v. 42, n.1, p. 29-40, 2008.
SPINILLO, A. G. O leitor e o texto: desenvolvendo a compreensão de textos na sala de aula. *Interamerican Journal of Psychology*, v. 42, n. 1, p. 29-40, 2008.
SPINILLO, A. G.; HODGES, L. V. S. D. Análise de erros e compreensão de textos: comparações entre diferentes situações de leitura. *Psicologia Teoria e Pesquisa*, v. 28, n. 4, p. 381-388, 2012.
SPINILLO, A. G.; MAHON, E. da R. Compreensão de texto em crianças: comparações entre diferentes classes de inferência a partir de uma metodologia on-line. *Psicologia: Reflexão e Crítica*, v. 20, n. 3, p. 463-471, 2007.
SPINILLO, A. G.; MOTA, M. M. P.; CORREA, E. J. Consciência metalinguística e compreensão de leitura: diferentes facetas de uma relação complexa. *Educar em Revista*, v. 38, p. 157-171, 2010.
TUNMER, W. E.; HERRIMAN, M. L. The development of metalinguistic awareness: a conceptual overview. In: TUNMER, W. E.; PRATT, C.; HERRIMAN, M.L. (Org.). *Metalinguistic awareness in children*: theory, research and implications. Berlin: Springer-Verlag, 1984. p. 12-35.
VIDAL-ABARCA, E.; RICO, G. M. Por que os textos são tão difíceis de compreender? As inferências são a resposta. In: TEBEROSKY, A. et al. (Org.). *Compreensão de leitura*: a língua como procedimento. Porto Alegre: Artmed, 2003. p. 139-154.
WARREN, W. H.; NICHOLAS, D. W.; TRABASSO, T. Event chains and inferences in understanding narratives. In: FREEDLE, R. O. (Org.). *New directions in discourse processing*. Norwood: Ablex, 1979. p. 23-51.
YUILL, N.; OAKHILL, J. *Children's problems in text comprehension*: an experimental investigation. Cambridge: Cambridge University, 1991.

Crianças com dificuldades inesperadas de compreensão de leitura[1]

S. Helene Deacon e Xiuli Tong

QUEM SÃO AS CRIANÇAS COM DIFICULDADES INESPERADAS DE COMPREENSÃO DE LEITURA?

O termo "dificuldade de compreensão" é geralmente usado para se referir a crianças que têm dificuldades de compreensão de leitura apesar de lerem palavras isoladas de forma acurada, fluente e apropriada para sua idade (NATION, 2005; OAKHILL, 1994; STOTHARD; HULME, 1996; YUILL; OAKHILL, 1991). Optamos por usar o termo "dificuldades inesperadas de compreensão" para ressaltar o fato de que as dificuldades dessas crianças são surpreendentes, tendo em vista sua habilidade adequada de leitura de palavras. As crianças com dificuldades inesperadas de compreensão conseguem ler as palavras contidas em um texto, mas têm dificuldade em compreender o sentido geral do que leem, incluindo dificuldades de fazer inferências e monitorar sua compreensão (para uma revisão da literatura, ver CAIN; OAKHILL, 2007; NATION, 2005). Tendo em vista seu nível razoável de habilidade de leitura de palavras, é inesperado que essas crianças tenham dificuldades de compreensão. Em contraste, as dificuldades de compreensão de leitura de crianças com dislexia de desenvolvimento não são surpreendentes. Uma vez que as crianças disléxicas têm dificuldades em identificar as palavras que aparecem ao longo dos textos, é natural que também tenham problemas em compreendê-los. É importante enfatizar que as dificuldades inesperadas de compreensão de leitura não constituem um transtorno incomum, visto que ocorrem tão frequentemente quanto a dislexia (Hulme; Snowling, 2011; Nation, 2005; Stothard; Hulme, 1996). Este capítulo foi escrito para explicar o estado atual do conhecimento dos perfis cognitivos e de linguagem de crianças com dificuldades inesperadas de leitura e propiciar melhor entendimento de um tipo de transtorno de leitura comum, mas relativamente pouco conhecido.

Achamos importante fazê-lo para uma audiência internacional, dado que a ocorrência desse transtorno independe da natureza do sistema de escrita que a criança aprende a ler. Certamente, a pesquisa de Rego mencionada neste simpósio[*] sugere que as dificuldades inesperadas de compreensão de leitura ocorrem no português do Brasil tanto quanto em inglês. Neste capítulo, concentraremos as pesquisas feitas em inglês e esperamos que o texto contribua para uma maior compreensão das origens e do tratamento desse transtorno, tanto em inglês como em outras línguas.

POR QUE É IMPORTANTE INVESTIGAR AS DIFICULDADES INESPERADAS DE COMPREENSÃO?

Os leitores com dificuldades inesperadas de compreensão se deparam com muitas dificuldades em sua educação. Primeiro, sua dificuldade em compreender textos representa uma clara barreira para a aprendizagem, uma vez que um passo fundamental para se aprender a partir dos textos é entendê-los. As crianças aprendem muitas coisas a partir dos textos, e aquelas com dificuldades inesperadas de compreensão ficam limitadas por essas dificuldades (Lyon, 1997). Por exemplo, as crianças desenvolvem muito o seu vocabulário a partir dos textos, adquirem informações relevantes para a aprendizagem na sala de aula e o conhecimento a ser avaliado nos exames. As dificuldades de compreensão constituem uma barreira séria para o alcance desses objetivos e, em muitos casos, seu impacto não se limita ao desempenho acadêmico das crianças;

---

[*] N. de T.: Referência ao artigo: Rego, L.; Bryant, P., The connections between phonological, syntactic and semantic skills and children's reading and spelling. *European Journal of Psychology*, v. 8, n. 3, p. 235-246, 1993, e mencionado em um dos simpósios do Seminário Internacional de Alfabetização, realizado em São Paulo em maio de 2011.

com efeito, dificuldades de leitura estão relacionadas a problemas de comportamento (McGee et al., 1986). Assim, dificuldades na compreensão da leitura afetam o desenvolvimento de diversos aspectos do funcionamento da criança.

As crianças com dificuldades inesperadas de compreensão de leitura provavelmente continuam a enfrentar problemas na vida adulta. Dificuldades de leitura e escrita limitam a possibilidade de obter e manejar o conhecimento necessário para fazer escolhas bem informadas em esferas como trabalho, família e saúde. Na esfera da saúde, baixos níveis de alfabetização se traduzem em maiores índices de hospitalização (Baker et al., 1998), pior manejo de doenças crônicas (Kalichman; Ramachandran; Catz, 1999; Schillinger et al., 2002) e maior probabilidade de suicídio (Daniel et al., 2006; Dugdale; Clark, 2008). Algumas das dificuldades enfrentadas por esses indivíduos sugerem que deficiências na compreensão de textos são provavelmente um componente importante desses resultados negativos. O Instituto Nacional para Alfabetização dos Estados Unidos recentemente divulgou que a maioria dos indivíduos com baixos níveis de alfabetização não conseguem compreender informações centrais do formulário do plano de saúde *MedicAid*, um documento importante para inúmeras famílias americanas (National Institute for Literacy, 2001). Além disso, indivíduos com baixos níveis de alfabetização têm dificuldades em tarefas cotidianas importantes que dependem da compreensão da leitura, como, por exemplo, seguir as instruções que aparecem em bulas de remédios (Public Health Agency of Canada, 2003). Aos efeitos das dificuldades de leitura e escrita no nível individual, somam-se os de nível social, como, por exemplo, os baixos índices de empregabilidade, aumento dos custos com a saúde e enfraquecimento da coesão social (Dugdale; Clark, 2008; Riddel, 2001).

A investigação empírica sobre as dificuldades inesperadas de compreensão de leitura é relativamente recente (ver, por exemplo, Cain; Oakhill; Bryant, 2000; Nation; Snowling, 1998; ver Oakhill, 1982, para um estudo pioneiro). Essa nova linha de pesquisa tem sido motivada, em parte, pelos argumentos de pesquisadores proeminentes que têm chamado a atenção para a importância da compreensão de leitura. O Programa No Child Left Behind Act (Ato: Nenhuma Criança Deixada para Trás), de 2001, promulgado nos Estados Unidos (National Institute for Literacy, 2009), reconheceu que "ler para compreender" é um aspecto essencial da alfabetização. Considerando sua importância, sabemos surpreendentemente pouco sobre a compreensão de leitura. Nos Estados Unidos, o Reading Study Group (Grupo de Estudo da Leitura) descreveu o estado atual do conhecimento sobre compreensão da leitura como "fraco, sem foco e inadequado como base para o ensino da compreensão de leitura" (Snow, 2002, p. xii).

Uma barreira que tanto pesquisadores quanto educadores enfrentam é a identificação das crianças com dificuldades inesperadas de compreensão de leitura. Em comparação com a dislexia, essas dificuldades se apresentam de maneira bem mais sutil. A dificuldade de identificar essas crianças deve-se provavelmente ao fato de que, apesar de deficiências substantivas na compreensão do que estão lendo, elas obtêm êxito na identificação das palavras nos textos. Com efeito, elas leem bem em voz alta, dando assim a impressão de serem capazes de compreender o que leem. Além disso, mesmo quando avaliadas, seus déficits de compreensão são dificilmente detectados pelos testes padronizados de leitura até o 4º ou 5º anos do ensino fundamental (Leach; Scarborough; Rescorla, 2003). As suas dificuldades passam facilmente despercebidas, mesmo por professores experientes. Com frequência, crianças com dificuldades inesperadas de compreensão de leitura não são identificadas, nem encaminhadas para acompanhamento clínico (Leach et al., 2003; Shankweiler, et al., 1999). Ficamos, então, com um quadro que mostra um grupo de crianças com uma dificuldade comum, tão comum quanto a dislexia, que interfere severamente na aprendizagem acadêmica e no desempenho ao longo da vida.

O QUE SABEMOS SOBRE AS HABILIDADES COGNITIVAS E DE LINGUAGEM DAS CRIANÇAS COM DIFICULDADES INESPERADAS DE COMPREENSÃO DE LEITURA?

Certamente, deve haver alguma razão para as dificuldades inesperadas de compreensão de leitura. Os pesquisadores têm explorado as habilidades cognitivas e de linguagem que estão associadas às dificuldades dessas crianças em compreender textos, a despeito de sua habilidade de ler palavras com precisão e fluência. Até o momento, os estudos sobre essas dificuldades têm investigado uma variedade de habilidades, desde habilidades de compreensão no nível da palavra a habilidades de inferência de alto nível. Uma das questões mais importantes diz respeito à associação entre as habilidades metalinguísticas e as dificuldades de compreensão da leitura. Este é um bom tema para se começar a estudar, dado que a leitura é uma atividade fundamentalmente metalinguística (NAGY; ANDERSON, 1999).

Um resultado sólido é que as crianças com dificuldades inesperadas de compreensão não têm dificuldades no processamento fonológico ou, mais precisamente, na habilidade de acessar e manipular os sons que compõem as palavras (CATTS; ADLOF; WEISMER, 2006). O processamento fonológico é uma habilidade-chave para a aprendizagem da leitura de palavras, e déficits nesse processamento são amplamente reconhecidos como um marcador importante das dificuldades de leitura dos disléxicos (ELBRO; BORSTRØM; PETERSEN, 1998; INTERNATIONAL DYSLEXIA ASSOCIATION, 2006; LYON; SHAYWITZ; SHAYWITZ, 2003; NATIONAL READING PANEL, 2000; SNOW; BURNS; GRIFFIN, 1999). A evidência de que as crianças com dificuldades inesperadas de compreensão não têm dificuldades no processamento fonológico é substancial (CAIN et al., 2000; NATION; SNOWLING, 1998; NATION et al., 2004; NATION et al., 2005; STOTHARD; HULME, 1995; STOTHARD; HULME, 1996). Essas crianças parecem ter um processamento fonológico adequado, que apoia sua habilidade de decodificação de palavras.

As crianças com dificuldades inesperadas de compreensão de leitura apresentam prejuízos em várias habilidades, incluindo habilidades cognitivas gerais (NATION; CLARKE; SNOWLING, 2002), a compreensão da linguagem oral (CATTS et al., 2006; CLARKE et al., 2010) e o conhecimento gramatical (NATION et al., 2010). Os trabalhos iniciais de Nation et al. (2002) avaliaram as habilidades cognitivas gerais de crianças de 8 a 9 anos com dificuldades inesperadas de compreensão, incluindo habilidades verbais, não verbais e espaciais. Em geral, aquelas com dificuldades inesperadas de compreensão mostraram fragilidades cognitivas quando comparadas com as crianças com compreensão leitora normal, mas sua fragilidade era maior nas habilidades verbais. Do mesmo modo, Cain e Oakhill (2006) sugeriram que dificuldades cognitivas gerais, mesmo que sutis, podem contribuir para as dificuldades de leitura em crianças com dificuldades inesperadas de compreensão. Catts et al. (2006) examinaram o perfil de habilidades linguísticas de crianças com dificuldades inesperadas de compreensão de leitura provenientes de uma grande amostra de alunos do 8º ano escolar que haviam sidos acompanhados longitudinalmente desde a educação infantil. Em comparação com as crianças com desenvolvimento típico, as crianças com dificuldades inesperadas de compreensão mostraram dificuldades no vocabulário receptivo, na compreensão gramatical e na compreensão oral, ao longo de todo o estudo.

Deficiências no vocabulário têm, de fato, sido frequentemente encontradas em crianças com dificuldades inesperadas de compreensão de leitura (CAIN; OAKHILL; LEMMON, 2004; NATION et al., 2010). Por exemplo, Cain et al., (2004) mostraram que crianças de 9 a 10 anos com dificuldades de compreensão de leitura têm dificuldades em extrair o significado de palavras desconhecidas a partir do contexto das histórias. Além disso, as crianças com deficiências tanto na compreensão de leitura quanto no vocabulário tiveram dificuldade em aprender novas palavras. Nation et al. (2010) também encontraram deficiências no vocabulário de crianças de 8 anos com dificuldades inesperadas de compreensão (ver também CAIN, 2010).

As fragilidades das crianças com dificuldades inesperadas de compreensão de leitura recaem, sobretudo, no domínio das habilidades de linguagem oral, tais como o vocabulário e o conhecimento gramatical. Essa descoberta sugere uma hipótese interessante, especificamente, que as dificuldades de compreensão de leitura são uma manifestação de dificuldades de compreensão da linguagem oral. Um estudo de intervenção, recente realizado por Clarke et al. (2010) implementou três programas de intervenção que incluíam: treinamento em compreensão de textos; treinamento em linguagem oral; treinamento em compreensão de textos *e* compreensão da linguagem oral. Os resultados mostraram que as crianças com dificuldades inesperadas de compreensão de leitura que participaram do programa de treinamento em linguagem oral foram as que mais progrediram e que os efeitos da intervenção foram mediados pelo conhecimento de vocabulário das crianças. Esses resultados reforçam ainda mais a hipótese de que prejuízos na linguagem oral, especialmente na compreensão de palavras e sentenças, constituem a base das dificuldades inesperadas de compreensão de leitura.

UM DOMÍNIO ESPECÍFICO DE LINGUAGEM QUE É PROMISSOR: A MORFOLOGIA

No contexto dessa hipótese, procuramos identificar as áreas de compreensão no nível da palavra que podem ser especialmente difíceis para as crianças com dificuldades inesperadas de compreensão. A descoberta da origem das dificuldades de compreensão de palavras associadas às dificuldades inesperadas de compreensão de leitura poderá ser muito útil. Com efeito, se for possível identificar a área específica da compreensão de palavras subjacente àquelas dificuldades, será possível focalizar nela as intervenções e, assim, melhorar a compreensão leitora. Acreditamos que a morfologia é uma dessas áreas promissoras para investigação.

Os morfemas são os "blocos de construção" da linguagem com os quais formamos palavras novas (p. ex., *help* + *ful* + *ness* = *helpfulness*). Em inglês, como em outros sistemas de escrita, unidades de som e significado (fonemas e morfemas, respectivamente) são codificadas na escrita. Por exemplo, a escrita do radical *walk* (andar) reflete de forma superficial seu som, porém, sua ortografia ligeiramente pouco usual é mantida nas palavras relacionadas a ela, como *walking* (andando) e *walker* (andarilho). Estas palavras relacionadas são consideradas "morfologicamente complexas", sendo construídas a partir de muitos morfemas: nesse caso particular, do radical *walk* e dos sufixos *-ing* e *-er*, respectivamente. As formas flexionadas das palavras comumente envolvem marcadores de tempo e número, como na transição de *walk* para *walks* (em português, *ando* e *anda*). As formas derivadas envolvem mudanças mais substanciais de significado, do verbo *walk* (andar) para o substantivo *walker* (andarilho) ou do verbo *imagine* (imaginar) para o adjetivo *imaginable* (imaginável).

A consciência morfológica refere-se à "consciência da estrutura morfêmica das palavras e à habilidade de refletir sobre e manipular essa estrutura" (Carlisle, 1995, p. 194). Especificamente, ela se refere à consciência que um indivíduo tem da distinção feita anteriormente; por exemplo, que a palavra *imagine* (imaginar) está relacionada à palavra mais complexa *imaginable* (imaginável). Há muitas razões pelas quais é importante para as crianças terem essa capacidade, ainda que em nível implícito. Na medida em que as crianças progridem no ensino fundamental, as palavras morfologicamente complexas se tornam cada vez mais frequentes nos textos aos quais elas são expostas. Aproximadamente 40% das palavras desconhecidas nos textos do final do ensino fundamental são morfologicamente complexas, sendo a maioria delas formas derivadas (Anglin, 1993). É no período final do ensino fundamental que a sensibilidade das crianças à morfologia derivacional parece "deslanchar" (ver, por exemplo, CARLISLE, 1988). A convergência entre o desenvolvimento das habilidades morfológicas e o aumento da presença de palavras morfologicamente complexas ao longo dos anos escolares sugere que a criança faz bem em prestar atenção à estrutura morfológica das palavras que encontra nos textos. Atentar para o fato de que existe um radical *imagine* na palavra relativamente pouco frequente e mais complexa *imaginable* pode tornar sua compreensão mais fácil; a habilidade de acessar o significado de palavras individuais pode vir a ser a base da habilidade de compreensão de leitura. De fato, a consciência morfológica tem sido associada ao desenvolvimento do vocabulário das crianças (McBRIDE-CHANG et al., 2005), uma habilidade claramente implicada na compreensão de leitura (CLARKE et al., 2010).

POR QUE PODEMOS ESPERAR QUE AS CRIANÇAS COM DIFICULDADES INESPERADAS DE COMPREENSÃO TENHAM DIFICULDADES COM A CONSCIÊNCIA MORFOLÓGICA?

Várias revisões da literatura têm sugerido que a consciência morfológica desempenha um papel central na compreensão da leitura (CARLISLE, 2003; KUO; ANDERSON, 2006). Um estudo que pode ser usado como exemplo é o de Carlisle (2003). Esta autora sugeriu que os morfemas que compõem as palavras morfologicamente complexas carregam informações críticas sobre o significado de palavras individuais (como *heal* – curar em *health* – saúde). Carlisle também notou que a estrutura morfêmica provê informações básicas sobre a estrutura e o significado do texto (como a forma pretérita dos verbos indicando quando alguma coisa ocorreu). Essa linha de pensamento dá sustentação à ideia de que, assim como as dificuldades das crianças disléxicas concentram-se no acesso às unidades de som da linguagem, nas crianças com dificuldades inesperadas de compreensão os desafios concentram-se na habilidade de refletir sobre as unidades de significado da linguagem.

A seguir, revemos alguns estudos, incluindo os nossos, cujos resultados são consistentes com a hipótese de que as crianças com dificuldades inesperadas de compreensão de leitura apresentam prejuízos na consciência morfológica. Nation et al. (2005) mostraram que crianças de 8 anos com dificuldades inesperadas de compreensão de leitura tiveram dificuldades em produzir a forma pretérita dos verbos, um aspecto da morfologia que a maioria das crianças falantes nativas do inglês já domina nessa idade. Um resultado semelhante emergiu do trabalho de Nation et al. (2004), que mostrou que as crianças com dificuldades inesperadas de compreensão de leitura têm problemas em produzir a forma pretérita de verbos irregulares, mesmo quando não manifestam esse tipo de dificuldade com verbos regulares.

Nossa pesquisa foi construída com base nessa evidência. Trabalhamos com uma amostra grande de crianças longitudinalmente, examinando o desenvolvimento da leitura do 3º ao 5º anos do ensino fundamental. Quando as crianças estavam no 5º ano, selecionamos três subgrupos de 18 crianças cada, com diferentes perfis de leitura. Identificamos 18 crianças com dificuldades inesperadas de compreensão de leitura, questão na qual seu desempenho era inferior ao que seria esperado com base em sua habilidade de leitura de palavras. Também identificamos 18 crianças com escores médios em leitura de palavras e compreensão de leitura. Finalmente, identificamos 18 crianças com compreensão superior de leitura, isto é, crianças cuja essa compreensão era superior ao que seria esperado com base em sua habilidade de leitura de palavras. É importante observar que os três grupos de crianças foram emparelhados em função da habilidade de ler palavras com fluência e acurácia, da inteligência não verbal e da idade. Conseguimos recuperar as habilidades iniciais dos três grupos em nosso banco de dados e, assim, começar a identificar as origens dos problemas das crianças com dificuldades inesperadas de compreensão de leitura, pelo menos a partir do 3º ano.

Concentramos nossas análises em quatro habilidades reconhecidamente importantes para a aprendizagem da leitura, a saber: a consciência fonológica (ou processamento dos sons da fala), o processamento ortográfico (ou conhecimento de padrões ortográficos), a velocidade de nomeação de estímulos (RAN) e a consciência morfológica. As crianças com dificuldades inesperadas de compreensão não diferiram nem das crianças com compreensão normal nem, tampouco, daquelas com compreensão superior de leitura no que diz respeito ao processamento fonológico, ao processamento ortográfico e à velocidade de nomeação ($ps > ,32$). A Figura 7.1 ilustra a semelhança surpreendente entre os três grupos em uma dessas habilidades básicas relacionadas à leitura (o processamento ortográfico), tanto no 3º quanto no 5º ano.

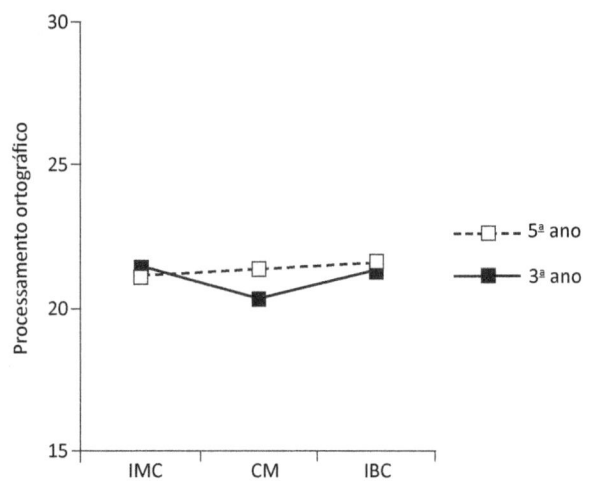

Figura 7.1 Número médio de acertos para Inesperados Maus Compreendedores (IMC), Compreendedores Medianos (CM) e Inesperados Bons Compreendedores (IBC) em uma tarefa de processamento ortográfico (Palavras semelhantes; de um máximo de 24). Essa semelhança entre os grupos é representativa de desempenho em tarefas que examinam consciência fonológica e nomeação rápida.
Fonte: Tong et al. (2011).

Por outro lado, claras diferenças foram encontradas entre os três grupos em relação à consciência morfológica. Como pode ser visto na Figura 7.2, as crianças com dificuldades inesperadas de compreensão de leitura apresentaram um desempenho pior do que o grupo com compreensão superior na tarefa de produção de formas derivadas, tanto no 3º quanto no 5º ano. Além disso, observamos um padrão de desenvolvimento dinâmico. No 3º ano, o desempenho das crianças com dificuldades inesperadas de compreensão de leitura foi semelhante ao desempenho das crianças com compreensão leitora normal; porém, no final do 5º ano, o desempenho das primeiras foi claramente inferior ao apresentado pelas segundas. Os mesmos padrões de resultados foram encontrados após o controle de diferenças, entre os grupos, nos escores no teste de vocabulário. Esses resultados sugerem que as crianças com dificuldades inesperadas de compreensão de leitura não *aprendem* sobre a morfologia no mesmo ritmo que seus pares, apesar da semelhança persistente entre os três grupos em outras habilidades igualmente fundamentais para a aprendizagem da leitura.

Há muitas explicações para esse padrão de resultados. É possível que a relação entre a consciência morfológica e a compreensão leitora

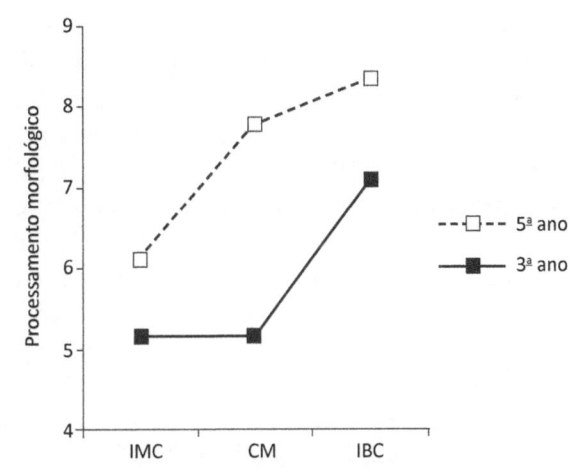

Figura 7.2 Escores para Inesperados Maus Compreendedores (IMC), Compreendedores Medianos (MC) e Inesperados Bons Compreendedores (IBC) em tarefas de consciência morfológica (Analogia Palavra Derivacional; de um máximo de 10).
Fonte: Tong et al. (2011).

seja bidirecional. Crianças com maior compreensão dos componentes morfêmicos das palavras podem usar esse conhecimento para compreender melhor o significado do que leem (Nagy et al., 2003). Da mesma forma, ao ler para obter significado, as crianças podem aprender palavras morfologicamente complexas, aumentando assim o seu conhecimento da estrutura morfêmica das palavras. Isso significa que as crianças que se debatem para compreender o que leem, como as crianças com dificuldades inesperadas de compreensão de leitura, podem não aprender tantas palavras complexas a partir de sua experiência de leitura quanto as crianças que não têm as mesmas dificuldades. É preciso descobrir em qual direção essa relação é mais importante. A pesquisa de intervenção pode ser um passo nessa direção.

QUAIS SÃO ALGUNS DOS PRÓXIMOS PASSOS PARA AS FUTURAS PESQUISAS?

Neste capítulo, apresentamos a evidência preliminar de que as deficiências de consciência morfológica desempenham um papel fundamental nas dificuldades inesperadas de compreensão de leitura. Esta ênfase pode parecer negativa, mas há boas razões para a identificação de áreas de deficiência e competência. Por exemplo, a demonstração de que as crianças com dificuldades inesperadas de compreensão de leitura têm dificuldades na consciência morfológica (ver, por exemplo, Tong et al., 2011), mas relativa facilidade em tarefas de consciência fonológica (ver, por exemplo, Nation; Snowling, 1998; Tong et al.), sugere claramente que as intervenções futuras devem enfatizar o processamento morfológico em vez do fonológico. Há alguma evidência empírica de que a instrução em morfologia pode ajudar a compreensão de leitura de crianças com desenvolvimento típico (ver, por exemplo, Nunes; Bryant, 2004; Reed, 2008; Stahl; Nagy, 2006). Uma revisão sistemática da literatura recente (Bowers; Kirby; Deacon, 2010) mostrou que a instrução em morfologia foi mais efetiva com leitores menos capazes do que com leitores de desenvolvimento típico. Esses estudos não diferenciaram os tipos de dificuldades de compreensão leitora apresentados pelas crianças. É essencial avaliar se a estimulação em consciência morfológica pode promover o progresso da compreensão leitora no caso de crianças cujas dificuldades de compreensão são inesperadas.

Precisamos compreender melhor a natureza dos prejuízos morfológicos de crianças com dificuldades inesperadas de compreensão de leitura. Sabemos que crianças com desenvolvimento típico podem usar seu conhecimento da morfologia para produzir palavras complexas (ver, por exemplo, Carlisle, 1988) e para ler e escrever palavras isoladas (Carlisle; Stone, 2005; Deacon, 2008; Deacon; Whalen; Kirby, 2011; Varnhagen; McCallum; Burstow, 1997). Por exemplo, recentemente mostramos (Deacon et al., 2011) que crianças do 4º ao 8º anos de escolarização são mais precisas e rápidas na leitura de palavras morfologicamente complexas com radicais de alta frequência do que na leitura de palavras com radicais de baixa frequência (p. ex., *wonderment* e *impairment*, respectivamente). Isto sugere que crianças com desenvolvimento típico acessam os radicais das palavras complexas quando tentam lê-las. Outros resultados mostram que elas também usam a morfologia para compreender o significado de palavras complexas (Carlisle, 2000; Tyler; Nagy, 1990). A avaliação das habilidades das crianças com dificuldades inesperadas de compreensão de leitura em cada um desses domínios poderá contribuir para a nossa compreensão de como déficits na consciência morfológica interferem na compreensão leitora.

Da mesma forma, estudos que visem relacionar as dificuldades morfológicas das crianças com dificuldades inesperadas de compreensão às suas habilidades mais gerais de linguagem, tais como o vocabulário e a habilidade narrativa, poderiam ser muito úteis. Essa investigação é de interesse, dado a evidência de que esses leitores apresentam deficiências sutis na linguagem oral. A habilidade de processar morfemas adequadamente é uma característica distintiva do funcionamento pleno da linguagem. Com efeito, erros morfológicos na linguagem oral constituem um sinal importante para o diagnóstico de dificuldades específicas de linguagem (LEONARD et al., 1997), estando também presentes em alguns tipos de afasia (PARADIS, 2001). É possível que existam algumas semelhanças entre as dificuldades inesperadas de compreensão leitora, as quais se manifestam primariamente no domínio da escrita, e as dificuldades específicas da linguagem (NATION et al., 2004), que se manifestam primariamente, mas com certeza não de forma exclusiva (CATTS et al., 2002), no domínio oral. Essas conexões precisam ser exploradas.

CONCLUSÕES

As dificuldades das crianças com dificuldades inesperadas de compreensão de leitura são exatamente assim: inesperadas. Elas conseguem ler palavras, mas não conseguem extrair significado daquilo que leem. Embora sua leitura de palavras encontre-se em um nível adequado para sua idade, têm dificuldade na compreensão do que leem. Estamos convencidas de que esses leitores existem em todos os sistemas de escrita e que são bastante comuns. Certamente, sabemos que, em inglês, as crianças com dificuldades inesperadas de compreensão são tão frequentes quanto as crianças disléxicas; no entanto, sabemos surpreendentemente pouco sobre as causas de suas dificuldades de compreensão da leitura. Todos os esforços são necessários, já que esse conhecimento contribuirá para a identificação precoce e para o desenvolvimento de programas de intervenção, assim como o que vimos ocorrer para os leitores com dislexia (HAMMILL, et al., 1996, 1995). Revimos aqui algumas evidências de que as crianças com dificuldades inesperadas de compreensão de leitura têm dificuldades específicas em consciência morfológica que não se estendem para outros domínios (tais como a fonologia e a ortografia). Esperamos que essa revisão possa estimular os pesquisadores e professores a considerar tanto a compreensão de leitura quanto a morfologia em suas pesquisas e em suas salas de aula.

NOTA

1 Traduzido do inglês para o português por Marcia Mota, Ph.D., Universidade de Oxford, Professora na Universidade Salgado de Oliveira, RJ, e Ana Luiza Navas, Ph.D., University of Connecticut, Professora na Faculdade de Ciências Médicas da Santa Casa de São Paulo.

REFERÊNCIAS

ANGLIN, J. M. Vocabulary development: a morphological analysis. *Monographs of the Society for Research in Child Development*, v. 58, n. 10, p. 165, 1993.

BAKER, D. W. et al. Health literacy and the risk of hospital admission. *Journal of General Internal Medicine*, v. 13, n. 12, p. 791-798, 1998.

BOWERS, P. N.; KIRBY, J. R.; DEACON, S. H. The effects of morphological instruction on literacy skills: a systematic review of the literature. *Review of Educational Research*, v. 80, n. 2, p. 144-179, 2010.

CAIN, K. *Reading development and difficulties*. Sussex: Blackwell, 2010.

CAIN, K.; OAKHILL, J. Profiles of children with specific reading comprehension difficulties. *British Journal of Educational Psychology*, v. 76, n. 4, p. 683-696, 2006.

CAIN, K.; OAKHILL, J. Reading comprehension difficulties: correlates, causes, and consequences. In: CAIN, K. et al. (Ed.). *Children's comprehension problems in oral and written language*: a cognitive perspective. New York: Guilford, 2007. p. 41-75.

CAIN, K.; OAKHILL, J.; BRYANT, P. Phonological skills and comprehension failure: a test of the phonological processing deficit hypothesis. *Reading and Writing*, v. 13, n. 1-2, p. 31-56, 2000.

CAIN, K.; OAKHILL, J.; LEMMON, K. Individual differences in the inference of word meanings from context: the influence of reading comprehension, vocabulary knowledge, and memory capacity. *Journal of Educational Psychology*, v. 96, n. 4, p. 671-681, 2004.

CARLISLE, J. F. Awareness of the structure and meaning of morphologically complex words: impact on reading. *Reading and Writing*, v. 12, n. 3, p. 169-190, 2000.

CARLISLE, J. F. Morphological awareness and early reading achievement. In: FELDMAN, L. B. (Ed.). *Morphological aspects of language processing*. Lawrence Erlbaum, 1995. p. 189-209.

CARLISLE, J. F. Morphology matters in learning to read: a commentary. *Reading Psychology*, v. 24, n. 3, p. 373-404, 2003.

CARLISLE, J. F. Knowledge of derivational morphology and spelling ability in fourth, sixth, and eighth graders. *Applied Psycholinguistics*, v. 9, p. 247-266, 1988.

CARLISLE, J. F.; STONE, C. A. Exploring the role of morphemes in word reading. *Reading Research Quarterly*, v. 40, p. 428-449, 2005.

CATTS, H. W.; ADLOF, S. M.; WEISMER, S. E. Language deficits in poor comprehenders: a case for the simple view of reading. *Journal of Speech, Language, and Hearing Research*, v. 49, n. 2, p. 278-293, 2006.

CATTS, H. W. et al. A longitudinal investigation of reading outcomes in children with language impairments. *Journal of Speech, Language, and Hearing Research*, v. 45, n, 6, p. 1142-1157, 2002.

CLARKE, P. J. et al. Ameliorating children's reading-comprehension difficulties: a randomized controlled trial. *Psychological Science*, v. 21, n. 8, p. 1106-1116, 2010.

DANIEL, S. S. et al. Suicidality, school dropout, and reading problems among dolescents. *Journal of Learning Disabilities*, v. 39, n. 6, p. 507-514, 2006.

DEACON, S. H. The metric matters: determining the extent of children's knowledge of morphological spelling regularities. *Developmental Science*, v. 11, n. 3, p. 396-406, 2008.

DEACON, S. H.; WHALEN, R.; KIRBY, J. R. Do children see the danger in dangerous? Grade 4, 6, and 8 children's reading of morphologically complex words. *Applied Psycholinguistics*, v. 32, n. 3, p. 467-481, 2011.

ELBRO, C.; BORSTRØM, I.; PETERSEN, D. K. Predicting dyslexia from kindergarten: the importance of distinctness of phonological representations of lexical items. *Reading Research Quarterly*, v. 33, n. 1, p. 36-60, 1998.

HULME, C.; SNOWLING, M. J. Children's reading comprehension difficulties: nature, causes, and treatments. *Current Directions in Psychological Science*, v. 20, n. 3, p. 139-142, 2011.

KALICHMAN, S. ; RAMACHANDRAN, B.; CATZ, S. Adherence to combination antiretroviral therapies in HIV patients of low health literacy. *Journal of General Internal Medicine*, v. 14, n. 5, p. 267-273, 1999.

KUO, L.; ANDERSON, R. C. Morphological awareness and learning to read: a cross-language perspective. *Educational Psychologist*, v. 41, n. 3, p. 161-180.

LEACH, J. M.; SCARBOROUGH, H. S.; RESCORLA, L. Late-emerging reading disabilities. *Journal of Educational Psychology*, v. 95, n.2, p. 211-224, 2003.

LEONARD, L. B. et al. Three accounts of the grammatical morpheme difficulties of English-speaking children with specific language impairment. *Journal of speech, language, & hearing research*, v. 40, p. 741-753, 1997.

LYON, G. R. *The right to read and the responsibility to teach*. Metairie: CDL, 1997. Disponível em: <http://www.cdl.org/resource-library/articles/right_to_read.php>. Acesso em: 15 jun. 2007.

LYON, G. R.; SHAYWITZ, S. E.; SHAYWITZ, B. A. A definition of dyslexia. *Annals of Dyslexia*, v. 53, p. 1-14, 2003.

McBRIDE-CHANG, C. et al. The role of morphological awareness in children's vocabulary acquisition in English. *Applied Psycholinguistic*, v. 26, p. 415-435, 2005.

McGEE, R. et al. The relationship between specific reading retardation, general reading backwardness, and behavioural problems in a large sample of Dunedin boys: a longitudinal study from five to eleven years. *Journal of Child Psychology and Psychiatry*, v. 27, p. 597-610, 1986.

NAGY, W.; ANDERSON, R. C. Metalinguistic awareness and literacy acquisition in different languages. In: WAGNER, D.; STREET, R.; VENEZKY, R. (Ed.). *Literacy*: an international handbook. New York: Garland Publishing, 1999. p. 155.

NAGY, W. et al. Relationship of morphology and other language skills to literacy skills in at-risk second-grade readers and at-risk fourth-grade writers. *Journal of Educational Psychology*, v. 95, p. 730-742, 2003.

NATION, K. Children's reading comprehension difficulties. In: HULME, C. (Ed.). *The science of reading*: a handbook. Malden: Blackwell, 2005. p. 248-265.

NATION, K. et al. A longitudinal investigation of early reading and language skills in children with poor reading comprehension. *Journal of Child Psychology and Psychiatry*, v. 51, n. 9, p. 1031-1039, 2010.

NATION, K. et al. Hidden language impairments in children: parallels between poor reading comprehension and specific language impairment? *Journal of Speech, Language, and Hearing Research*, v. 47, n. 1, p. 199-211, 2004.

NATION, K.; CLARKE, P.; SNOWLING, M. J. General cognitive ability in children with reading comprehension difficulties. *British Journal of Educational Psychology*, v. 72, n. 4, p. 549-560, 2002.

NATION, K.; SNOWLING, M. J. Semantic processing and the development of word-recognition skills: evidence from children with reading comprehension difficulties. *Journal of Memory and Language*, v. 39, p. 85-101, 1998.

NATION, K.; SNOWLING, M.; CLARKE, P. Production of the English past tense by children with language comprehension impairments. *Journal of Child Language*, v. 32, p. 117-137, 2005.

NATIONAL READING PANEL. *Teaching children to read: An evidence based assessment of the scientific research literature on reading and its implications for reading instruction.* Bethesda: NICHAD, 2000.

NUNES, T.; BRYANT, P. *Handbook of children's literacy.* Boston: Kluwer Academic, 2004.

OAKHILL, J. Individual differences in children's text comprehension. In: TRAXLER, M. J.; GERNSBACHER, M. A. (Ed.). *Handbook of psycholinguistics.* [S.l.]: Academic Press, 1994. p. 821-848.

OAKHILL, J. V. Constructive processes in skilled and less skilled comprehenders memory for sentences. *British Journal of Psychology*, v. 73, n. 1, p. 13-20, 1982.

PUBLIC HEALTH AGENCY OF CANADA. *How does literacy affect the health of Canadians?* Ottawa: PHAC, 2003. Disponível em: <http://www.nald.ca/library/research/howdoes/howdoes.pdf>. Acesso em: 23 abr. 2013.

REED, D. K. A synthesis of morphology interventions and effects on reading outcomes for students in grades K-12. *Learning Disabilities Research & Practice*, v. 23, n. 1, p. 36-49, 2008.

RICE, M. L. Specific language impairments: In search of diagnostic markers and genetic contributions. *Mental retardation & developmental disabilities research reviews*, v. 3, p. 350-357, 1997.

SCHILLINGER, D. et al. Association of health literacy with diabetes outcomes. *JAMA: Journal of the American Medical Association*, v. 288, n. 4, p. 475-482, 2002.

SHANKWEILER, D. et al. Comprehension and decoding: patterns of association in children with reading disabilities. *Scientific Studies of Reading,* v. 3, n. 1, 1999.

SNOW, C. E. *Reading for understanding*: toward a R&D program in reading comprehension. Santa Monica: Rand, 2002.

SNOW, C. E.; BURNS, M. S.; GRIFFIN, P. (Ed.). Preventing reading difficulties in young children. Washington: National Academic, 1999.

TONG, X. et al. Morphological awareness: a key to understanding poor reading comprehension in English. Journal of Educational Psychology, v. 103, n. 3, p. 523-534, 2011.

O que sabemos (ou não sabemos) sobre a genética da leitura[1, 2, 3]

Elena L. Grigorenko

Não parece haver dúvida de que a dificuldade "verdadeira" de leitura (ELLIOTT; GRIGORENKO, 2012) – em oposição à dificuldade "variável ou comum" (STANOVICH, 1988), isto é, a aquisição atípica da leitura, se desenvolve na presença de risco genético substancial (FISHER; DEFRIES, 2002). Os estudos científicos sobre a leitura e seus componentes já estabeleceram com firmeza a importância de considerar fatores genéticos na busca da compreensão das diferenças individuais tanto na aquisição da leitura quanto na realização do ato de ler. É amplamente aceito que diferenças genéticas entre os indivíduos são responsáveis por uma quantidade substancial (41-74%) da variância (GRIGORENKO, 2004) em praticamente qualquer processo relacionado à leitura: 50-80% para vários indicadores do processamento fonológico (BYRNE, et al., 2009; BYRNE; DELALAND; FIELDING-BARNSLEY; QUAIN, 2002), 60-87% para vários indicadores do processamento ortográfico (GAYÁN; OLSON, 2001, 2003) e 60-67% para o processamento semântico ou compreensão da leitura (BETJEMANN, et al., 2008; HARLAAR; DALE; PLOMIN, 2007; KEENAN et al., 2007). Entretanto, apesar de substanciais, confiáveis e replicáveis, a "tradução" dessas estimativas de herdabilidade em termos de mecanismos genéticos específicos tem se revelado uma tarefa difícil. Embora a pesquisa científica na área tenha descoberto vários genes candidatos que podem estar envolvidos nesses mecanismos (GRIGORENKO; NAPLES, 2009), o perfil dessas descobertas é complexo, revelando tanto resultados encorajadores (ver, por exemplo, Dennis et al., 2009; Paracchini et al., 2008) como resultados não replicáveis (ver, por exemplo, Brkanac et al., 2007).

Uma série de razões para essas "dificuldades de tradução" têm sido identificadas. *Em primeiro lugar*, e primordialmente, a leitura e seus processos componentes são estruturalmente complexos e, muito provavelmente, são também complexos em termos de seus mecanismos etiológicos (Smith, 2007). Deste modo, talvez não seja surpreendente que meia-dúzia ou mais de genes sejam vistos como genes candidatos a influenciar o desenvolvimento típico e/ou atípico da leitura, tanto para a leitura como um todo quanto para alguns de seus componentes (Skiba et al., 2011). Pela mesma razão, tampouco parece surpreendente que as descobertas positivas iniciais tenham sido apenas parcialmente replicadas.

Em segundo lugar, os modelos de desenvolvimento da aquisição da leitura (ou do desenvolvimento do sistema de leitura) assumem o envolvimento, tanto em sua formação como em sua utilização, de múltiplas representações psicológicas (Grigorenko; Naples, 2008). Os processos que se originam dessas representações são, por definição, altamente correlacionados, uma vez que são essas representações que permitem o aparecimento do processo integrado da leitura. Entretanto, embora modelos multivariados de leitura sejam facilmente encontrados na literatura de estudos comportamentais (Wagner; Torgesen, 1987), eles não são tão prevalentes na literatura de estudos genéticos da leitura.

Em terceiro lugar, dada a informação genética acumulada até agora, acredita-se que genes de efeito pequeno a moderado estão por detrás das diferenças individuais na leitura e seus componentes (Meaburn et al., 2008) e que a leitura seja mais adequadamente descrita como um sistema de variáveis relacionadas que quantificam esses componentes (Grigorenko, 2007). Assim, assume-se que o poder estatístico necessário para identificar os genes relevantes requer o uso de amostras grandes e geneticamente homogêneas, assim como, bem caracterizadas do ponto de vista comportamental, com fenótipos multivariados.

Em quarto lugar, há evidências de que as estimativas de herdabilidade diferem em sua magnitude em diferentes estágios do desenvolvimento, são maiores quando estimadas em amostras de probandos e seus parentes do que em amostras populacionais, e que as influências genéticas são mais fortes em probandos mais severamente afetados e seus familiares do que em probandos afetados de forma mais leve (Deffenbacher et al., 2004; Francks et al., 2004).

No restante deste capítulo, essas afirmativas são mapeadas e interpretadas à luz do conhecimento atual no campo da pesquisa genética e genômica.

CARACTERÍSTICAS ESTRUTURAIS DO GENOMA

À luz do pressuposto de que a leitura típica (e atípica) é complexa (ver "Em primeiro lugar" na página anterior), faz sentido supor que os mecanismos genéticos e genômicos subjacentes ao desenvolvimento da leitura típica e da manifestação da leitura atípica não sejam menos complexos. Até aqui, o campo dos estudos genéticos da leitura tem focado primordialmente o modelo segundo o qual a leitura é controlada por um mecanismo genético que segue as leis mendelianas (ou sua extensão por Fisher à genética quantitativa). A pesquisa da área tem procurado encontrar a "variante ou variantes de risco" que possam, individual ou coletivamente, explicar uma porção substancial dos altos níveis de herdabilidade mencionados anteriormente. A probabilidade de essa ideia virar realidade tem se tornado cada vez menor com a intensificação do conhecimento científico relacionado à estrutura e função do genoma humano.

Por exemplo, a última década de pesquisa genética e genômica levou a uma explosão de estudos introduzindo uma grande variedade de tipos diferentes de variação estrutural no genoma no que se refere à origem e à manifestação dos transtornos de desenvolvimento (MILLER et al., 2010). Esses tipos incluem eventos genômicos simples ou complexos de natureza diversa – deleções, inserções, alterações espaciais (p. ex., translocações e inversões) e a presença/ausência de elementos transponíveis[4] (1000 GENOMES PROJECT CONSORTIUM, 2010; GONZAGA-JAUREGUI; LUPSKI; GIBBS, 2012; STANKIEWICZ; LUPSKI, 2010). A importância de considerar esses (e talvez outros) tipos de variação tem sido demonstrada para os transtornos do espectro do autismo (O'ROAK et al., 2011; SANDERS et al., 2011; SANDERS et al., 2012), vários tipos de atraso do desenvolvimento (COOPER et al., 2011), deficiências intelectuais (LU et al., 2007), o transtorno do déficit de atenção e hiperatividade (LIONEL et al., 2011) e várias síndromes genômicas específicas (JALAL et al., 2003; ROBERTS et al., 2004), muitas das quais se apresentam com diferentes transtornos da aprendizagem.

Um fato digno de nota é que, há muitos anos, diferentes tipos de variação estrutural têm sido implicados na etiologia das dificuldades de leitura; na verdade, é através de análises de variação estrutural que vários genes candidatos para as dificuldades de leitura têm sido identificados – *ROBO1* (Hannula-Jouppi et al., 2005), *DYX1C1* (Taipale et al., 2003), e *SEMA6D*[5] (Ercan-Sencicek et al., 2012). Todos estes genes foram detectados através de estudos de famílias isoladas (Taipale et al., 2003) ou estudos de caso[6] (Ercan-Sencicek et al., 2012). Explorações sistemáticas da importância de diferentes tipos de variação estrutural no campo da leitura são poucas e, até agora, restritas a eventos grandes, isto é, inserções e deleções maiores do que 1Mb (Girirajan et al., 2011). Entretanto, é importante ressaltar que variantes estruturais grandes assim são relativamente raras (<1% da população em geral) e o pressuposto subjacente aqui é que a identificação de tais variantes raras servirá de pista para estudos subsequentes do(s) gene(s) afetado(s) por esta alteração estrutural ou do mecanismo (*pathway*) em que este(s) gene(s) está(estão) envolvido(s). Isto é especialmente relevante para as investigações sobre as bases genéticas de características complexas como as habilidades ou deficiências de leitura. A ideia é que a identificação de uma variante rara e sua associação a uma característica particular (p. ex., a leitura) seja associada à necessidade de investigar a variância comum no gene/região afetado(a) por essa variante rara. Na área da leitura, um exemplo de tal transição de uma variante rara para uma conexão com um traço contínuo é a pesquisa sobre o *ROBO1* (Bates et al., 2011).

Da mesma maneira como a consciência da importância dos vários tipos de variantes estruturais no genoma teve um impacto importante na pesquisa atual sobre os transtornos de desenvolvimento (incluindo as dificuldades da leitura), a última década de descobertas sobre o genoma humano tem apontado outros mecanismos que poderão ser igualmente relevantes para a compreensão da genética da leitura típica e atípica. Alguns desses mecanismos são discutidos brevemente a seguir.

Com o aumento da precisão do conhecimento sobre a sequência do genoma humano, tornou-se claro que as sequências que codificam proteínas, isto é, os genes, dos quais, segundo as estimativas atuais, os humanos têm ~21,000 ou 1,5% do genoma (Clamp et al., 2007), são a minoria do genoma em comparação com a presença e frequência de elementos funcionais conservados não codificadores *functional conserved non-coding elements* (CNEs). Existe hoje um acúmulo de evidências sugerindo que a diferenciação das espécies pode se dever mais a inovações nos CNEs do que a mudanças em proteínas (Lander, 2011). Assim, dado que até agora não existem "ganhadores" óbvios entre os genes candidatos para a leitura típica e atípica, é importante que a busca das bases genéticas da leitura não se limite apenas a genes codificadores de proteína. Também é digno de nota que o papel dos CNEs na leitura pode ser diretamente relacionado ao papel dos transposons, já que muitos dos primeiros são claramente derivados desses últimos (BEJERANO et al., 2006).

Outra descoberta dos últimos anos relaciona-se à importância dos RNAs humanos funcionais não codificadores de proteínas (*functional human non-protein coding RNA*). Dois tipos de RNA não codificantes são exemplificados neste capítulo – micro RNAs (miRNAs) e grandes RNAs intergênicos não codificadores (LncRNAs). Um miRNA é uma molécula pequena que age como um regulador pós-transcricional, que se liga a sequências complementares em transcrições de RNA mensageiro-alvo e diminui a sua estabilidade. Estima-se que o genoma humano codifique mais de 100 famílias de miRNA; juntos, estes miRNA podem atingir uma grande porção dos genes humanos. Esses mecanismos pós-transcricionais poderiam contribuir para a base genética da leitura através da modificação de proteínas existentes, uma vez que a criação de proteínas novas é rara (e, ao que tudo indica, não há uma proteína específica para leitura). Os LncRNAs parecem realizar uma variedade de funções em tais processos, como a regulação do ciclo celular, respostas imunológicas, processos cerebrais e gametogênese. Além disso, e talvez de forma até mais importante para a busca das bases genéticas da leitura, os LncRNAs podem funcionar como "suportes flexíveis" (ZAPPULLA; CECH, 2006) para complexos de proteínas (isto é, combinação de proteínas), com o objetivo de estimular uma função específica que não é possuída por nenhuma das proteínas participantes em isolamento.

CARACTERÍSTICAS FUNCIONAIS DO GENOMA

Conforme mencionado há pouco (ver "Em segundo lugar", p. 172), é comum hoje em dia, na "parte comportamental" do campo dos estudos científicos da leitura, considerar habilidades típicas e atípicas relevantes em contextos de desenvolvimento. Estudos genético-comportamentais da leitura típica e atípica, bem como dos fenótipos a ela relacionados, têm indicado heterogeneidade nas bases genéticas correspondentes ao longo do desenvolvimento (BYRNE et al., 2009; PETRILL et al., 2010). Especificamente, quando o mesmo fenótipo relacionado à leitura é considerado em vários momentos do desenvolvimento, os resultados vêm sinalizando a presença de fatores genéticos temporalmente genéricos e fatores genéticos temporalmente específicos que contribuíram para o aparecimento do componente genético aditivo da variância fenotípica decomposta (HARLAAR et al., 2007). Modelagens desse tipo têm sido relatadas para vários fenótipos relacionados à leitura, a saber: processos fonético-fonológicos (COVENTRY et al., 2011), processos ortográficos (BYRNE et al., 2008) e vocabulário (HART et al., 2009). Assim, é importante investigar o impacto de certos fatores de risco genético, não apenas transversalmente, mas também longitudinalmente; ainda mais importante é o rastreamento, no nível genético/genômico, do impacto de intervenções comportamentais bem-sucedidas.

Um mecanismo importante a ser considerado na condução dessa pesquisa de base desenvolvimental e intervencionista é a construção de mapas epigenômicos do comportamento. Tem sido observado que domínios/componentes funcionalmente ativos do genoma são caracterizados por marcas epigenéticas específicas (LANDER, 2011), que podem ser documentadas, catalogadas e reunidas em mapas epigenômicos do desenvolvimento (aquisição de habilidades) e intervencionistas (reconstrução de habilidades). Enquanto permanece em aberto a questão da especificidade daquelas marcas a tecidos ou células, tem sido demonstrado (THOMPSON et al., no prelo) que alguns tipos de células periféricas (isto é, saliva ou sangue) fornecem uma quantidade imensa de informações relativas aos mapas epigenômicos, diferenciando grupos comportamentais (NAUMOVA et al., 2012) ou se correlacionando com traços comportamentais (ESSEX et al., no prelo), e não há razão para acreditarmos que os estudos epigenômicos não serão tão (ou mais) úteis no caso da leitura típica e atípica como têm sido no caso de outros traços comportamentais complexos.

É inquestionável que, quando vários tipos de deficiência intelectual grave são excluídos, todas as pessoas podem aprender a ler. De fato, considerando que as dificuldades específicas de leitura constituem uma entidade diagnóstica distinta da deficiência mental, há um pressuposto explícito, na própria definição dessa condição, que qualquer indivíduo com esse diagnóstico pode aprender a ler. As questões dizem respeito ao tipo e à intensidade da intervenção pedagógica exigida e às características da leitura "aprendida" (isto é, sua precisão e fluência). É importante ressaltar que a literatura indica que (a) as dificuldades de leitura *per se* e os diferentes processos relacionados à leitura são suscetíveis de intervenção (SAMUELSSON et al., 2008); (b) a maioria das amostras (se não todas) atualmente usadas em estudos genéticos das dificuldades de leitura é composta de probandos que foram expostos ao impacto remediador da escola – com poucas exceções (Byrne et al., 2002; Petrill et al., 2010), os probandos são selecionados quando já estão na escola e após o diagnóstico ou suspeita da existência de dificuldades específicas da leitura; e (c) temos razões para acreditar que a gravidade (ou, inversamente, o grau de remediação) do fenótipo é associada à força dos indicadores genéticos (Deffenbacher et al., 2004; Francks et al., 2004). Dessa maneira, parece que o sucesso dos estudos genéticos será condicionado pela sua capacidade de "separar" os fenótipos relacionados à leitura dos efeitos de tipo e quantidade de intervenção recebida. É especialmente crucial que essas "experiências prévias" sejam levadas em consideração, se quisermos realizar análises epigenéticas.

ESPECIFICIDADE DOS MECANISMOS GENÉTICOS/ GENÔMICOS RELACIONADOS À LEITURA

Embora a hipótese da natureza possivelmente pleiotrópica de alterações genéticas específicas tenha estado presente por um bom tempo (Stearns, 2010), só recentemente foi confirmada sistematicamente e de forma notável (Bilgüvar et al., 2010). Em relação ao domínio dos estudos da leitura (ver "Em terceiro lugar", p. 172), esses resultados interessantes podem sinalizar não apenas que o mecanismo genético subjacente à leitura típica e atípica pode não ser específico à leitura, mas também que pode não estar de forma alguma conectado ao comportamento, podendo refletir algum mecanismo mais geral. De fato, um desses mecanismos gerais, a migração neuronal, tem sido associado colateralmente à leitura (Galaburda et al., 2006) através de análises das propriedades funcionais de alguns genes candidatos relacionados à leitura (Ercan-Sencicek et al., 2012; Paracchini et al., 2006; Tapia-Paez et al., 2008).

Essa não especificidade da busca de efeitos genéticos pode, pelo menos em parte, explicar os resultados que têm emergido de estudos em larga escala de associação genômica (GWAS) de traços comportamentais complexos.[7] Um apanhado geral dos estudos de associação genômica (GWAS) já realizados até o presente (Manolio, 2010) sugere que os traços investigados parecem ser influenciados por uma multiplicidade (talvez um grande número) de *loci*, com a maioria das variantes comuns nesses *loci* apresentando efeitos pequenos ou moderados (isto é, aumentando o risco em

10-50%, a ordem de magnitude caracterizando o impacto de muitos fatores de risco ambiental), e os genes associados eram como aqueles anteriormente identificados através de análises de *linkage,* assim como muitos genes não implicados anteriormente (isto é, genes com funções celulares específicas que, pelo menos superficialmente, poderiam não ser considerados relevantes para a patogênese estudada). Esses resultados (ou, antes, sua natureza intermediária) foram comentados no contexto de "nossa ignorância quase total dos caminhos celulares subjacentes" (LANDER, 2011, p. 192) aos traços comportamentais complexos; neste momento, nada mais podemos fazer senão dar continuidade à pesquisa, com amostras mais amplas e um número maior de variantes comuns.

FUNDAMENTANDO A HERDABILIDADE

Muito tem sido escrito e dito nos últimos tempos sobre o chamado problema da "herdabilidade perdida". Esta questão é tão importante para a leitura e os traços a ela relacionados (ver "Em quarto lugar", p. 172) como para qualquer fenótipo complexo. Antes de mais nada, é interessante saber que o alarme disparado pelo "problema" quando ele foi anunciado pela primeira vez (MANOLIO et al., 2009) se aquietou; com o acúmulo de estudos de associação genômica (GWAS) maiores e mais densos, as estimativas de herdabilidade explicadas continuam em ascensão (LANDER, 2011): variando entre 12% (para altura) a 60% (para o diabetes do Tipo 1). Em segundo lugar, outro alerta importante nesse caso é que esse campo de estudos parecia estar usando um limiar rigoroso demais para a reprodutibilidade dos resultados. Quando os dados são tratados de forma diferente (PARK et al., 2010; YANG et al., 2010), a "herança perdida" é encontrada, pelo menos parcialmente, e o problema não parece tão alarmante, ou, talvez, nem pareça ser um problema. O que continua faltando (isto é, a porção não explicada das estimativas de herdabilidade obtidas na pesquisa quantitativa) poderia ser explicado por variantes raras (GALARNEAU et al., 2010), mas, neste caso, essas variantes precisam ser identificadas primeiro, uma vez que, por definição, elas são raras (<1%). O truque aqui é que a identificação de variantes raras ocorre tipicamente através de casos ou famílias isoladas (isto é, sem qualquer significância estatística associada a uma variante específica). Para se obter uma apreciação da significância de variantes raras na escala populacional, é preciso se valer de amostras realmente grandes (isto é, esforços coletivos envolvendo vários locais, países e continentes). Terceiro, é também digno de nota que algumas estimativas de herdabilidade podem simplesmente conter erros (isto é, serem superestimativas, pois as técnicas estatísticas frequentemente utilizadas não conseguem explicar os efeitos não lineares de tais interações de ordem superior).

CONCLUSÃO

A conclusão mais óbvia a que se pode chegar aqui é bastante sem brilho – é preciso produzir mais trabalhos nesta área. Desde o início dos anos de 1980, a leitura típica e atípica, bem como as características a elas associadas, têm sido relatadas, tanto na literatura quantitativa quanto na genético-molecular, como traços cuja dispersão na população está relacionada à variação no genoma. Esta área de estudos tem gerado indícios interessantes, posicionando-se bem no que diz respeito a descobertas futuras (isto é, construindo repositórios de DNA com fenótipos bem caracterizados), embora uma avaliação da área deixe a impressão de que tais descobertas ainda estão por vir. Pesquisadores esperam que as descobertas apresentadas pelo Projeto do Genoma Humano venham a informar e inspirar o campo da genética da leitura típica e atípica, e, talvez, gerar alguns dados inesperados, mas sólidos e replicáveis.

NOTAS

1 Baseado no Capítulo 17, "What We Know (or Do Not Know) About the Genetics of Reading Comprehension and Other Reading-Related Processes", de E. L. Grigorenko, de *Unraveling Reading Comprehension: Behavioral, Neurobiological, and Genetic Components*, de B. Miller, L.E. Cutting e P. McCardle. © 2013 Paul H. Brookes Publishing Co., Inc. Usado com permissão.
2 A elaboração deste capítulo foi, em parte, apoiada pelo financiamento "NIH R21 HD070594", concedido a Elena L. Grigorenko. As pessoas contempladas por tais financiamentos são encorajadas a expressar seu julgamento profissional livremente. Este ensaio, portanto, não reflete necessariamente a posição ou as políticas dos Institutos Nacionais de Saúde, de modo que nenhum endosso oficial deve ser inferido. Sou grata à Sra. Mei Tan pela assistência editorial.
3 Traduzido do inglês para o português por Simone R. Nunes de Carvalho, Ph.D., City University of New York, e Ângela M. V. Pinheiro, Ph.D., University of Dundee, Scotland.
4 Um elemento transponível (*transposon*) é uma sequência de DNA que pode mudar sua posição relativa (autotransponível).

5 *Semaphorins* são uma grande família de genes que controlam a síntese de proteínas secretadas e proteínas associadas a membranas, muitas das quais têm sido implicadas como inibidoras ou repelentes químicas de vários processos nos axônios: fasciculação, ramificação, projeção (*pathfinding*) e seleção de alvos. (http://www.ncbi.nlm.nih.gov/gene/80031).

6 Nesse caso particular, o probando foi inicialmente encaminhado para o Centro de Estudo da Criança da Universidade de Yale quando tinha 3 anos, com um problema de desenvolvimento da linguagem. Atualmente, com a idade de 10 anos, apresenta problemas de compreensão de leitura, porém com habilidades intactas de decodificação.

7 Vale a pena observar que, até o momento, nenhum *estudo em larga escala de associação genômica* (GWAS) para a leitura foi relatado na literatura, embora tenham sido feitas importantes referências colaterais (Becker et al., 2012).

REFERÊNCIAS

BATES, T. C. et al. Genes for a component of the language acquisition mechanism: ROBO1 polymorphisms associated with phonological buffer deficit. *Behavior Genetics*, v. 41, p. 50-57, 2011.

BECKER, J. et al. Evidence for the involvement of ZNF804A in cognitive processes of relevan-ce to reading and spelling. *Translational Psychiatry*, v. 2, p. 136, 2012.

BEJERANO, G. et al. A distal enhancer and an ultraconserved exon are derived from a novel retroposon. *Nature*, v. 441, p. 87-90, 2006.

BETJEMANN, R. S. et al. Word reading and reading comprehension: stability, overlap and independence. *Reading and Writing*, v. 21, p. 539-558, 2008.

BILGÜVAR, K. et al. Whole exome sequencing identifies recessive mutations in severe brain malformations. *Nature*, v. 467, p. 207-210, 2010.

BRKANAC, Z. et al. Evaluation of candidate genes for DYX1 and DYX2 in families with dyslexia. *American Journal of Medical Genetics* (Neuropsychiatric Genetics), v. 144, p. 556-560, 2007.

BYRNE, B. et al. A behaviour-genetic analysis of orthographic learning, spelling and decoding. *Journal of Research in Reading*, v. 31, p. 8-21, 2008.

BYRNE, B. et al. Genetic and environmental influences on aspects of literacy and language in early childhood: continuity and change from preschool to Grade 2. *Journal of Neurolinguistics*, v. 22, p. 219-236, 2009.

BYRNE, B. et al. Longitudinal twins study of early reading development in three countries: preliminary results. *Annals of Dyslexia*, v. 52, p. 49-73, 2002.

CLAMP, M. et al. Distinguishing protein-coding and noncoding genes in the human genome. *PNAS*, v. 104, p. 19428-19433, 2007.

COOPER, G. M. et al. A copy number variation morbidity map of developmental delay. *Nature Genetics*, v. 43, p. 838-846, 2011.

COVENTRY, W. L. et al. Dynamic and static assessment of phonological awareness in preschool: a behavior-genetic study. *Journal of Learning Disabilities*, v. 44, p. 322-329, 2011.

DEFFENBACHER, K. E. et al. Refinement of the 6p21.3 quantitative trait locus influencing dyslexia: linkage and association analyses. *Human Genetics*, v. 115, p. 128-138, 2004.

DENNIS, M. et al. A common variant associated with dyslexia reduces expression of the KIAA0319 gene. *Plos Genet*, v. 5, e1000436, 2009.

ELLIOTT, J. G.; GRIGORENKO, E. L. *The dyslexia debate*. New York: Cambridge University, 2012.

ERCAN-SENCICEK, A. G. et al. A balanced t (10;15) translocation in a male patient with developmental language disorder. *European Journal of Medical Genetics*, v. 55, p. 128-131, 2012.

ESSEX, M. J. et al. Epigenetic vestiges of early developmental adversity: childhood stress exposure and DNA methylation in adolescence. *Child Development*, v. 84, n. 1, p. 58-75, 2013.

FISHER, S. E.; DeFRIES, J. C. Developmental dyslexia: genetic dissection of a complex cognitive trait. *Nature Reviews: Neuroscience*, v. 3, p. 767-780, 2002.
FRANCKS, C. et al. A 77-kilobase region on chromosome 6p22.2 is associated with dyslexia in families from the United Kingdom and from the United States. *American Journal of Human Genetics*, v. 75, p. 1046-1058, 2004.
GALABURDA, A. M. et al. From genes to behavior in developmental dyslexia. *Nature Neuroscience*, v. 9, p. 1213-1217, 2006.
GALARNEAU, G. et al. Fine-mapping at three loci known to affect fetal hemoglobin levels explains additional genetic variation. *Nature Genetics*, v. 42, p. 1049-1051, 2010.
GAYÁN, J.; OLSON, R. K. Genetic and environmental influences on orthographic and phonological skills in children with reading disabilities. *Developmental Neurology*, v. 20, p. 483-507, 2001.
GAYÁN, J.; OLSON, R. K. Genetic and environmental influences on individual differences in printed word recognition. *Journal of Experimental Child Psychology*, v. 84, p. 97-123, 2003.
GIRIRAJAN, S. et al. Relative burden of large CNVs on a range of neurodevelopmental phenotypes. *Plos Genet*, v. 7, e1002334, 2011.
GONZAGA-JAUREGUI, C.; LUPSKI, J. R.; GIBBS, R. A. Human genome sequen-cing in health and disease. *Annual Review of Medicine*, v. 63, p. 35-61, 2012.
GRIGORENKO, E. L. Genetic bases of developmental dyslexia: a capsule review of heritability estimates. *Enfance*, v. 3, p. 273-287, 2004.
GRIGORENKO, E. L. Triangulating developmental dyslexia: behavior, brain, and genes. In: COCH, D.; DAWSON, G.; FISCHER, K. (Ed.). *Human behavior and the developing brain*. New York: Guilford, 2007. p. 117-144.
GRIGORENKO, E. L.; NAPLES, A. (Ed.). *Single-word reading*: biological and behavioral perspectives. Mahwah: Lawrence Erlbaum, 2008.
GRIGORENKO, E. L.; NAPLES, A. The devil is in the details: decoding the genetics of reading. In: MCCARDLE, P.; PUGH, K. (Ed.). *Helping children learn to read*: current issues and new directions in the integration of cognition, neurobiology and genetics of reading and dyslexia New York: Psychological Press, 2009. p. 133-148.
HANNULA-JOUPPI, K. et al. The axon guidance receptor gene ROBO1 is a candidate dene for developmental dyslexia. *PLoS Genetics*, v. 1, e50, 2005.
HARLAAR, N.; DALE, P. S.; PLOMIN, R. From learning to read to reading to learn: substantial and stable genetic influence. *Child Development*, v. 78, p. 116-131, 2007.
HART, S. A. et al. Environmental influences on the longitudinal covariance of expressive vocabulary: measuring the home literacy environment in a genetically sensitive design. *Journal of Child Psychology and Psychiatry*, v. 50, p. 911-919, 2009.
JALAL, S. M. et al. Utility of subtelomeric fluorescent DNA probes for detection of chromosome anomalies in 425 patients. *Genetics in Medicine*, v. 5, p. 28-34, 2003.
KEENAN, J. M. Genetic and environmental influences on reading and listening comprehension. *Journal of Research in Reading*, v. 29, p. 75-91, 2006.
LANDER, E. S. Initial impact of the sequencing of the human genome. *Nature*, v. 470, p. 187-197, 2011.
LIONEL, A. C. et al. Rare copy number variation discovery and cross-disorder comparisons identify risk genes for ADHD. *Science Translational Medicine*, v. 3, p. 95ra75, 2011.
LU, X. et al. Clinical implementation of chromosomal microarray analysis: summary of 2513 postnatal cases. *PLoS ONE*, v. 2, n. 3, e327, 2007.
MANOLIO, T. A. Genomewide association studies and assessment of the risk of disease. *New England Journal of Medicine*, v. 363, p. 166-176, 2010.
MANOLIO, T. A. et al. Finding the missing heritability of complex diseases. *Nature*, v. 461, p. 747-753, 2009.

MEABURN, E. L. et al. QTL association scan of early reading disability and ability using pooled DNA and 100K SNP microarrays in a sample of 5,760 children. *Molecular Psychiatry*, v. 13, p. 729-740, 2008.

1000 GENOMES PROJECT CONSORTIUM. A map of human genome variation from population-scale sequencing. *Nature*, v. 467, p. 1061-1073, 2010.

MILLER, D. T. et al. Consensus statement: chromosomal microarray is a first-tier clinical diagnostic test for individuals with developmental disabilities or congenital anomalies. *American Journal of Human Genetics*, v. 86, p. 749-764, 2010.

NAUMOVA, O. et al. Differential patterns of whole-genome DNA methylation in institutionalized children and children raised by their biological parents. *Development and Psychopathology*, v. 24, p. 143-155, 2012.

O'ROAK, B. J. et al. Exome sequencing in sporadic autism spectrum disorders identifies severe de novo mutations. *Nature Genetics*, v. 43, p. 585-589, 2011.

PARACCHINI, S. et al. Association of the KIAA0319 dyslexia susceptibility gene with reading skills in the general population. *The American Journal of Psychiatry*, v. 165, p. 1576-1584, 2008.

PARACCHINI, S. et al. The chromosome 6p22 haplotype associated with dyslexia reduces the expression of KIAA0319, a novel gene involved in neuronal migration. *Human Molecular Genetics*, v. 15, p. 1659-1666, 2006.

PARK, J. H. et al. Estimation of effect size distribution from genome-wide association studies and implications for future discoveries. *Nature Genetics*, v. 42, p. 570-575, 2010.

PETRILL, S. A. et al. Genetic and environmental influences on the growth of early reading skills. *Journal of Child Psychology e Psychiatry e Allied Disciplines*, v. 51, n. 6, p. 660-667, 2010.

PETRILL, S. A. et al. Longitudinal genetic analysis of early reading: the Western Reserve Reading Project. *Reading and Writing*, v. 20, p. 127-146, 2007.

ROBERTS, A. E. et al. Clinical presentation of 13 patients with subtelomeric rearrangements and a review of the literature. *American Journal of Medical Genetics*, v. 128A, p. 352-363, 2004.

SAMUELSSON, S. et al. Response to early literacy instruction in the United States, Australia, and Scandinavia: a behavioral-genetic analysis. *Learning and Individual Differences*, v. 18, p. 289-295, 2008.

SANDERS, S. J. et al. Multiple recurrent de novo CNVs, including duplications of the 7q11.23 Williams Syndrome region, are strongly associated with autism. *Neuron*, v. 70, p. 863-885, 2011.

SANDERS, S. J. et al. De novo mutations revealed by whole-exome sequencing are strongly associated with autism. *Nature*, v. 485, p. 237-241, 2012.

SKIBA, T. et al. In search of the perfect phenotype: an analysis of linkage and association studies of reading and reading-re-lated processes. *Behavior Genetics*, v. 41, p. 6-30, 2011.

SMITH, S. D. Genes, language development, and language disorders. *Mental Retardation and Developmental Disabilities*, v. 13, p. 95-105, 2007.

STANKIEWICZ, P.; LUPSKI, J. R. Structural variation in the human genome and its role in disease. *Annual Review of Medicine*, v. 61, p. 437-455, 2010.

STANOVICH, K. E. Explaining the differences between the dyslexic and the garden-variety poor reader: the phonological-core variable-difference model. *Journal of Learning Disabilities*, v. 21, p. 590-604, 1988.

STEARNS, F. W. One hundred years of pleitropy: a retrospective. *Genetics*, v. 186, p. 767-773, 2010.

TAIPALE, M. et al. A candidate gene for developmental dyslexia encodes a nuclear tetratricopeptide repeat domain protein dynamically regulated in brain. *Proceedings of the National Academy of Sciences of the United States of America*, v. 100, p. 11553-11558, 2003.

TAPIA-PAEZ, I. et al. The complex of TFII-I, PARP1, and SFPQ proteins regulates the DYX1C1 gene implicated in neuronal migration and dyslexia. *The FASEB Journal*, v. 22, p. 3001-3009, 2008.

WAGNER, R. K.; TORGESEN, J. K. The nature of phonological processing and its causal role in the acquisition of reading skills. *Psychological Bulletin*, v. 101, p. 192-212, 1987.

YANG, J. et al. Common SNPs explain a large proportion of the heritability for human height. *Nature Genetics*, v. 42, p. 565-569, 2010.

ZAPPULLA, D. C.; CECH, T. R. RNA as a flexible scaffold for proteins: yeast telome-rase and beyond. *Cold Spring Harbor Symposia on Quantitative Biology*, v. 71, p. 217-224, 2006.